술~술 풀리는
소통의 신세계

술~술 풀리는 소통의 신세계

꼰대 상사, MZ세대, 동료, 2000년생, 남녀 간
갈등없이 성과 내는 관계관리와 설득의 비밀

김영기(Ph.D.) 지음

좋은땅

추천사

이성희(고용노동부 전 차관)

정부에서 일할 때의 나의 소망은 직장인들이 신바람 나게 일하면서 기업들이 성장하고 노사가 공동 번영하는 환경을 만드는 것이었다. 그러나 직장인의 현실을 들여다보면 인간관계 갈등과 스트레스 속에서 근무하고 있으며, 업무가 힘든 노동이 되고 있는 모습이 많았다.

이 책은 직장인들을 힘들게 하는 관계관리의 이슈들에 대하여 해결 방안을 명료하게 제시해 주고 있다. 이런 내용을 알고 나면 누구나 직장생활이 더 즐거워지고, 조직의 성과도 높아질 것이다. 이론의 이해를 도와주는 유머가 섞여 있는 것도 독서를 즐겁게 해 준다.

류지성(고려대학교 경영대학 특임교수)

대다수 직장인들이 연봉과 워라밸에 진심이라고 하지만 회사를 떠나는 가장 큰 이유는 힘든 인간관계 때문이다. 꼰대 상사, 기대에 미치지 못하는 부하 등 오늘도 마주쳐야 하는 이런 사람들을 생각하면 출근부터 마음이 무거워진다. 그러나 해결책이 없지 않다.

하버드대학과 미국 Gallup University 등 글로벌 교육기관에서 훈련하는 내용들을 깊이 공부한 저자는 탄탄한 이론을 바탕으로 직장의 관계 이슈를 해결하는 방법을 이 책에서 제대로 제시하고 있다.

책 속의 사례들은 직장인이라면 누구나 '내 문제네.'라고 공감할 수 있는 생생한 내용이며, 이를 통해 자신의 애로사항에 대한 답을 찾을 수 있다. 핵심이론을 쉽게 설명하고 있기에 술술 읽히면서도, 읽고 나면 머리에 정리되는 명료한 인식확장이 생긴다.

박수현(LG전자 상무)

그동안 팀장, 부장 등으로 근무하면서 직원들과 많은 우여곡절을 겪었다. 인격을 무시하는 고압적인 상사, 까칠한 성격의 부하 직원 등 스트레스를 주는 직원들은 다양하게 많았다. 특히 최근에는 2030 직원들과 갈등 없이 소통하는 것이 최고의 고민거리가 되고 있다.

"어떻게 해야지?" 하고 고민하던 중에 이 책을 만나고서 비로소 답을 찾은 느낌이다. 진작 알았더라면 그동안 겪었던 사람관리 스트레스를 크게 예방할 수 있었을 것이다. 아울러 여기서 배운 소통의 핵심원리는 사춘기 자녀와 부부간의 대화에서도 매우 유용했다. 실질적인 도움을 받았기에 주변의 지인들에게도 이 책을 선물하고 있다.

김영헌((사)한국코치협회 회장)

MZ세대가 조직의 과반수를 차지하는 시대에 그들과 어떻게 소통해야 할까? 지시가 아니라 질문과 코칭으로 그들의 잠재력을 끌어내는 것이 관건이다. 저자는 미국 Texas 주립대 석사와 고려대 박사를 마친 후에 20년이 넘도록 직장인들에게 소통 리더십을 강의하는 필드의 전문가이다.

이론과 현장사례를 녹여내는 재주가 있는 저자는 과거에도 《MZ세대와 꼰대 리더》를 집필하여 베스트셀러가 되고 한국코치협회의 '우수도서상'을 받기도 하였다. 하버드대학 등 해외의 리더십 프로그램까지 두루 섭렵한 저자가 현장사례를 잘 접목하여 저술한 이번 책도 직장인들에게 큰 도움이 되리라 확신한다. 또한 한국코치협회 코치들에게도 꼭 필요한 내용이라 믿기에 일독을 적극 권한다.

김동연(잡뉴스솔로몬서치 대표)

나는 많은 인재들에게 직장을 알선하고 성공적인 직장생활을 위해 코칭을 해 왔다. 이런 과정에 절실하게 느낀 사항이 있는데, 그것은 어떤 직장이든 성과를 내고 인재로 자리매김하기 위해서는 '기술 전문성'과 '관계관리 능력'의 두 가지를 겸비해야 한다는 점이다.

최고 수준의 기술 전문가라도 사람들과 협조적 관계를 만들어 내지 못하면 성과를 달성할 수 없고, 결국은 관계 스트레스로 인해 직장생활이 힘들어지게 된다. 이 책은 직장인들에게 관계관리를 잘하는 데 필요한 방법을 확실하게 알려 주고 있다. 직장생활의 성공을 소망하는 모든 분들에게 이 책을 활용해 보기를 확신을 가지고 권해드린다.

박용권(남서울대학교 코칭학과 교수)

모든 직장인들은 즐겁게 출근하고 좋은 관계 속에서 일하고 싶어 한다. 하지만 이것은 선량한 의도만으로는 안 된다. 코드가 맞지 않는 상사, 타부서로 보내 버리고 싶은 부하 직원에까지 감정 소모를 줄이면서 근무하려면 필요한 방법을 알아야 하지 않겠는가? 이 책은 한마디로 바로 써먹을 수 있는 실천적 내용들이다. 'MBTI를 넘는 성격유형 활용', '상사에 인정받는 소통의 기법', 'MZ 직원과 갈등없이 성과 내기', '숨겨진 감정을 듣는 정서적 경청', '일터에서 남녀 간의 소통접점' 등은 대학원생들에게 소통과 코칭 리더십을 가르치는 나에게도 많은 공부가 되었다.

"직장생활이 행복하지 않으면 인생 행복의 60%는 달아나 버린다."
라는 말이 있다. 깨어 있는 시간의 약 2/3를 보낼 뿐만 아니라 인간관
계의 많은 인연이 직장에서 비롯되기 때문이다.

직장생활이 즐거우려면 무엇이 필요할까? 아마도 '월급은 많고 일
은 쉬우면 될 것'이라고 연상할 수 있다. 그러나 더 중요한 변수는 다른
데에 있다. 여러 조사에서 직장인의 약 80%는 "일보다 관계가 더 힘들
다."라고 하였기 때문이다.

직장인들에게 관계 스트레스를 주는 상대방은 누구일까? 사람마다
차이가 있지만 대다수 직장인들을 힘들게 하는 것은 다음과 같은 사람
들이다. 일방적 소통을 하는 꼰대형 상사, "규정대로 하겠습니다."라며
반박하는 MZ 직원, 실수를 반복하는 덜렁거리는 직원, 이기적이고 비
협조적인 동료, 과도하게 요구하는 별난 고객, 소통방식이 다른 남자
와 여자의 언행 등.

그런데 이러한 관계 스트레스를 줄이는 데 어떤 비법이 있을까?
"여기에 무슨 특별한 이론이나 기법이 있을까? 뻔한 내용이 아닐까?"
라고 생각할 수 있다. 필자도 과거에 그랬기 때문이다.

하지만 미국 유학 시절에 '설득이론과 윈/윈 협상기법', '갈등관리와
소통기법' 등을 공부하면서 생각이 많이 달라졌다. 공부를 할수록 "이
런 내용을 미리 알았다면 사람 문제로 인한 그동안의 고충을 예방할 수
있었을 것을." "이런 내용이 직장인들에게 확산되면 갈등은 줄어들고

조직의 성과는 높아질 수 있을 것을." 등과 같은 생각이 강하게 들었다.

2000년에 조직리더십 전공의 박사가 된 후에도 소통과 관계관리 능력의 중요성을 생각하며 하버드대학, Gallup University 등에서 관련 내용의 공부를 계속하였다. 이후 고려대, 연세대 등의 학교 강의와 함께 삼성, LG, 포스코, 공무원 등 200여 기관의 많은 직장인들에게 소통 기법을 강의하면서 현장의 사례들을 많이 접해 왔다.

강의를 하면서 필자가 지난 25년 동안 역점을 둔 것은 지식전달 못지않게 참석자들의 집단지성을 모으는 것이었다. 임원 등 상위 리더는 물론 신입사원 교육의 장에서도 참석자들과 토론을 하고 현장의 애로를 해결하는 경험적 지식을 함께 생성해 왔다.

이 책의 제목으로 소통의 '신세계'라는 표현을 썼는데 다른 책에는 없는 새로운 내용이라는 의미를 담고 있다. 내용이 새로울 수 있는 것은 필자의 능력만으로 된 것이 아니다. 하버드대학 등 글로벌 교육기관의 훈련 내용을 비롯하여 그동안 코칭과 강의장에서 만난 수많은 직장인들의 경험적 지혜들이 녹아 있기에 가능하였다.

책의 구성은 1장에서 갈등관리와 소통능력의 파급효과를 살펴본 후에 2장~7장에서 관계관리의 주요 영역별로 실천적 방안을 제시하고 있다. 예컨대 강압적이고 인격비난의 말을 하는 꼰대 상사나 꼼꼼하지 않고 업무에 집중하지 못하는 부하 직원이 있다면 어떻게 해야 할까? 여기에는 2장의 'MBTI를 넘는 READ 성격유형의 활용'과 '상대방에 적합한 소통의 기법'을 알고 나면 해답을 찾을 수 있다.

3장의 '상사에 인정받고 우호적 소통하기'는 한마디로 상사를 어떻게 상대할 것인가에 관한 내용이다. 직장인에게 관계 스트레스를 주는 1순위 상대방은 바로 상사가 아니던가? "내 상사이기에 문제 상사"라는 말이 있는 것처럼 지시와 잔소리를 하는 상사는 모든 직장인에게 부담스러운 상대일 수밖에 없다.

하지만 이런 상사와 원만한 관계를 유지하는 것은 직장인의 최우선 과제가 아닐 수 없다. 그렇다고 아부를 할 필요는 없다. 3장에서 설명하는 '상사의 속성 간파와 인정받기' 등 상사관리의 기법을 알게 되면 이전과 전혀 다른 성공적인 직장생활이 가능해진다.

4장은 'MZ 직원의 특성과 포용 방안'에 대한 내용이다. 이들은 "단군 이래 최고의 스펙을 가졌다."라는 말처럼 똑똑한 직원들이지만 "이걸요? 제가요? 왜요?"라고 자기주장을 한다. 이처럼 고분고분하지 않거나 팀워크를 해치는 부하 직원이 있을 때에 리더는 이들을 어떻게 이끌어 가야 할 것인가? 많은 리더들의 공통적인 어려움이 아닐 수 없다.

하지만 4장에서 설명하는 'POAH_S(포아스) 코칭'이나 '꾸지람을 할 때의 비폭력 대화' 등의 기법을 알게 되면 속 썩이는 문제 직원이라도 쉽게 바로잡을 수 있는 실천적 방안을 확보할 수 있다.

5장의 '업무적 소통과 설득의 기술'은 부서 회의나 1:1 제안에서 조리 있게 말하고 상대방의 O.K를 받아내는 방법을 다루고 있다. 직장의 다양한 회의에서 조리 있게 말하는 것은 인정받는 직장인의 조건이라 할 수 있다. 그런데 현실을 들여다보면 그렇지 못한 경우가 수두룩하다, 바쁜 시간에 장황하게 말하는 사람, 말의 요점이 모호한 사람, 근거 없이 주장하는 사람, 가슴에 울림이 없이 건조하게 말하는 사람 등이다.

하지만 5장에서 소개하는 'PREP(프렙) 화법'을 사용하면 위와 같은 부족함을 단번에 극복할 수 있다. 아울러 '의견 충돌시의 PCS 대화법'

은 하버드대학의 훈련 내용이기도 한데, 이를 활용하면 서로의 의견이 충돌할 때에도 우호적으로 상대방을 설득할 수 있다.

6장은 '상대방의 마음을 얻는 정서적 소통'에 관한 내용이다. '정서적 소통'은 업무적 소통과 달리 인간적 친밀감을 형성하는 대화이다. 직장에서 정서적 소통이 필요한 이유는 상호 간에 친밀감이 있을수록 업무적 협조도 원활하게 되기 때문이다.

그런데 '가슴 없는 직장'이란 말처럼 업무적 대화만 하려는 오늘날의 직장 분위기에서 어떻게 직원들과 정서적 소통을 하고 유대감을 강화할 수 있을까? 이는 6장에서 설명하는 '숨겨진 감정을 듣는 SACEM(사켐)의 경청 기법'을 익히고 나면 쉽게 가능해진다.

마지막 7장은 직장에서 남자와 여자의 갈등 없는 소통에 관한 내용이다. 남자와 여자는 업무능력에 차이가 있는 것은 아니지만 소통 방식에는 뚜렷한 차이가 있다. 이런 차이를 간과하면 바로 오해와 갈등이 시작되지 않겠는가?

일터에서 남자와 여자가 갈등 없이 소통하기 위해서는 서로가 유의해야 할 사항들이 있다. '남자와 여자의 다른 소통방식', '남자와 소통할 때에 여자의 유의사항', '여자와 소통할 때에 남자의 고려사항' 등을 7장에서 알기 쉽게 설명하고 있다.

참고로 이 책은 직장인의 소통을 주로 다루고 있지만, 상사와 부하 간의 소통 등 일부 내용을 제외하면 가족 등 직장 밖에서도 동일하게 적용된다. 독자에게 직장의 성공은 물론 가정의 행복에도 많은 도움이 되기를 진심으로 소망한다.

목 차

1장 AI 시대와 인간관계의 파급효과

2장 상대방에 맞추어 상호작용하기

AI 시대와
인간관계의 파급효과

박사 학위보다 유익한 관계관리 역량

2023년 초, 피터 샐러베이(P. Salovey) 예일대 총장이 우리나라를 방문했을 때의 일이다. EQ로 불리는 '정서 지능(Emotional Intelligence)'을 창시하는 등 유명한 인물이라 기자들이 인터뷰를 위해 그가 머무는 호텔로 찾아갔다. AI 시대를 맞이하여 예일대학교는 어떤 교육의 방향으로 나가고 있는지를 알고 싶었기 때문이다.

기자들이 질문했다. "미래의 인재는 어떤 역량을 갖춰야 하는가? 예일대학교는 어떤 분야의 교육을 중시하는가?" 이에 대해 샐러베이 총장은 예상되는 흔한 대답과는 다르게, 다음과 같은 재미있는 이야기로 설명을 이어 갔다.

얼마 전에 아내의 결혼 기념일을 맞아 뜻깊은 이벤트를 하고 싶었어요. 하지만 그런 쪽은 소질이 없어 무엇을 할지 잠깐 고민을 했지요. 궁리 끝에 인공지능인 챗GPT에게 아내에게 바치는 시를 써 달라고 했습니다.

그리고 챗GPT가 3초 만에 써 주는 시를 예쁜 종이에 출력해서 아내에게 주었지요. 그런데 이때 예상하지 못한 상황이 발생했습니다.

아내가 그 시를 읽으면서 너무 감동하여 펑펑 우는 거예요. 내가 쓴 것도 아니고, 컴퓨터가 대신 써 준 것인데…….

며칠 후에 아내에게 챗GPT가 쓴 것이라고 양심 고백을 하자 아내는 제 등을 때렸지요. 그리고 한바탕 웃고서야 '사랑의 시' 이벤트는 마무리되었습니다.

샐러베이 총장의 말은 이어진다.

사실 이번 일로 우리 부부는 인공지능의 작동 현실을 보고 엄청 놀랐습니다. 기자님! 지금 우리가 살고 있는 세상과 앞으로의 시대에는 어떤 능력을 갖추어야 인재가 되고, 행복하게 성공할 수 있을까요?

제 생각에는 지금의 시대에는 기계적 지식이나 사실을 기억하는 것은 유용성이 별로 없습니다. 인공지능이 다 대체할 수 있으니까요.

결국 이 시대에 필요한 역량은 지식을 융합하는 법, 사람들과 아이디어를 모으고 소통하는 법, 팀으로 일하는 법 등입니다. 이런 능력을 강화하는 것이 예일대의 중요한 교육방향이지요.

샐러베이 총장의 의견과 같은 취지의 말을 하는 전문가들은 수없이 많지만, 직장인들이 공감하기 쉬운 표현으로 말한 사람이 미래학자 제프 콜빈(J. Colvin)이다. 그는 《인간은 과소평가 되었다》라는 책에서 "앞으로 기계가 대체 불가능한 일은 거의 없다. 하지만 상대방을 진심으로 이해하고 위로해 주며, 같이 기뻐하는 공감능력은 인간만이 가지고 있다. 이러한 능력은 인공지능이나 로봇이 결코 따라올 수 없으며, 이것을 갖추기만 하면 인공지능의 등장에 겁먹을 필요가 없다."라고 하였다[52](*참고문헌 번호).

그렇다면 오늘날 우리 주변의 사람들은 이러한 소통과 관계관리의 중요성에 대하여 어떤 처지에 있을까? 직장인들에게 리더십 강의를 하고 있는 필자는 교육에 참여한 사람들에게 가끔씩 다음과 같은 질문을 하곤 한다.

필자: 직장생활에서 업무가 힘듭니까? 사람 관계가 힘듭니까?
참석자 A: 일도 힘들고, 관계도 힘듭니다.
필자: 그래도 두 가지를 비교하면 어느 것이 더 힘이 듭니까?
참석자 B: 상사, 후배 등 사람 관계가 훨씬 더 힘들지요.

이어지는 질문과 대화에서 참석자들의 약 80%는 B 씨와 같은 생각이라고 대답한다. 일의 양이 많거나 난이도가 높아서 겪는 '과제'에 대한 스트레스보다 상사, 부하, 고객 등 '사람'에 대한 고충이 훨씬 더 크다는 말이다.

효과적인 소통과 관계관리가 삶의 스트레스를 줄이고, 성공적인 직장생활에 분수령이 된다는 것을 누가 모르겠는가? 하지만 현실을 들여다보면 대부분의 직장인들이 이에 대한 해결책을 찾지 못하고, 오늘도 힘들게 근무를 하고 있는 모습이다.

특히 오늘날 직장인들이 소통의 어려움을 많이 겪는 배경에는 세대 간의 차이가 큰 몫을 차지하고 있다. 문자 소통으로 성장한 2000년 대생이나 MZ세대들은 대면하여 소통하는 것에 불편함을 느낀다. SNS와 문자 소통에 시간을 많이 보낼수록 얼굴을 보며 소통하는 대면력(對面力)이 떨어지기 때문이다. 결국에는 직접 만나서 소통하는 기회가 줄어들고, 다시 혼자로 돌아가는 악순환이 일어나고 있다.

대면력이 부족한 2000년대생이나 MZ세대가 오늘날 본격적으로 조직에 합류하고 있다. 이런 상황 때문에 수많은 직장에서 소통에 어려움을 겪고 '갈등 없는 성과 내기'에 해답을 못 찾고 있다. 대다수의 직장인들이 "일보다 관계가 더 어렵다."라고 말하는 것도 이러한 배경에서이다.

소통과 사람 관계가 어렵다는 이러한 하소연의 배경에는 MZ세대들의 소통방법에도 원인이 있지만, 관리자들에게도 책임이 많다. 좋은 리더가 되려면 선한 의도만으로 되는 것이 아니다. 지금까지는 "관리자가 되었으니 잘해 보라."는 식이었으며, 소통과 사람관리의 기법을 제대로 학습하지 못한 것이 부인할 수 없는 현실이다.

이런 상황에서 일선의 리더들은 각자 자신만의 방법으로 직원들을 상대하고 있기에, 까다로운 성격의 직원을 만나면 어쩔 줄을 모르고 힘들어 할 수밖에 없다.

칭찬거리가 없는 직원까지도 긍정의 소통으로 동기부여 하는 방법이 있지만, 이것을 알고 활용하는 리더들은 많지 않다. 뿐만 아니라 실수를 반복하거나, 성과가 미흡한 직원에게는 '인격을 평가하는 추상명사'로 질책하여 갈등을 악화시키는 리더들도 수두룩하게 많다.

그런 일은 알바생에게 시켜도 당신보다 낫겠어.

직장 몇 년 차인데, 아직도 그렇게 일을 하고 있어?

사람이 기본이 안 되어 있네…….

얼마 전에 한 취업포털에서 직장인 750여 명을 대상으로 '충동적인 사표 제출 경험이 있는가?'에 대한 설문조사를 한 적이 있다. '충동적'이란 문자 그대로 이성적 계산 없이, 감정적인 상태에서 한 행동을 말한다. 이 조사에서 무려 직장인의 66%가 "이직과 같은 특별한 목적 없이 충동적으로 사표 제출을 고민한 적이 있다."라고 대답하였다.

이 경우 충동적인 사표 제출의 이유가 무엇일까? 이에 대한 추가 질문에서 58%로 1위를 차지한 것이 '상사 또는 동료와의 관계갈등' 때문이었다. 2위인 '낮은 연봉(20%)', 3위인 '인사고과에 대한 불만(8%)'에 비교하면 관계갈등으로 인한 직장인의 스트레스가 얼마나 심각한지를 짐작할 수 있는 대답이다.

직장의 인재(人才)는 人간관계를 잘해야 하며 才주는 나중이다.

-손병두, 전 서강대 총장-

사람들은 점점 외로워지고 있다

사람들과 좋은 관계를 영위하는 것이 직장의 성공에만 필요하겠는가? "행복은 소유가 아니라 관계에 있다."라는 말처럼, 직장 밖의 친구나 가족 기타 모든 사회생활에서도 우호적 관계가 중요하다는 것은 긴 설명이 필요 없을 것이다.

그런데 샐러베이 예일대 총장의 말처럼 인공지능 시대로 진입할수록 소통과 사람 간의 관계가 '더 중요해진다'는 말에 유의할 필요가 있다. 사람들과 어울리는 것이 행복한 삶을 영위하는데 중요하다는 것은 누구나 알고 있지만, 대다수 사람들의 모습은 거꾸로 가고 있기 때문이다.

과거에 비해 오늘날 증대하는 관계 맺기의 대표적 수단은 소셜 미디어다. 그렇다면 직접 만나서 얼굴 보며 대화하고 어울리는 것과, 문자로 소통하는 SNS상의 관계 맺기는 효과 면에서 어떤 차이가 있을까? 이것을 알고 싶어서 신경과학자 엘리자베스 레드케이(E. Reid K)는 실험을 해 보았다.

실험 방법으로 특정 주제에 대해 참가자들이 대면해서 대화를 나눈 그룹과, 유튜브처럼 영상으로 보는 그룹의 뇌 활동을 비교해 본 것이다. 이 연구에서 대면 접촉으로 소통하는 그룹에서는 건강에 좋은 옥시토신이 활발하게 분비되는 반면에, 비대면으로 소통하는 그룹에서는 옥시토신이 거의 분비되지 않는 것을 발견하였다.

이런 측면에서 오늘날 사람들의 관계가 점차 개인화, 파편화 되고 소통이 어려워지고 있는 현실은 심각한 문제가 아닐 수 없다. 사람들은 틈만 나면 스크린 기기를 들여다보느라 바쁘고, 만나서 어울리고 소통하는 기회가 갈수록 줄어들고 있기 때문이다.

직장의 경우에도 조직의 성과달성에 관건이 되는 것은 구성원들의 소통 수준이다. 개인 간, 부서 간에 활발한 아이디어가 교류되고, 협조적 관계가 형성될 때에 최강의 조직이 된다는 것은 상식이기도 하다.

가정에서도 마찬가지이다. '가화만사성'이란 익숙한 말에서도 알 수 있듯이, 가정의 화목과 행복을 영위하는 데에도 가족 간의 소통이 핵심적 요소가 된다는 것은 누구나 아는 내용이 아니던가?

WHO가 강조한 인간관계의 건강

불교의 한 고승이 불자들과 만나 다음과 같은 문답을 주고받았다.

고승: 살아가면서 가장 괴로운 것을 말해 보세요.
불자 A: 병에 걸리는 것이지요.
불자 B: 돈이 없는 것입니다.
불자 C: 가족이 화목하지 못해서 괴롭습니다.
고승: 모두 옳습니다. 그 세 가지가 한평생 살면서 힘든 것들이지요.

고승은 이 세 가지를 요약해서 '질병의 고통', '가난의 고통', '관계의 고통'이라고 설명하였다. 여기에서 질병의 고통이나 가난의 고통은 누구나 아는 내용이다. 따라서 고승이 강조하고 싶은 말의 요지는 관계의 고통에 있었다. 사람들과 좋은 관계를 영위하지 못하면 질병이나 가난 못지않게 인생이 괴로워진다는 것을 말하고 싶었던 것이다.

에드워드 할로웰(E. Hallowell)은 《창조적 단절》에서 "나쁜 인간관계나 사회적 고립은 흡연, 높은 콜레스테롤, 고혈압 못지않게 죽음을 앞당기는 원인이다."라고 하였다. 직장이든 가정이든 관계의 갈등이 삶에 미치는 부정적 영향은 우리가 흔히 생각하는 정도보다 훨씬 더 크다는 뜻이다[40].

이런 취지와 비슷한 맥락에서 세계보건기구(WHO)는 사람이 건강하기 위해서는 네 가지 영역에서 건강해야 한다고 전문(Preamble)에서 규정하고 있다. '신체적 건강', '정신적 건강', '인간관계의 건강', 그리고 '영적 건강'이 그것이다.

참고로 '영적 건강'은 1998년의 총회에서 추가되었으며, 이는 특정한 신앙생활의 의미가 아니라 건강한 가치관에 따라 내적 평화를 영위하는 것을 뜻한다.

위 네 가지 건강의 요소 중에서 신체적 건강, 정신적 건강은 누구나 아는 내용으로 새로울 것이 없다. 따라서 우리의 관심을 끄는 것은 '인간관계의 건강'에 있다.

인간관계의 건강이 중요하다는 점에 대하여, 아마도 초등학생은 그 뜻을 공감하기가 어려울 것이다. 하지만 직장생활을 시작한 성인이라면 그것이 성공적인 삶을 살아가는 데 얼마나 큰 영향을 미치는지를 저절로 알게 된다. 인간관계가 나쁘면 신체적 장애 못지않게 중대한 약점이 된다는 것을 경험하기 때문이다.

이와 관련하여 미국 브리검영 대학교의 줄리안 홀트-룬스타드(J. Holt-Lunstad)는 "무엇이 장수를 예측할 수 있을까?"에 대하여 7년에 걸쳐 심층연구를 진행하였다. 사람들의 식습관, 혈압, 운동, 혼인 여부, 흡연, 음주 등 다양한 요소들이 건강에 미치는 영향력의 크기를 분석한 연구였다.

여기에서 건강 장수에 영향력이 작은 것부터 보면 고혈압, 운동, 독감 백신의 순서로 중요성이 증대하였다. 그리고 건강 장수의 가장 큰 예측 변수는 '관계의 수준'에 있다는 것이 확인되었다.

그리고 후속 연구에서 관계의 수준은 다음의 세 가지에 의해 좌우되는 것으로 분석되었다.

➤ 어려움에 처할 때 도움을 줄 수 있는 친한 사람이 있는가?
➤ 하루 동안에 사람들과 얼마나 교류하는가?
➤ 울적함이나 갈등 등 마음이 힘들 때, 이를 소통하는 상대방이 있는가?

어려움에 처할 때 도움을 주는 사람은 가족이나 친구 등 소수이기 쉽다. 반면에 교류하는 사람의 범위는 친한 사람, 친하지 않은 사람을 포함해서 훨씬 더 넓어진다. 예컨대 같이 운동하는 동호회가 있는가? 산책을 하면서 사람들과 인사를 나누는가? 독서클럽 활동을 하는가? 등.

이처럼 사람들과의 교류의 폭도 중요한 요소이지만 교류의 깊이도 큰 의미를 갖는다. 속마음을 나누며 서로 격려해 주는 대화의 상대방이 있을 때 '관계의 수준'이 높아지는 것이다.

이러한 '관계의 수준'이 바로 WHO가 말하는 '인간관계의 건강'에 해당한다. 줄리안 교수의 연구에서 이것의 좋고 나쁨이 혈압, 운동, 흡연, 음주 등 다른 요소들 보다 건강 장수에 대한 영향력이 훨씬 더 컸다는 것이 확인되었다.

좋은 관계는 보약보다 유익하다

"당신은 언제 많이 웃으시나요?"라고 물어보면 사람들의 대답은 어떻게 나올까? 흔히 유머, 농담 등을 생각하기 쉽지만, 실제 사람들이 가장 많이 웃을 때는 다른 사람들과 함께 있을 때이다. 미국 메릴랜드 대학의 로버트 프로빈(R. Provine)은 연구를 통하여 "사람들은 혼자 있을 때보다 다른 사람과 같이 있을 때 30배 더 많이 웃는다."라고 하였다.

우리는 코로나19를 겪으면서 사람들과 만나서 밥 먹고 어울리며, 친구들과 만나서 시시덕거리는 것이 행복한 삶을 사는 데 얼마나 소중한 것인지를 절실하게 경험하였다. 하지만 여기에는 전제 조건이 달려 있다.

함께 있는 사람이 서로가 친밀하고 소통이 되는 사람들과 같이 있을 때이다. 만약 서로가 갈등관계에 있거나, 경청하고 공감하는 등의 소통능력이 부족한 사람과 같이 있을 때에는 오히려 불편할 뿐이다.

우리는 매일 집을 나서기만 하면 다양한 사람들을 만난다. 직장의 상사와 동료, 친구, 비즈니스 파트너 등, 이들과 갈등을 예방하고 좋은 관계를 유지한다면 얼마나 좋겠는가? 이런 능력은 평생에 걸쳐서 직장생활은 물론 사생활에까지 우리의 정신적 웰빙을 좌우하기 때문이다. "좋은 관계는 보약보다 유익하다."라는 말이 전혀 과장된 표현이 아닐 것이다.

유머 하나. 목사가 교인들에게 물었다.
"미워하는 사람이 한 명도 없는 분 손들어 보세요."
손 든 사람이 없는데 90세 할머니가 조용히 손을 들었다.
목사가 흥분해서 "바로 저분이 사랑을 실천하는 분입니다!"
그러자 할머니가 말했다. "있었는데, 다 죽었어."

일보다 관계가 힘들다는 직장인들

관계관리와 소통을 잘하는 데에는 어떤 능력이 필요할까? "거기에 무슨 특별한 이론이나 기법이 있을까? 뻔한 내용이 아닐까?"라고 생각하기 쉽다. 과거에 필자도 그랬었기 때문이다. 하지만 미국 유학 시절에 '설득이론과 윈/윈 협상의 기법', '갈등관리와 스트레스 예방', '집단 역학(Group Dynamics)' 등의 과목을 공부하면서 생각이 완전히 달라졌다.

공부를 할수록 "이런 내용을 진작 알았다면 그동안 직장생활에서 겪었던 관계관리의 고충을 예방할 수 있었을 것." "이런 내용이 한국의 직장인들에게 확산되면 갈등은 줄어들고 업무성과는 높일 수 있을 것." 등과 같은 생각이 들었다.

아울러 이 시기에 필자가 명확하게 깨우친 사항이 한 가지 더 있다. 우리나라 직장인들은 '개인은 똑똑하지만 팀은 약하다.'라는 말이 있는데, 그 원인이 직장에서의 소통과 갈등해결에 대한 훈련이 안 되어 있기 때문이라는 점이다.

반면에 개인주의 문화가 강한 미국의 직장인들이 협업을 잘하는 것은 그들의 성품이 좋아서가 아니라는 점이다. 의견이 충돌할 때에 '비감정적으로 말하는 설득의 기법' 등, 소통과 관계관리에 대한 훈련이 잘되어 있기 때문이라는 것을 실감하였다.

귀국 후에도 필자는 지난 20여 년 동안 미국의 하버드대학, Gallup University 등의 리더십 훈련과정에 10여 차례 참여한 적이 있다. 이때마다 교육에 참석한 미국이나 글로벌 기업의 리더들에게 관계와 소통에 관한 훈련을 얼마나 받았는지에 대해 다음과 같은 질문을 하곤 하였다.

필자: 제임스 씨, 이런 교육에 자주 참석합니까?
제임스: 팀장이 된 후에는 약 2년마다 유사한 교육에 참석합니다.
필자: 회사 내 다른 구성원들은 어떻습니까?
제임스: 간부들뿐만 아니라 주니어 직원들도 이런 교육을 많이
　　　　받습니다.

아울러 인상 깊었던 사항은 이들이 받고 있는 교육의 내용이 매우 실천적이라는 점이다. 총론적 내용이 아니라 "까다로운 직원과 갈등 없이 성과 내기" 등과 같이 직장에서 바로 적용 가능한 내용을 역할연기(Role Play) 방식으로 체득 학습을 한다는 것이다.

이점에 대비하여 우리나라 직장인들의 현주소는 어떤 모습일까? 교육 참여의 빈도나 내용의 구체성 면에서 매우 부족하다는 것이 분명

한 사실이다. 다음은 필자가 진행하는 교육에 참여한 직장인들과 나눈 대화이다.

> 필자: 소통과 관계관리의 교육에 참여하심을 환영합니다.
> 과거에 이런 내용을 학습하신 경험이 있으신가요?
> 참여자 A: 5년 전 팀장으로 승진했을 때 들은 것 같은데, 기억이 없습니다.
> 필자: 다른 분들은 어떠신가요?
> 참여자 B: 직무 교육은 매년 받았지만 관계관리 교육은 처음입니다.

관계관리 역량은 쉽게 높일 수 있다

고대 중국의 제나라에 이역이라는 대신이 하늘을 찌르는 권세를 휘둘렀다. 그가 하루는 왕궁으로 초대를 받아 술을 마시다가 잠시 바람을 쐬러 밖으로 나왔다. 이때 밖에서 시중들던 하인이 "술이 남았으면 좀 얻을 수 있을까요?" 하고 간청을 하였다. 그러자 이역은 하인이 감히 그런 말을 한다며 침을 뱉고 모욕을 주었다.

그날 밤 하인은 무슨 생각에서인지 왕의 출입구에 마치 소변을 본 모양으로 물을 뿌려 놓았다. 다음 날 아침 이를 본 왕이 '감히 이곳에 오줌을 눈 놈이 누구냐?'라고 대노하자, 하인이 말했다. "소변보는 것은 보지 못했으나, 이역 어른이 밤에 거기 서 계신 것을 봤습니다." 다음 날 이역은 참수형에 처해지고 말았다.

이역이 참수당한 원인이 무엇일까? 한마디로 아랫사람을 무시하는 오만한 성격 때문이다. 그렇다면 오늘날 우리도 사람들과 소통과 관계 관리를 잘하려면 오만하지 말고 겸손한 성품을 가져야 한다고 교육받아야 할까? 나아가 그러한 성품은 교육과 훈련으로 강화할 수 있을까?

이러한 질문에 대한 정답은 '아니다'이다. 오만한 사람이 겸손하게 바뀌기 어려운 것처럼, 사람의 성품을 변화시키는 것은 교육과 훈련으로 거의 불가능하다. 성품은 부모의 DNA로 타고나거나, 성장하면서 경험하는 수많은 요소에 의해 서서히 형성되기 때문이다.

하지만 소통과 관계관리의 능력은 학습과 훈련으로 단기간에 체득이 가능하다. 성품이 아니라 실행기법을 다루기 때문이다. 직원이나 자녀의 문제행동으로 인하여 '욱하고 화가 나는 순간에도 비폭력으로 말하는 기법', '이해 충돌 시에도 우호적으로 상대방을 설득하는 기법', '숨겨진 감정까지 들을 수 있는 정서적 소통의 기법' 등이 이에 해당한다.

이런 측면에서 확립된 리더십 교육의 중요한 슬로건이 있다. "성품은 채용 단계에서, 훈련은 스킬 중심으로(Hire for attitude, Train for skills)"가 그것이다. 오만한 성격 때문에 죽임을 당한 이역을 겸손한 사람으로 변화시키는 것은 불가능하지만, 하인에게 꾸지람을 할 때에 어떻게 표현해야 하는지는 훈련시킬 수 있지 않겠는가?

직장인들도 마찬가지이다. 성품을 변화시키려 든다면 비용과 시간 면에서 거의 헛수고가 되지만, 소통의 기법을 훈련시키면 단기간에 좋은 성과를 가져올 수 있다. 이와 관련하여 필자가 경험한 사례를 한 가지 보자.

인천에 소재한 S사는 LCD화면을 주로 생산하는 기업이다. 이곳의 T사업부가 지난 5년간 계속 적자를 내자 경영진에서 사업 철수를 고민하고 있었다. 이 시기에 CEO가 사업 회복에 대한 미련이 남아, 필자에게 팀장들의 소통 리더십에 관한 집중훈련을 요청하여 왔다.

이때부터 격주 토요일마다 공장 교육장에서 4시간씩 3개월간, 직원 소통과 동기부여 기법 등에 대한 실천적 기법을 교육하였다. 그러자 3개월이 지나지 않아 조직이 활성화되었고 성과가 나타나기 시작하였다. 직원들의 근무 분위기가 활기를 띠기 시작했으며, 과거 5년 넘게 연속 적자였던 T사업부가 교육 시작 6개월 후부터 흑자로 전환되었다.

너무나 의외의 성과가 나타나자 그룹의 감사실에서 '경영실적 허위보고'가 아닌지 현장조사를 나오기까지 하였다. 감사팀의 다각도에 걸친 조사에 의해 경영성과가 좋아진 이유가 도출되었는데, 그것은 직원들의 근무 분위기가 획기적으로 달라졌기 때문이었다.

그리고 그런 근무 분위기의 변화는 팀장들의 소통방식이 바뀐 것이 원인으로 밝혀졌다. 과거의 '꾸지람과 지시형 소통'에서 질문과 토론, 칭찬과 긍정의 리더십으로 바뀐 것이 바탕이 되었던 것이다.

존 록펠러의 성공 이야기

소통과 관계관리의 역량으로 탁월한 경영성과를 달성한 리더 중 상징적 인물이 존 록펠러(J. Rockefeller)이다. 그는 1900년대 초에 미국에서 스탠다드 오일(Standard Oil)을 창업하고 세계적 기업으로 키워서

'석유왕'이라는 별칭이 붙을 정도로 성공한 경영자였다.

그에게 성공비결이 무엇이냐고 어느 날 기자들이 물었다. 이에 록펠러는 "다른 경영자들보다 사람관리에 좀 더 소질이 있었다고 생각합니다."라고 대답하였다. 그가 말한 사람관리는 무슨 뜻일까? 인력을 배치하거나 노동력을 관리하는 등의 의미가 아니다. 임직원들과 쌍방향 대화를 하고 동기부여를 하는 등, 주로 소통과 협조적 관계를 만드는 것을 뜻한다고 자서전에서 설명한 바 있다.

이처럼 록펠러는 사람관리 능력이 이미 우수함에도 불구하고, 관계관리 역량을 높이는 데에 평생 동안 노력을 기울였다. 다음은 그가 50대 중반에 한 말이다. "나는 관계관리 역량을 증대하는 데에 하늘 아래 다른 어떤 것보다 더 많은 투자를 할 것이다."

록펠러가 그렇게 행동하는 데에는 그럴 만한 이유가 있다. 말할 것도 없이 관계관리 역량이 기업의 성공이나 개인의 삶에도 중요한 요소가 된다는 것을 알았기 때문이다. 이점은 오늘을 사는 우리라고 다를 것이 없지 않겠는가?

그렇다면 우리가 소통과 관계관리 역량을 높이기 위하여 꾸준히 노력하면 그런 능력이 100점에 도달할 수 있을까? 록펠러가 '평생 동안 노력한다.'라고 말한 것을 보면, 그처럼 탁월한 능력의 사람도 100점이 못 되고 가끔씩은 자녀들과 실랑이를 하였을 것이다.

《성공하는 사람들의 7가지 습관》으로 유명한 스티븐 코비(S. Covey) 박사가 강의차 우리나라에 왔을 때에 필자가 물어보았다. "세계적으로 강연을 다니는 선생님은 관계관리 역량이 몇 점 정도가 될까요?" 이에 코비 박사가 웃으며 대답했다. "한 80점 정도? 저도 아내와 다툴 때가 있습니다."

관계관리 역량은 어느 누구도 완벽하거나 0점인 사람은 없으며, 어디까지나 정도의 문제이다. 선천적으로 관계관리 역량이 발달한 사람도 있지만 부족한 사람이라도 포기할 필요는 없고, 포기해서도 안 된다. 성품은 변화가 어렵지만 실천적 기법은 노력하면 얼마든지 발전시킬 수 있기 때문이다.

어떤 사람의 관계관리 역량이 현재 40~50점이라고 가정해 보자. 그가 이 책에서 소개하는 내용을 학습하고 활용하면 70~80점 수준까지 올릴 수 있다고 필자는 믿어 의심치 않는다. 왜냐하면 필자의 소통 교육에 참여한 사람들 중에는 "이런 내용을 진즉 알았다면, 소통과 갈등 때문에 겪었던 그동안의 고생을 크게 줄일 수 있었겠다."라고 말하는 직장인이 많았기 때문이다.

만약 소통과 관계관리 역량이 50점이었던 사람이 80점으로 발전한다면, 그것은 얼마나 가치가 있을까? 직장에서는 갈등 없이 성과를 달성하고, 가정과 친구 등 개인적 삶에서도 화목하고 행복하게 살아가는 데에 굉장한 자산이 될 것이라는 것은 의문의 여지가 없다. 아마도 "박사 학위를 취득하는 것보다 낫다."라고 말해도 과장된 표현이 아닐 것이다.

자! 이제 서론을 끝내고 소통을 잘하기 위한 실천적 역량, 즉 각론으로 들어갈 때가 되었다. 이제부터 직장인들이 실수하기 쉬운 대화의 순간에 어떻게 소통할 것인가를 구체적으로 설명할 것이다. 이러한 소통의 능력은 갈등을 생산적으로 관리하며, 소모적 스트레스가 없는 직장생활을 할 수 있도록 우리를 준비시켜 줄 것이다.

참고로 이 책은 소통의 기법에 대하여 상황별로 다루고 있는데, 이에 대한 본격적인 논의에 들어가기 전에 갈등의 발생 원인에 대하여 먼저 살펴볼 필요가 있다. 갈등의 생산적 관리는 '갈등이 발생하지 않도록 예방하는 것'과 '발생한 갈등에 대하여 소통으로 해소하는 것'으로 구분할 수 있기 때문이다.

갈등의 예방-행동과 의도를 구분하기

이혼을 한 40대 가장이 5살 된 아들 혁수를 홀로 키우고 있었다. 어느 날 근무 중에 혁수가 결석을 했다며, 유치원에서 급한 전화가 왔다. 교통사고를 당한 것은 아닌지, 유괴를 당한 것은 아닌지 불안한 생각으로 아빠는 정신이 아득했다. 택시로 허둥지둥 유치원에 도착한 그는 주변을 정신없이 수색하였고, 땀이 범벅이 되었을 즈음에 놀이터에서 혼자 앉아 있는 혁수를 발견하였다.

안도감은 잠시뿐, 감정이 북받친 아빠는 울면서 아이를 때렸다. "혁수야, 너 왜 이렇게 아빠를 힘들게 하니? 유치원에 왜 가지 않았어?" 하지만 혁수는 울기만 할 뿐, 결석한 이유를 말하지 않았다.

한참 뒤, 정신을 차린 아빠는 유치원 선생님에게 아이를 찾았다고 전화를 했다. 그리고 대화 중에 오늘 유치원에서 재롱잔치가 있는 날이라는 것을 알았다. 친구들의 엄마들이 모두 오는 재롱잔치에 엄마 없는 혁수는 가기 싫었던 것이다.

가슴이 먹먹해진 아빠는 혁수를 껴안고 위로하며, 다시 물었다. "혁수야! 놀이터에서 아빠가 혼낼 때, 유치원에 가지 않은 이유를 왜 말하지 않았어?" "말하면 아빠가 엄마 생각하며 또 울 것 같아서……." 둘은 서로 껴안고 한참이나 울었다.

행동과 의도를 구분하라

유치원을 결석하고, 그 이유도 말하지 않는 혁수는 얼핏 보면 아빠를 힘들게 하는 말썽꾸러기로 생각되기 쉽다. 하지만 아이의 속마음을 알고 나면 혁수는 눈물겹게 착하고, 그 의도가 선하지 않은가? 아빠에게 보이는 혁수의 행동과 마음속의 의도는 전혀 달랐던 것이다.

갈등관리의 세계적인 전문가 더글러스 스톤(D. Stone) 교수는 "상대방의 행동을 보고 의도도 그럴 것이라고 추측하는 것이 갈등 발생의 주된 원인이다. 우리의 추측이 틀릴 확률이 70%에 이르기 때문이다." 라고 하였다. 그리고 함축적으로 "행동과 의도를 구분하라."는 슬로건을 남겼다[12].

이러한 스톤 교수의 메시지는 실용적 교훈을 주기에 충분하다. 우리는 직장이든 가정이든 사람들과의 상호작용에서 수시로 기분이 나빠지는 경험을 하게 된다. 이때에 기분이 나빠지는 배경에는 상대방이 '의도적으로' 그렇게 행동했다고 생각하기 때문이다.

하지만 스톤 교수는 '추측에 의한 상대방의 의도는 진실이 아닐 가능성이 70%나 된다.'라고 하였다. 즉 사람들과의 관계갈등이 시작되는 원인의 70%는 나의 오해에서 비롯된다는 점이다.

유머 하나. 한 주부가 서예를 배운 후 다음과 같이 벽에 써 붙였다. "新月現水無人하고, 女月火明水木王土日이라." 너무 훌륭하게 생각한 남편이 궁금해서 물었다. 그러자 "신세계백화점은 월요일, 현대백화점은 수요일에 사람이 없고, 여인천하는 월화, 명성황후는 수목, 왕건은 토 일요일에 방송한다."라는 뜻이란다.

상대방의 의도를 나쁘게 추측한다

친구의 결혼식에 참석해 축의금 3만 원을 내고, 식사를 하고 온 취업 준비생이 말한 사연이다. '축의금이 적다는 이유로 친구인 신랑이 손절하자고 하는데, 이것 너무한 것 아니냐?'라는 항변이다. 신혼 여행을 다녀온 뒤, 축의금 장부를 확인한 신랑이 전화를 한 것이다.

"네가 먹은 밥값이 3만 원보다 더 비싸다. 3만 원 돌려줄 테니까 계좌번호 문자로 보내고, 다시는 연락하지 마라." 손절당한 그는 "제가 취준생이라 돈이 없어 축의금 3만 원을 냈는데, 잘못한 건가요?"라고 눈물 나는 속마음을 털어놓았다.

여기서 신랑의 심정을 추측해 보자. 아마도 '축의금의 액수는 친밀도의 척도인데, 나를 3만 원 수준의 친구로 생각한단 말인가? 이런 친구에게는 밥값이 아깝지……."라는 정도의 심정일 것이다. 하지만 취준생의 의도는 어땠을까? "친구니까 취준생인 내 형편을 이해하겠지. 얼굴

비치고 참석하는 것만으로도 고마워하겠지."라고 생각했을 것이다.

우리는 살아가면서 다른 사람의 불쾌한 행동을 보면, 그 사람의 의도를 나쁘게 생각한다. 행동과 의도를 구분하는 것이 아니라 '행동을 보고, 의도도 그럴 것이다.'라고 추측하는 것이다.

'행동을 보고 의도도 그럴 것이다.'라고 추측을 할 때에도, 논리적으로는 그 의도를 '좋은 방향'과 '나쁜 방향'의 두 가지로 추측이 가능하다. 예컨대 지하철에서 경로석에 앉아 잠자고 있는 청년을 생각해 보자. 이를 보고 "얼마나 피곤하면 경로석에 앉아서 자고 있을까?"라고 좋은 방향으로 추측할 수도 있지 않겠는가?

하지만 그럴 가능성은 희박하다. 스톤 교수는 우리가 상대방의 행동을 보고 의도도 그럴 것이라고 추측할 뿐만 아니라, 상대방이 나를 불편하게 하는 상황이면 그 의도를 '나쁘게' 추측하는 것이 무의식적인 심리 구조라는 것이다.

예컨대 결혼 축의금 3만 원을 내고 5만 원짜리 식사를 하고 간 친구의 행동을 보았을 때 "취준생이면 3만 원도 부담이 될 텐데……."라고 좋은 방향으로 생각하기 보다, "나를 3만 원 수준의 친구로 생각한단 말인가?"라고 부정적 의도로 추측하는 것이다.

부정적인 의도로 추측할 때에도 '최악의 의도'로 추측하는 경향이 있다. 직장에서도 "아직 메일 회신이 없으시네요."라는 상대방에 대하여 "성격이 급하시구만." 정도로 추측하기보다 "뭐! 이렇게 예의가 없어?" "나한테 빈정대는 거야?"라고 더 악의적으로 추측할 가능성이 높다.

심지어 조건반사적으로 순간에 이루어지는 자신의 결론이, 단지 추측일 뿐이라는 것도 인식하지 못한다. 상대방의 의도는 겉으로 나타난 행동과 전혀 다를 수 있다는 사실을 상상조차 못하는 것이다.

그리고 상대방에 대한 부정적 추측은 꼬리를 물고 계속된다. 비좁은 지하철에서 옆 사람의 쩍 벌린 다리 때문에 불편함을 겪는 상황이면 다음과 같은 추측들이 이어질 것이다.

뭐! 이런 매너 없는 사람이 있나?
다른 사람은 안중에도 없구만.
모습을 보니 무식하게 생겼네…….

그런데 만약 자신이 동일한 행동을 하였고, 옆 사람이 동일한 추측을 하는 것을 알았다면 어떤 느낌이 들까? 한마디로 전혀 사실이 아니며, 억울하기까지 할 것이다. 내가 다리를 벌리고 앉아 있는 것은 피곤해서 졸면서, 나도 모르게 그랬기 때문이다.

자신에 대해서는 의도로 판단하고,
타인에 대해서는 행동으로 평가한다.
-스티븐 코비-

그렇다면 우리는 갈등을 예방하기 위하여 어떻게 해야 할까? "앞으로 오해를 하지 말아야지."라고 다짐한다고 될 일이 아니다. 상대방의 행동을 보고 그 의도를 추측하는 것은 조건반사적 과정이기 때문이다. 자동적으로 발생하는 심리과정이기 때문에 이를 차단할 수 없다는 말이다.

우리에게 필요한 것은 '행동과 의도의 구분' 등의 지식을 갖는 것이 먼저이다. 그러면 "아하! 그렇구나. 앞으로 오해를 줄이려면, 만나서 대화를 해 봐야 되겠구나."라는 발전된 행동을 할 수 있게 된다.

추측이 맞는지 확인해야 한다

직장에서도 상대방의 의도를 오해하는 상황이 수시로 발생한다. 보고서를 꼼꼼히 체크하고, 다시 고치라고 지시하는 부장과 이를 수행하는 직원의 입장을 생각해 보자. 직원은 "사장님에게 잘 보이려고 보고서를 과도하게 고친다."라고 추측하며 불평하기 쉽다. 반면에 부장은 "직원이 지시에 순응하지 않고, 고집이 세다."라고 추측할 수 있다.

그러나 이들의 추측과 부정적 감정은 오해에서 비롯되기 쉽다는 것을 알아야 한다. 예컨대, 보고서에 신경을 쓰는 부장은 자신을 내세우고 싶어서가 아니었다. 사장에게 부서 이미지를 좋게 하여, 연말에 직원을 승진시키고 싶은 의도가 있었다. 또한 고분고분하지 않은 직원에 대하여 부장은 고집 세다고 생각하지만, 직원의 의도는 회사를 위해 필요한 의견을 용기 내어 말한 것일 수 있다.

'행동과 의도를 구분하라.'는 말은 우리에게 오해로 인한 갈등을 예방하는데 효과적인 슬로건임에 틀림이 없다. 이제부터 다른 사람의 행동으로 인하여 기분이 나빠지면 '잠깐 Stop'을 걸어 보자. 그리고 "저 사람의 행동을 보고 내가 ……으로 추측하는데, 오해일 가능성이 있어. 만나서 대화를 해 봐야지."라고 생각하는 것이 정답이다.

다만 상대방의 행동으로 기분이 나빠졌다면, 그 순간에 바로 상대방의 의도를 물어보는 것은 타이밍이 좋지 않을 수 있다. 감정이 고조되어 자칫 다툼으로 이어질 수 있기 때문이다. 따라서 적절한 냉각기를 거친 후에 상대방에게 다가가 대화를 시도하는 것이 지혜로운 방법이다.

> 송 과장: 어제 미팅에서 내 의견에 "더 이상 들을 필요가 없다."라고 말을 해서 순간 서운했습니다. 혹시 어떤 사정이 있었습니까?
> 박 과장: 아! 어제는 미안했습니다. 사장님께서 이미 방침을 주셨고, 회의를 급히 마쳐야 해서 그렇게 말했는데, 미안합니다.

다이내믹한 직장의 현실에서는 위 대화의 사례보다 훨씬 더 심각한 내용으로 인하여 서로의 감정이 상할 때도 있다. 이런 경우에는 대화를 시도하기 전에 먼저 다음의 세 가지를 정리해 보는 것이 좋다. 이렇게 사전 정리를 해 두면, 상대방과의 면전에서 침착한 톤으로 말할 수 있는 나침반이 되어 준다[12].

> ➤ 상대방이 어떤 말이나 행동을 하였는가? (행동)
> ➤ 그것이 나에게 어떤 영향을 미쳤는가? (결과)
> ➤ 상대방의 의도가 무엇이라고 나는 추측하는가? (추측)

친구가 돈을 한 달만 쓰고 돌려주겠다고 하여 100만 원을 빌려주었는데, 두 달이 되어도 안 갚는 경우를 생각해 보자. 그 친구에 대한 신뢰가 무너지면서, '성의만 있으면 갚을 수 있는 금액인데, 나를 무시한다.'라는 생각까지 들것이다.

말없이 참고 있으면 돈 잃고, 친구도 잃게 될 상황이다. 이슈갈등이 관계갈등으로 악화되기 전에 대화를 해야 하지 않겠는가? 이때에 위 3단계의 내용으로 정리해 보면 다음과 같이 된다.

> ➤ 행동: 한 달 만에 갚겠다고 빌려간 100만 원을 두 달이 지나도 안 갚는다.
> ➤ 결과: 생활비가 모자라 현금 서비스를 받았고 이자를 부담해야 한다.
> ➤ 추측: 친구 간의 약속을 지키지 않으니 나를 무시하는 것 같다.

이제 적절한 기회에 친구를 만나서, 이 내용을 부드럽게 설명하면 된다.

> 친구 A: 친구야, 한 달만 쓴다고 하여 100만 원을 빌려줬는데, 두 달이 되어도 안 갚으니 내가 애로가 생겼다. 생활비가 모자라 현금 서비스를 받았고, 이자도 내야 할 처지다. 너가 약속을 안 지키니 존중받지 못하는 기분이 들고 섭섭하다.
> 친구 B: 사실은 우리들의 친구인 C가 딱한 사정으로 그 돈을 썼는데, 갚지를 못하네. 이달 말까지 내 돈으로 100만 원을 보내 줄게.

이런 대화를 보면서 '친구 사이에 어떻게 그런 쩨쩨한 말을 한다는 말인가?'라고 반문할 수 있다. 그러나 상대방의 의도를 나쁜 방향으로 추측하고, 갈등을 느끼고 있음에도 불구하고 대화를 시도하지 않으면, 서로의 관계는 점점 더 멀어진다. "돈도 잃고, 친구도 잃는다."라는 말이 현실이 되고 만다.

갈등관리 능력이 높은 사람일수록 섭섭한 감정이 있거나, 갈등의 징후가 보이면 대화에 나서는 것이 특징이다. 불편한 감정으로 참고 지내기보다 상대방의 의도에 대한 나의 추측이 맞는지 대화를 시도하면, 다음과 같은 두 가지의 장점이 따라온다.

첫째, 의도에 대한 추측이 사실이 아닌 경우가 많다

대화를 해 보면 상대방에게 '그럴 만한 사정'이 있는 경우가 많다. 돈을 갚지 않는 친구로부터 "사실은 어머니가 갑자기 수술을 하는 바람에 ……."와 같은 대답이 있을 수 있다. 적어도 "나를 무시해서 ……."라고 추측한 나의 생각이 오해로 밝혀질 가능성이 많다. 추측이 틀릴 확률이 70%에 이르기 때문이다.

> 유머 하나. 남편 휴대폰에 카드 내역이 있길래 부인이
> 봤더니 '길성장 9만 5천 원'으로 되어 있었다. 순간 분노한
> 부인은 자는 남편을 깨워, 다짜고짜 싸대기를 날리며,
> 이거 웬 모텔이냐고 다그쳤는데…… 중국집이었다.

둘째, 추측이 사실로 확인된 경우에도 스트레스가 완화된다

주전자 뚜껑에 구멍이 있는 이유는 무엇일까? 물을 끓일 때 뜨거운 열기가 구멍으로 빠져나가게 하면 주전자가 터지지 않기 때문이다. 인

간관계에서도 갈등관리의 핵심원리는 감정을 억누르고 있기보다 생산적 방법으로 오픈하는 데에 있다.

갈등상황에서 위 대화 사례의 친구 A와 같이 상대방의 의도를 확인해 보면, 가끔은 나의 추측이 옳았을 경우도 있다. 하지만 이런 경우에도 상대방의 의도를 확인해 보는 것이 낫다. 자신의 가슴앓이를 해소해 주기 때문이다. 그렇지 않으면 상대방에 대한 부정적 감정이 되새김질하듯이 자신을 계속 괴롭힌다.

내가 실수하면 어떻게 해야 할까

위에서는 상대방이 갈등상황을 야기한 경우에, 내가 어떻게 대응할 것인가를 살펴보았다. 이제는 나의 실수로 상대방이 상처를 받았을 경우에, 내가 어떻게 처신할 것인가에 대하여 살펴보자.

나로 인하여 기분이 나빠진 상대방은 다음의 두 가지 감정을 가지고 있다고 보면 틀림이 없다.

➤ 마음에 상처를 입거나 나에 대해 화가 나 있다.
➤ 내가 의도적으로 그렇게 했을 것이라고 추측하고 있다.

우리나라는 감정을 솔직하게 표현하는 것에 익숙하지 않은 문화이다. 나 때문에 위와 같은 불편한 감정이 생겨도, 상대방은 이를 오픈하지 않고 마음속에 담고 있는 사람이 많다는 것이다.

이런 경우에 눈치 없는 사람은 상대방에게 그러한 불편함을 야기한 자체를 모르기도 한다. 《감성지능》으로 유명한 다니엘 골먼(D. Goleman)은 직장에서도 유능한 리더가 되려면 '다른 사람의 감정 상태를 잘 감지'하는 것이 기초가 되어야 한다고 하였다[10].

직장생활이든 사생활이든 자신의 언행이 상대방에 미치는 영향에 대해 둔감하다는 것은 큰 약점이 아닐 수 없다. 그렇다면 내가 한 말이나 행동으로 인하여 상대방이 상처를 받았다는 것을 알았을 때, 나는 어떻게 해야 할까?

먼저 상대방은 내가 의도적으로 그렇게 했을 것으로 추측한다는 점을 상기하자. 나아가 상대방은 자신의 추측이 맞는지 확인하기 위해 나에게 말을 걸어올 가능성이 적다는 것도 고려하자.

결국 기분이 나빠진 상대방이 하는 행동은 두 가지로 유추할 수 있다. 나를 감정적으로 미워하며 관계가 멀어지거나, 또는 화를 내면서 나를 비난하는 것이다. 이 두 가지 모두 갈등을 생산적으로 해소하는 것과는 거리가 멀기 때문에 그대로 방치해서는 곤란하다. 내가 먼저 사과를 하고 오해를 풀어야 하지 않겠는가?

상대방의 감정을 알아줘야 한다

그런데 만약 내가 화해를 위해 다가가는데 상대방이 감정적으로 나오면 어떻게 해야 할까? 차분한 대화로 이어지지 못하고 자칫 감정 싸움이 될 수 있는 상황이다.

영업팀장: 오전 팀장회의에서 왜 영업팀 사항을 까발립니까?
생산팀장: 까발리다니! 영업팀의 입장을 도와주려 했는데 속뜻도
　　　　　　모르고.

영업팀장: 잘 알지도 못하면서, 앞으로 우리 팀 이야기는 하지 마세요.

생산팀장: 그 사람 참 말을 기분 나쁘게 하네……

기분이 나빠진 영업팀장의 마음 속에는 '마음의 상처'와 '생산팀장이 의도적으로 그랬을 것'이라는 두 가지의 감정이 내포되어 있다. 이처럼 상대방이 화를 내면서 나를 비난하는 순간에 어떻게 대응해야 할까?

이런 순간에 우리는 상대방으로부터 자신을 방어하려는 본능 때문에 "내 의도는 그런 것이 아니다." "나를 오해하고 화를 내면 어떡하느냐?"라고 하며, 오히려 상대방의 경솔함을 탓하는 말을 하기도 한다.

하지만 그런 방법은 타이밍이 좋지 않다. 감정이 상한 시점에 상대방에게 논리적으로 항변하면, 상대방은 더욱 감정적으로 될 수 있기 때문이다. 상대방의 감정이 고조된 상태에서는 나의 의도에 대한 해명을 해도 그 말은 상대방에게 들리지도 않는다.

갈등상황에서는 논리적인 반박보다 먼저 상대방의 감정을 누그러뜨리는 것이 설득의 고수들이 사용하는 방법이다. 화상을 입었을 때의 급선무는 얼음 찜질을 하여 뜨거운 열을 식혀 줘야 하며, 치료는 그 다음에 시작해야 하는 것과 같은 이치이다.

영업팀장: 오전 팀장회의에서 왜 영업팀 사항을 까발립니까?

생산팀장: 저 때문에 영업팀장님이 애로가 있었는가 봅니다.

영업팀장: 상무님이 영업팀 성과가 부풀려졌냐고 묻더군요.

생산팀장: 그런 일이 있었군요. 대단히 미안합니다.

영업팀장: 오전에 왜 그랬는지 입장이나 들어 봅시다.

생산팀장: 실은 제 의도는 …… 것이었습니다.

상대방의 감정을 인정해 주는 것은 이슈갈등이 관계갈등으로 악화되지 않게 하는 소통의 핵심 기법이다. 여기서 상대방의 감정을 알아준다는 것이 나의 잘못을 인정하는 것은 아니라는 점은 설명이 필요 없을 것이다.

"감정을 알아주면 갈등은 해소된다."라는 슬로건은 갈등상황에서 무슨 말을 먼저 해야 되는지를 함축적으로 잘 가르쳐 준다.

친구 A: 친구 사이에 돈 약속을 어기면 곤란하지 않니?

친구 B: 약속을 못 지켜 너가 애로가 있을 것을 안다. 미안하다.

친구 A: 내 마음을 알아주니 다행이고, 무슨 사정인지 들어나 보자.

친구 B: 사실은 어머니가 갑자기 수술을 하는 바람에…….

화가 난 상대방의 감정을 인정하는 말을 하면 상대방의 뜨거운 열기가 내려간다. 그런 연후에 나의 사정이나 속마음을 설명하면 상대방은 조용히 들어줄 가능성이 높다.

말싸움이 잦아서 갈등이 깊어진 부부에게 상담 전문가가 조언을 하였다. "한 사람이 화를 낼 때에는 상대방은 5분간만 아무런 반박을 하지 말고 듣고만 있으세요. 그러면 작은 말싸움이 큰 싸움으로 변하지 않을 것입니다." 상대방이 '감정 대화'를 하고 있을 때에는 '논리 대화'로 방어하지 말라는 가르침이다.

세상 살면서 어지간한 일로는 등 돌리고 살지 말아라.
세상을 한 바퀴 온전히 돌아야만
비로소 그의 얼굴을 마주볼 수 있으니.
-신양란, 세상 살면서-

추론의 사다리와 오해 방지하기

근래에 필자가 퇴근하여 아파트 엘리베이터 버튼을 누르는데, 가까이에 한 여성이 걸어오고 있었다. 늦은 시간이라 함께 타려고 필자는 엘리베이터를 붙잡고 기다려 주었다. 그런데 고맙다는 눈인사 정도는 기대한 나의 예상과는 다르게 여성은 아무런 반응이 없었다. 순간 '매너 없는 사람'이라는 생각이 들며, 기분이 좋지 않았다.

집에 도착하여 아내에게 그 얘기를 했더니, 아내의 말이 의외였다. "당신이 실수를 했구만. 그 여자는 모르는 남자와 밤에 엘리베이터를 타기 싫어 당신 혼자 가기를 바라는데, 당신이 엘리베이터를 잡고 있으니 고맙기는커녕 불편했겠지……." 그 여성의 행동을 보고 매너 없는 사람이라고 생각한 나의 판단은 완전히 오해였던 것이다.

우리는 일상적으로 다른 사람의 말이나 행동을 보고, 그것을 나의 관점에서 해석하고, 상대방에 대한 감정이 달라지며, 나의 행동을 변경해 간다. 이 프로세스를 아기리스(C. Argyris)는 '추론의 사다리'라고 하며, 아래와 같이 5단계로 설명하고 있다.

(1) 사람들의 말과 행동을 살펴본다. (현상)

(2) 살펴본 것 중에서 일부정보를 인지한다. (일부정보)

(3) 정보에 대하여 개인적인 의미를 부여한다. (해석)

(4) 부여한 의미를 바탕으로 결론을 낸다. (평가)

(5) 결론을 바탕으로 행동을 취한다. (행동)

엘리베이터 여성에 대한 필자의 대응 사례를 다시 생각해 보자. 밤 늦게 엘리베이터를 잡고 기다려 준 필자에게 고맙다는 인사말이 없는 것을 보고(현상), 상대방의 입장을 완전히 알지 못한 채(일부정보), 매너 없는 사람으로 생각하며(해석), 잘 대해 줄 필요가 없는 사람이라는 감정이 생기고(평가), 나도 무뚝뚝하게 반응하였다(행동).

아기리스의 '추론의 사다리'가 우리에게 가르쳐 주는 메시지는 무엇일까? 갈등은 오해 때문에 발생하는 경우가 의외로 많다는 점이다. 위의 다섯 가지 단계에서 '현상'과 '행동' 사이에 놓인 '일부정보', '해석', '평가'의 단계에 많은 오류가 발생하기 때문이다.

이러한 현상은 오늘도 집을 나서는 수많은 사람들에게 수시로 발생하는 현상이 아니겠는가? 직장인의 경우에도 예외가 아니다.

부장: (먼저 출근해 있는 과장에게) 좋은 아침이네요!

과장: (대꾸도 없이 컴퓨터만 보고 있다) …….

부장: (먼저 인사했는데 부하가 대꾸도 않다니, 매너가 없는 사람이구먼)

　　　(이후 부장은 과장에게 업무적 얘기만 하고, 냉랭하게 지냈다)

아침 인사를 받지 않는 과장의 행동을 보고, 부장은 그가 매너 없는 사람이라는 평가를 하면서, 바로 '추론의 사다리' 꼭대기로 직행했다. 즉 더 이상의 친밀한 대화는 하지 않겠다고 다짐하며, 소통이 단절되는 관계갈등으로 변질되고 말았다.

하지만 과장이 부장의 인사에 대꾸를 하지 않은 데에는 다른 이유가 있었다. 그는 영어회화 공부를 위해 아침에 출근하면 이어폰을 끼고, 컴퓨터 화면에 집중한 것이다. 이를 보고(현상) 매너 없는 사람이라고 판단(평가)한다는 것은 얼마나 잘못된 추론인가?

이처럼 우리는 일상 속에서 갈등상황을 만나면 순식간에 '추론의 사다리' 끝으로 올라간다. 상대방의 겉모습 행동만 보고, 이를 자기의 관점에서 해석하고, 기분 나빠하며, 대응 행동에 나서는 것이다.

그렇다면 이러한 오해나 갈등을 최소화하려면 어떤 노력이 필요할까? 추론의 사다리에서 정보, 해석 등에 나의 오해가 있을 수 있다는 점에 늘 주의를 기울이는 것이 먼저이다. 그리고 상대방에게 '질문'을 하고, 상대방의 입장을 들어보는 것이 필요하다.

아침 인사에 대꾸도 않는 과장을 못마땅하게 생각하는 부장의 경우에도 마찬가지이다. "나의 오해일 수 있다."라는 경계심을 가지고 상대방과 대화를 해 보면 상황이 크게 달라진다.

부장: (오후 1시 30경, *갈등대화는 서로가 여유로운 시간대가 좋음)
　　　(웃으며) 서 과장, 아침에 내가 인사를 해도 받지를 않던
　　　데…….
과장: (놀라며) 예? 제가요? 설마 그럴 리가 있겠어요?

부장: 먼저 출근해 있는 서 과장에게 내가 인사를 했지…….

과장: (잠시 생각 후) 아! 그때 제가 이어폰과 PC로 영어 공부를 했
네요. 부장님 출근하시는 것도 몰랐습니다. 결례를 해서 죄
송합니다.

갈등의 징조와 초기에 해소하기

작은 오해에서부터 갈등이 시작되듯이, 직장이나 사회생활에서 사
람들을 힘들게 하는 갈등은 처음부터 심각한 경우는 별로 없다. 초기에
는 별일이 아니거나 심지어 갈등이 존재하는 것 자체도 모를 정도로 가
볍게 시작되지만, 점차 심각한 갈등으로 악화되는 경우가 대부분이다.

따라서 관계관리 역량이 높은 사람일수록 갈등의 징후가 보이면,
이것이 커지기 전에 이를 해결하기 위하여 소통에 적극 나서는 것이
특징이다. 초기에 조치를 취할수록 갈등의 해결은 그만큼 쉬워지기 때
문이다.

갈등은 사람의 감정과 관련이 되어 있기 때문에 시간이 흐르면서
줄어들거나 더욱 악화될 수도 있지만, 고정된 상태로 유지되지는 않는
다. 예컨대 갈등의 이슈가 경미하여 무시할 수 있거나, 상대방이 잘못
을 반성하고 원상을 회복시키는 경우에는 갈등이 없어질 것이다.

하지만 이런 경우가 아니라면 갈등은 시간이 흐르면서 더욱 악화
되는 경우가 대부분이다. 따라서 직장 동료나 친구 등 나에게 중요한

영향을 미치는 사람과의 관계에서 갈등이 감지되면, 초기에 이를 해소하기 위한 행동에 나서는 것이 필요하다.

갈등 증폭의 5가지 단계

초기의 작은 이해충돌이나 또는 오해에서 비롯된 갈등은 점차 서로의 관계까지 나빠지는 갈등으로 악화된다. 그러한 갈등의 증폭 과정은 다음과 같은 다섯 가지 단계로 진행이 된다.

(1) 이슈의 발생 → (2) 이슈의 불완전한 이해 → (3) 감정적 해석 → (4) 관계갈등의 증대 → (5) 부정적 결과

이 프로세스에서 갈등의 씨앗이 되는 것은 (2) '이슈의 불완전한 이해'와 (3) '감정적 해석'의 단계이다. '이슈의 발생' 자체는 살아가면서 누구나 만나게 되기 때문에 그 자체를 예방할 수는 없기 때문이다.

이것은 앞에서 살펴보았던 아기리스의 '추론의 사다리' 내용과 크게 다르지 않다. 따라서 갈등이 악화되지 않도록 이를 생산적으로 관리한다는 것은 이 두 단계에서 실수를 줄이는 것을 의미한다.

하지만 갈등관리를 못하는 사람들은 이와 반대의 모습을 보인다. 초기에는 갈등이 존재한다는 사실 자체를 인지하지 못하거나, 또는 갈등이 있음을 알고서도 소통에 나서지 않는 사람들이 많다.

그리고 이들이 갈등을 해결하려고 나설 때에는 이미 갈등으로 인한 부정적 결과가 나타난 이후이거나, 또는 관계갈등이 노골화되어 솔직한 대화 자체가 어렵게 되어 버린 시점이다. 호미로 막을 갈등을 가

래로도 막기 어려운 상황이 된 셈이다.

갈등에는 초기 징후가 보인다

갈등을 초기에 해결하는 것이 필요하다면, 우리의 다음 질문은 "갈등의 징후를 어떻게 초기에 발견할 수 있을까?"이다. 하지만 여기에는 정해진 매뉴얼은 없다.

다만 자신과 상대방의 상호작용 과정을 관심 있게 살펴보면 갈등의 징후를 어렵지 않게 발견할 수 있다. 눈치를 좀 발휘하면 상대방의 말과 행동에 갈등의 단서들이 보이기 때문이다.

예컨대 직장에서 주변 사람들이 아래와 같은 행동을 한다면 갈등이 존재한다는 것을 눈치채야 한다. 이러한 현상들이 바로 갈등의 징후들이기 때문이다.

> ➤ 내가 다가가면 하던 행동을 중단하거나 자료를 숨긴다.
> ➤ 가까이 있어도 말로 하지 않고 메신저 등으로 소통하려 한다.
> ➤ 내가 들어가면 직원들이 하던 대화를 중단한다.
> ➤ 회의 중에 감정적인 톤으로 반대 의견을 말한다.
> ➤ 사무실이나 사회적 모임에서 눈에 띄게 나를 무시한다.

이러한 현상을 보고서도 갈등의 징후를 간파하지 못하고, 아무런 행동에 나서지 않으면 현명한 처신이 아니라고 봐야 한다. 시간이 흐르면서 상처가 커지듯이 갈등은 더 심화되기 때문이다.

이런 측면에서 갈등을 잘 관리하기 위해서는 어느 정도 '눈치'가 있어야 한다. 눈치가 없거나 또는 감성지능이 낮은 사람을 흔히 '둔감'하다고 하는데, 둔감한 성격은 갈등의 생산적 관리를 하는 데에는 약점이 아닐 수 없다.

참고로 《나는 둔감하게 살기로 했다》라는 책에서 와타나베 준이치는 "스트레스가 적은 삶을 살기 위해서는 둔감력을 키우라."라고 권고하고 있다. 갈등관리를 잘하기 위해서 우리는 '눈치를 키우라'고 하는데, 준이치는 스트레스를 줄이기 위해 '둔감력을 키우라'고 하고 있는 것이다. 이것은 서로 상충되는 말처럼 보이지만 사실은 그렇지 않다 [39].

준이치가 말하는 취지는 '다른 사람이 나에게 불편함을 주는 말이나 행동을 할 때에 거기에 너무 민감하게 반응하지 말고, 조금 둔감하게 넘기자.'라는 의미이다. 하지만 그 반대로 자신이 주변 사람에게 불편함을 주는 언행을 하면서, 그것의 문제점을 인식도 못 한다면 곤란하지 않겠는가?

따라서 갈등의 징후를 초기에 발견하기 위해서는 둔감력이 아니라 눈치가 있어야 한다. 자신이 주변 사람들에게 어떤 불편함을 주지는 않는지 평소에 주의를 기울이는 것이 필요하다. 이것은 함께 더불어 사는 사회를 만들기 위해 필요한 당연한 행동이기 때문이다.

하지만 우리 주변에는 그렇지 못한 사람들이 의외로 많다. 직장의 리더들 중에서도 직원에게 상처가 되는 말을 하고서도, 그런 일이 있었는지조차 모르는 사람이 있다. 심지어 "나는 화끈하게 말하고 뒤끝이 없다."라고 자랑스럽게 말하기도 하지만, 서부의 총잡이도 총을 쏘고 나면 뒤끝이 없기는 마찬가지이다.

신입: (외근에서 돌아오며) 부장님, 직장생활이 참 힘드네요.

부장: 직장이 그런 곳인지 몰랐어? 쉬운 사람이 없다고 봐야지.

과장: 요즘 고객관리에 지치네요. 회사에서 지원을 좀 해 주시면……

부장: 다른 직원들은 묵묵히 일하는데, 당신만 그러네.

그렇다면 기질적으로 눈치가 없는 사람은 어떻게 해야 할까? 부족한 눈치를 단기간에 강화할 수도 없지 않겠는가? 그런 사람의 노력 포인트는 우선 '나의 둔감력이 주변 사람들에게 갈등을 유발하기 쉽다.'라는 조심성을 갖는 것이 필요하다.

"나는 천성이 둔감하다."라고 변명할 것이 아니다. 평소에 자신의 말과 행동으로 인하여 비롯되는 갈등의 씨앗은 없는지 유의하면서, 갈등의 징조가 보이면 이를 해소하기 위해 진정성을 가지고 소통에 나서야 한다.

이슈갈등과 관계갈등의 분리 대책

신혼부부가 달콤한 몇 개월을 보내고 나서 별것도 아닌 문제로 다투기 시작했다.

신랑: (온라인으로 음식을 자주 주문하는 아내를 보고, 조심스레) 자기! 음식을 집에서 요리하면 살림하는 맛도 나고 좋을 텐

데……

아내: (명랑하게) 그건 당신 생각이지. (아내의 습관은 계속된다)

신랑: (좀 무거운 톤으로) 결혼을 했는데 음식을 늘 시켜 먹으면 문제 아니요?

아내: (짜증이 나서) 별것 아닌 것으로 자꾸 그러네. 자기가 직접 하든지.

3개월 후에 신혼부부는 더 감정적이 되어 실랑이를 했다. "여보, 내 말이 말 같지 않은 거요?" 신부도 발끈했다. "아니, 내가 언제 당신 말을 무시했다는 거요? 남자가 쫀쫀하게시리." "뭐요? 쫀쫀하다고?"

가정이나 직장에서 사람들이 경험하는 갈등은 이슈갈등과 관계갈등의 두 가지로 구분할 수 있다. 집에서 음식을 만드느냐 주문하느냐와 같이 이슈에 대한 의견 차이가 이슈갈등이며, 인격 비난 등으로 감정이 상하게 되는 것이 관계갈등이다.

문제는 관계갈등이다

"사람은 둘만 모이면 갈등이 생긴다."라는 말이 있다. 갈등은 누구에게나 발생하며, 갈등 없이 살아간다는 것은 불가능하다는 의미이다. 하버드대학의 갈등관리 교육에 참여한 한 직장인이 교수에게 물었다.

직장인: 어디로 가면 갈등 없는 세상에서 살 수 있습니까?

교수: 화장실에 가거나, 밤에 잠잘 때?

직장인: 그건 일시적인데, 계속 갈등 없이 사는 곳이 있을까요?

교수: 묘지에 가면 됩니다.

그렇다면 이 책의 부제목에 있는 '갈등없이 성과 내는'이라는 말은 무슨 의미인가? 그것은 모든 종류의 갈등이 없는 것을 뜻하는 것이 아니라 소모적이고 감정적인 '관계갈등'이 없는 상태를 말한다.

사람들은 누구나 직장이나 그 밖의 사회활동에서 역할이나 목표가 다르기 때문에 살아가면서 이슈갈등을 피할 수는 없다. 따라서 갈등을 생산적으로 관리한다는 것은 '이슈갈등이 관계갈등으로 변질되지 않게 하는 것'을 의미한다.

이슈갈등은 영어로 Conflict of Interest이며, 이해갈등, 업무갈등, 가시적 갈등 등으로 불린다. 관계갈등은 Conflict of Relation이라 하며 사람갈등, 감정갈등, 성격갈등 등으로 불리기도 한다.

다만 이슈갈등과 관계갈등을 구분하는 경우에도, 두 가지가 서로 밀접하게 관련이 되어 있다는 점을 기억하자. 이슈갈등이 자칫하면 관계갈등으로 변질될 수 있으며, 거꾸로 관계갈등이 있는 당사자들 사이에는 이슈갈등을 윈/윈으로 해결하기가 어려워지기 쉽다.

예컨대 직장에서 관계갈등이 없는 두 팀장이 자기 팀원을 먼저 승진시키려고 경쟁하는 상황을 가정해 보자. 직원 승진이라는 이슈갈등을 적절하게 풀어가지 못하면 두 사람의 관계가 나빠져 나중에 관계갈등으로 이어지기 쉽다.

따라서 이슈갈등과 관계갈등은 서로 영향을 미치는 경계선에 있다고 볼 수 있다. 한 가지가 나쁘면 다른 것도 나빠질 위험이 있으며, 한 가지가 좋으면 다른 것도 좋게 해결될 가능성이 높은 것이다.

조직에서 발생하는 갈등의 75%는 관계갈등이다.
목표의 차이, 자원의 배분 등 이슈 자체의 갈등은
25%에 불과하다. 반면에 상하관계, 누적된 감정 등
사람 문제로 인한 갈등이 3배나 더 많다.
-더글러스 스톤-

관계갈등을 예방하자

"행복은 소유가 아니라 관계에 있다."라고 말할 때, 이것은 관계갈등이 없는 상황을 두고 하는 말이다. 이처럼 관계갈등에 주목해야 되는 배경에는 직장이든 사생활이든 우리를 힘들게 하는 것의 대부분은 관계갈등에서 비롯되기 때문이다.

갈등은 "적정수준으로 관리되기만 하면 없는 것보다 더 좋을 수 있다."라는 말이 있는데, 이는 이슈갈등에만 타당한 내용이다. 이슈에 대한 상반된 주장은 문제점을 명확하게 해 주며, 문제해결의 아이디어가 되기도 하기 때문이다. 하지만 관계갈등은 개인의 정신적 건강 측면에서나 조직의 성과 측면에서나 아무런 순기능이 없다는 점을 기억하자.

아마손(A. Amason) 교수는 미국에 있는 48개 회사의 임원회의에서 이슈갈등과 관계갈등이 의사결정에 미치는 영향을 연구하였다. 이 연구에서 아이디어의 차이, 안건에 대한 관점의 차이 등 이슈갈등은 조직에 좋은 결과를 가져오는 반면에 관계갈등은 정반대의 결과를 초래하였다.

연구팀이 비교의 지표로 사용한 요소는 다음의 세 가지였다. '결론의 합리성', '결론에 대한 참여자들의 공감도', '결론에 대한 실행의 적극성'이었다. 이 분석에서 관계갈등이 없는 임원들의 회의에서는 이 세 가지가 모두 증대하였다. 반면에 분노, 개인적 알력, 성격 차이 등의 관계갈등이 많은 임원회의에서는 세 가지 요소가 모두 뚜렷이 저하되었다[68].

따라서 이슈갈등과 관계갈등은 다른 차원의 갈등이라고 할 수 있다. 하지만 갈등을 느끼는 것은 결국 사람이므로, 이슈갈등을 잘못 처리하면 관계갈등으로 변질되기 쉽다. 갈등 연구의 권위자인 아이젠하트(K. Eisenhardt)는 "이슈에 대해서는 논쟁을 하면서 동시에 협조적 관계를 훼손시키지 않는 것은 어려운 과제이다."라고 하였다.

이점이 우리에게 말해 주는 시사점은 무엇일까? 이슈갈등을 원만하게 풀어 가고, 관계갈등으로 악화되지 않도록 하는 데에는 소통의 스킬이 큰 영향을 미친다는 점이다. 이런 측면에서 앞으로 설명하게 될 소통의 기법들이 우리의 갈등관리 능력을 높이는데 획기적 도움이 될 것이라는 것은 의심의 여지가 없다.

소통으로 정의를 증대하기

직장생활이나 사회생활에서 사람들과 갈등을 줄이고, 공정함을 높이기 위해서는 무엇이 충족되어야 할까? 여기에는 다음과 같은 세 가지 측면의 정의가 충족되어야 한다.

➤ 배분적 정의(Distributive justice)

➤ 절차적 정의(Procedural justice)

➤ 상호작용적 정의(Interactional justice)

'배분적 정의'는 성과배분의 '결과'에 대하여 당사자가 공정하게 느끼는 정도를 말한다. 예컨대 여러 사람이 함께 과제를 달성하였을 때, 각자의 노력에 상응하여 성과가 배분되었다면 공정하다고 느끼게 된다.

'절차적 정의'는 성과배분에 이르기까지의 의사결정 '절차'가 공정하게 지켜졌다면 정의롭다는 개념이다.

끝으로 '상호작용적 정의'는 갈등상황에서 서로 간에 상호존중과 쌍방향 '소통'이 이루어지는가에 관한 문제이다. 즉 상호작용적 정의는 질문과 경청 등 소통의 방법과 수준에 의해 좌우된다는 점이다.

이 세 가지 중에서 우리는 그동안 배분적 정의를 우선적으로 생각하고, 다음으로 절차적 정의를 따져 보는 쪽에 가까웠다. 예컨대 배분이 만족스러우면 불만이 없어지고, 다른 요소는 부차적일 뿐이라는 관점이다. 하지만 배분할 자원이 충분하지 않은 직장의 상황이나 삶의 현실을 고려할 때, 세 가지 중에서 불만을 줄이는 데에 가장 중요한 역할을 하는 것은 '상호작용적 정의'라고 해도 과언이 아니다.

소통은 정의를 증대시킨다

배분적 정의와 절차적 정의가 충족되는 경우에도 진행과정을 설명하는 소통이 충실하게 이루어지지 않으면 불만이 생긴다. "말 한마디가 천냥 빚을 갚는다."라는 표현은 상호작용적 정의의 중요성을 나타내는 말이기도 하다.

예컨대 직장인에게 매년 스트레스를 주는 인사평가 면담의 자리를 생각해 보자. 과거에는 평가면담을 대충해도 넘어갔지만 오늘날의 직원들, 특히 MZ 직원들에게는 통하지 않는다. "아 다르고, 어 다르다."라는 말이 있듯이, 면담을 할 때에는 말을 어떻게 하느냐가 갈등의 진행에 큰 영향을 미치게 된다.

> 리더: 김 대리, 회사 규정상 연말 평가면담을 해야 하기 때문에 불렀어요.
> 직원: (경직된 마음으로) 예……!
> 리더: 금년에 C 고과를 받게 되었어요. 만족스럽지 않겠지만, 내년을 기약하며 이해하기 바랍니다.
> 직원: 제 실적이나 노력이 부족하다고 생각하지 않는데요.
> 리더: 다른 직원은 더 열심히 했다고 봐야지요. 왜 자기 입장만 생각합니까?

이렇게 면담이 진행되면 직원은 평가에 불만을 갖게 마련이다. 결과가 C라서 섭섭하기도 하지만, 더 큰 문제는 '쌍방향 대화'가 없어서 상호작용적 정의가 손상되었기 때문이다.

소통의 수준에 의해 좌우되는 상호작용적 정의는 비단 직장의 인사평가에만 한정되지 않는다. 자녀의 용돈에서부터 국가의 예산에 이르기까지 자원의 배분에 관한 모든 갈등에는 상호작용적 정의가 작동하기 마련이다.

배분적 정의와 절차적 정의가 외형적 기준으로 공정함을 판단하는 것이라면, 상호작용적 정의는 내면적 측면에서의 공정함의 척도이다. 비록 배분적, 절차적 정의가 달성되는 경우라도 위의 인사평가 면담에서처럼 소통이 부실하게 진행되면 '상호작용적 정의'가 없어져 직원의 의욕은 떨어져 버리게 된다.

반대의 경우도 있을 수 있다. 예컨대 직원들이 성과를 달성하였지만 기업에 불가피한 경영의 어려움이 생겨 합당한 보상을 실시할 수 없는 상황을 생각해 보자. 배분적 정의가 제대로 이루어지지 않았기에 직원들이 불만을 가질 수 있는 상황이다.

하지만 이런 때에도 경영진이 진정성을 가지고 합당한 보상을 하지 못하는 배경을 설명하고, 차선책을 제시하면 직원들은 협조적으로 바뀌고 불만은 거의 사라진다. 소통의 수준으로 좌우되는 상호작용적 정의가 직원들의 마음을 부드럽게 하는 데 많은 영향을 미치기 때문이다.

그동안 우리는 배분의 결과와 절차를 준수하는 것이 공정함의 본질이라고 생각하는 경향이 많았다. 소통으로 달성되는 공정의 심리적 측면을 소홀하게 생각하여 왔다고 해도 과장된 말이 아닐 것이다.

탁월한 리더의 최우선 능력

조선일보에서 수년 전에 특집 시리즈로 하버드대학 등 세계의 유명대학 경영대학원장 100여 명을 인터뷰한 적이 있다. "탁월한 리더가 되는 데 가장 중요한 능력은 무엇인가?"라는 데에 초점을 두고 광범위한 조사를 실시한 것이다.

경영대학원장들에게 한 질문인지라 '미래를 내다보는 통찰력'이나

'용기와 결단력' 등의 대답이 나올 것으로 기자는 예상하였을 것이다. 그러나 그들에게서 나온 대답의 압도적 1위는 '소통능력'이었다. 탁월한 리더가 되는 데에는 구성원들의 아이디어를 모으고, 의견 차이를 조정하여 한 방향으로 정렬시키는 등의 소통능력이 제일 중요하다고 이구동성으로 대답하였다.

그렇다면 조직에서 CEO 등 최고 경영진에게만 소통능력이 중요하겠는가? 2000년대생 막내 직원을 포함하여 조직의 모든 구성원들에게 소통능력은 중요한 요소라고 말해도 틀린 말이 아니다.

아울러 소통능력을 갖추는 것은 직장인들의 스트레스를 줄이는 등 심리적 웰빙에만 필요한 것이 아니다. 조직의 성과증대에도 구성원들의 소통능력이 중요하다는 연구는 한 두 가지가 아니기 때문이다.

그중에 핸슨(K. Hanson)의 연구결과를 보자. 그는 조직의 미래 수익성을 예측하는 데 어떤 요소가 변별력이 가장 높은지를 연구하였다. 시장 점유율, 자본 집약도, 조직규모, 매출 증가율, 구성원의 소통능력 등 다섯 가지 중에서 무엇이 향후 5년간의 수익성을 예측하는데 큰 영향을 미치는지를 분석한 것이다. 그 결과 구성원의 '소통능력이 다른 4개 요소를 합한 것보다 더 큰 영향을 미치는 것'으로 나타났다.

직장인의 여섯 가지 소통 영역

18세기 이탈리아에서 바람둥이로 소문난 카사노바는 미남도 아니고 재력도 없었지만, 소통의 비법으로 여심을 사로잡았던 사람이다. 그런 카사노바에게 예비 바람둥이들이 비법을 묻자, 그가 설명했다. "여자의 말을 최대한 공감하면서 끝까지 들어주고, 맞장구 쳐 주는 것입니다."

카사노바가 사용한 이 방법이 오늘날의 직장인들에게도 그대로 유효할까? 조금은 도움이 되겠지만 큰 도움은 되지 않는다. 소통의 대상과 이슈가 다르기 때문이다.

그렇다면 오늘날 직장인들이 갈등 없이 성과를 내는 데 알아야 할 소통과 관계관리의 영역에는 어떤 것들이 있을까? 여기에는 다음과 같은 여섯 가지의 내용이 중요하며, 여기에 맞춰 이 책에서도 2장~7장에서 각 주제별로 실천적 방법을 설명하고 있다.

> ➤ 상대방에 맞추어 상호작용하기
> ➤ 상사에 인정받고 우호적 소통하기
> ➤ 부하 직원의 코칭과 동기부여
> ➤ 업무적 소통과 설득의 기술
> ➤ MZ 직원을 내 편으로 만드는 정서적 소통
> ➤ 남자와 여자-소통의 다름과 직장의 협업

상대방에 맞추어
상호작용하기

MBTI를 넘는 READ 성격유형의 활용

미국 갤럽(Gallup)에서 "탁월한 리더들은 직원들을 어떻게 동기부여시킬까?"라는 주제로 광범위한 인터뷰와 설문조사를 한 적이 있다. 이를 바탕으로 연구 책임자 마커스 버킹엄(M. Buckingham)은 다음과 같은 결론을 내렸다.

"리더가 좋아하는 방식이 아니라 직원들의 성격에 맞추어, 그들에게 적합한 방식으로 각자를 다르게 대해야 한다." 그리고 역설적으로 들리기 쉬운 말을 덧붙였다. "너희가 대접받고자 하는 대로 직원들을 대접하지 마라."

우리의 주변에도 탁월한 성과를 내는 리더들이 있는데, 이들이 실천하는 리더십의 행동을 살펴보면 갤럽의 권고와 별로 다르지 않다.

다음은 업무성과도 높고 직원들에게 인간적인 인기도 좋은 D사의 임원이 한 말이다.

> 저는 직원 개개인의 특성과 성격을 알려고 무척 노력합니다.
> 그리고 각자의 특성을 반영하여 소통할수록 직원들은 더 열심히 일하지요.

사람들의 얼굴이 모두 다르듯이 성격도 각양각색이란 것은 당연지사이다. 따라서 리더가 직원들과 협조적 관계를 만들고, 공감을 받는 소통을 하기 위해서는 상대방의 성격 특성을 잘 반영해야 되지 않겠는가?

예컨대 칭찬을 하는 경우에도 성격이 털털한 직원에게는 "김 대리, 기획서가 잘 작성되었네요. 수고했어요."라고 말해도 좋다. 그러나 꼼꼼하고 신중한 성격의 직원에게는 이런 칭찬이 별 효과가 없다. "내가 한 일의 내용을 알기나 하고 저런 칭찬을 할까?"라고 의문을 갖기 때문이다. 이런 직원에게는 칭찬의 경우에도 근거가 있는 구체성을 가지고 표현해야 한다.

> 김 대리, 기획서에 5년간의 통계자료를 포함한 것이 잘된 것 같아요.
> 박 과장, 영업계획서에 비용효과분석이 포함되어 있어 참 좋네요.

업무를 지시하거나 중간점검 등 일체의 소통과 상호작용에서 리더는 직원들의 성격유형과 그 특성을 알고, 이를 반영해야 한다. 그럴수록 직원들은 대접받는 느낌이 들고 리더에 대한 존중감이 생기며, 업무에 더욱 동기부여가 되기 때문이다.

성격유형 분석은 관계관리의 출발점

근래에 우리 주변에는 개인의 성격을 파악하는 데에 MBTI가 많이 유행하고 있다. MBTI는 사람의 성격을 16가지로 구분하는데, 수년 전에 TV의 연예 프로그램에서 MBTI가 소개된 것을 계기로 확산되었지만, 외국에서는 우리나라의 경우처럼 유행하고 있지는 않다.

MBTI는 나름의 장단점이 있지만, 가장 큰 단점은 내용이 복잡하다는 점이다. 이로 인해 진단 시점에는 그럴듯해 보이지만, 이후에 직장인들이 그 내용을 기억하고 활용하기가 쉽지 않다.

소통과 갈등예방에 활용할 수 있는 좋은 진단도구는 그 원리가 간단명료해야 한다. 즉 진단 이후에도 그 내용을 직장이나 생활 속에서 쉽게 활용할 수 있어야 한다. 이런 측면에서 가장 최근에 개발되고, 그 효과가 검증된 성격유형 분석 도구가 READ(리드) 진단지이다[8].

MBTI가 복잡하여 일상적 활용에 어려움이 있는 반면에 READ 성격유형 분석은 그런 단점이 없다. 이를 통하여 자신은 물론 주변 사람들의 성격유형을 알고 나면, 소통과 관계관리에 획기적인 도움을 받을 수 있다. "지피지기면 백전백승"이라는 말은 갈등의 예방과 '사람관리'에도 대체로 맞기 때문이다.

참고로 사람의 성격 차이를 분석하는 연구는 고대 그리스 시대에서부터 현재에 이르기까지 계속되고 있으며, 앞으로도 계속될 것이다. 예컨대 2400년 전 그리스의 의학자 히포크라테스는 사람의 성격을 다혈질, 우울질, 담즙질, 점액질의 4가지로 구분하였다. 아울러 우리나라 조선시대의 한의학자 이제마는 태양인, 태음인, 소양인, 소음인으로 구별하고, 체질에 따라 성격이 다르며 양생법을 다르게 해야 한다고 하였다.

현대에 와서도 심리학자들에 의한 성격분석이 계속되고 있다. MBTI 외에 Enneagram(에니어그램), DiSC(디스크), Gallup의 테마 분류 등이 그것들이다. 그런데 이러한 진단도구들은 각자 나름의 특성이 있지만, MBTI와 마찬가지로 직장인들이 활용하기에는 복잡하고 어렵다는 단점들이 있다[7].

그런 측면에서 READ 성격유형 분석은 가성비가 높은 진단도구임에는 틀림이 없다. 필자가 진행하는 리더십 교육에 참석한 직장인들은 이미 MBTI를 경험한 경우가 많은데, 이들이 READ 성격유형 분석을 경험하고 나서 이구동성으로 하는 말이기 때문이다.

사골 국물을 오래 고우면 진한 국물이 되듯이 MBTI의 16가지 특성을 압축하면 READ의 4가지로 귀결이 된다. MBTI보다 훨씬 간단하지만 결론은 동일하고 더 명료하기에 실용성이 높다는 평가를 받는 것이다.

당연한 말이겠지만 READ 성격유형 분석은 직장생활에서만 유용한 것이 아니다. 가족과 친구 등 직장 밖의 다양한 사람들과의 관계에서도 서로의 차이를 반영하는 데에 많은 도움이 된다.

행복한 부부를 찰떡 궁합이라고 하거나 금슬이 좋다고 말한다. 금(琴)은 거문고, 슬(瑟)은 비파인데, 서로 다르고 차이점이 많아도 두 악기가 서로 보완하기 때문에 아름다운 화음을 낼 수 있는 것이다.

이하에서 READ(리드) 성격유형 분석을 이해하고, 직장에서 이를 활용하는 방안을 깊이 있게 살펴보자. 이를 위해 먼저 자신의 특성을 진단해 보는 것이 자연스런 순서이다. 소통과 관계관리를 잘하기 위해서는 자신의 특성을 아는 것이 먼저이며, 상대방의 특성을 아는 것이 그다음이기 때문이다[7].

READ 성격유형의 진단 실습

아래의 질문에 자신이 해당하는 점수를 부여하세요.

(1) 전혀 아니다. (2) 대체로 아니다. (3) 보통이다. (4) 대체로 그렇다. (5) 매우 그렇다.

너무 깊이 생각하지 말고, 평소의 모습을 생각하며 떠오르는 대로 응답하세요.

---

1. 나는 자신을 내세우지 않고 공동의 이익을 위하여 적극 협조한다. (　)

2. 나는 쾌활하고 유머감각이 있으며 분위기 메이커라는 말을 자주 듣는다. (　)

3. 나는 '단골이 늘었다.'보다 '단골이 9명 늘었다.'처럼 데이터를 잘 사용한다. (　)

4. 나는 일을 하다 보면 어느새 내가 주도하는 경우가 많다. (　)

5. 나는 사람들 앞에 나서기보다 전체 의견에 동참하며 협조한다. (　)

6. 나는 사람들과 어울리기를 좋아하며 낯선 사람과도 쉽게 대화를 이어간다. (　)

7. 나는 자료관리, 정리정돈을 잘하며 주변에서 정확하다는 소리를 많이 듣는다. (　)

8. 나는 의견을 말할 때 에둘러 말하기보다 단도직입적으로 말한다. (　)

9. 나는 상대방의 의견이 마음에 들지 않아도 경청하고 공감해 준다. (　)

10. 나는 주변 사람들로부터 명랑하고 활기차다는 소리를 많이 듣는다. (　)

11. 나는 일을 추진할 때 상세 계획을 미리 수립하고, 수립된 계획을 잘 준수한다. ( )

12. 나는 각종 사회활동에서 회장, 팀장 등 간부가 되는 것을 좋아한다. ( )

13. 나는 사람들의 가슴속 욕구나 고충을 잘 파악하고, 이의 해결을 도와준다. ( )

14. 나는 재미있는 말을 잘하며, 말을 하면 다른 사람들이 즐거워한다. ( )

15. 나는 의사결정 시 규정, 통계, 선례 등 객관적인 근거를 중요시한다. ( )

16. 나는 주관과 가치관이 뚜렷하며, 이를 타인의 눈치를 보지 않고 분명하게 말한다. ( )

17. 나는 다른 사람의 부탁을 거절하지 못하여 남의 일을 떠안는 경우가 많다. ( )

18. 나는 매사를 낙천적으로 보며 비관적이거나 심각하게 생각하지 않는다. ( )

19. 나는 원칙과 기준은 누구에게나 똑같이 적용하며, 나도 엄격하게 준수한다. ( )

20. 나는 사람들의 반대에 부딪쳐도 후퇴하지 않고 끝까지 과제를 추진한다. ( )

21. 나는 마음이 상해도 상대방에게 상처를 주지 않으려고 화를 표출하지 않는다. ( )

22. 나는 미래를 걱정하지 않고 현재를 즐겁게 생활한다. ( )

23. 나는 일을 빨리 하기보다 꼼꼼하고 정확하게 처리한다. ( )

24. 나는 문제 상황을 만나면 행동부터 시작하고 세부 대책은 나중에 강구한다. ( )

25. 나는 찬반이 분분하면 내 주장을 자제하고 다수의 의견을 따른다.
( )

26. 나는 다른 사람에게 칭찬과 격려의 말을 많이 해 준다. ( )

27. 나는 문제의 답을 찾을 때에 사람들과 토론하기보다 조용히 명상하고 생각한다. ( )

28. 나는 판단이 애매한 경우에도 의사결정을 빠르게 내린다. ( )

29. 나는 토론할 때 주로 듣는 편이며 반대의견은 가급적 말하지 않는다.
( )

30. 나는 다른 사람들이 생각하지 못하는 창의적 아이디어를 자주 제안한다. ( )

31. 나는 과제 수행 시 구체적인 계획을 수립한 후에 계획에 따라 실행에 착수한다. ( )

32. 나는 내 울타리 안에 있는 사람은 부족해도 내치지 않고 끝까지 보호한다. ( )

점수 집계

각 점수를 아래의 칸에 맞추어 기입한 후, 세로로 합산하세요.

	1		2		3		4	
	5		6		7		8	
	9		10		11		12	
	13		14		15		16	
	17		18		19		20	
	21		22		23		24	
	25		26		27		28	
	29		30		31		32	
합계	( ) R		( ) E		( ) A		( ) D	

합계 점수가 가장 높은 곳에 V 체크를 하세요.

혹, 가장 높은 점수가 두 곳으로 같은 점수이면, 둘 다 V 체크하세요.

V 체크된 곳이 자신의 주된 성격유형입니다.

최고 점수가 R인 사람은 Relator(릴레이터) 또는 '관계중시자', E가 높은 사람은 Energizer(에너자이저) 또는 '분위기 메이커'라 한다. A가 높은 사람은 Analyst(애널리스트) 또는 '분석가', D가 높은 사람은 Director(디렉터) 또는 '지휘자'라 부른다.

◇ **R**elator(관계중시자)

◇ **E**nergizer(분위기 메이커)

◇ **A**nalyst(분석가)

◇ **D**irector(지휘자)

READ 성격유형 분석은 책을 '읽는다'라는 뜻의 READ로 연상하면, 사람들의 유형을 '읽는다', '파악한다'로 쉽게 기억할 수 있다. 그리고 READ 첫 글자를 통하여 Relator, Energizer, Analyst, Director로 연상할 수 있으며, 이를 통하여 네 가지를 쉽게 기억하고 활용할 수 있다.

위 유형별 합계 점수에서 모든 사람은 네 가지 특성을 조금씩 골고루 가지고 있다. 다만 네 가지 중에서 다소 높고 낮은 정도의 차이가 있으며, 가장 높은 점수가 자신에게 습관화된 성격유형이 되는 것이다.

사람마다 얼굴이 다르듯이 성격도 모두 다르기에 수십, 수백 가지로 나눌 수 있겠지만, 너무 많은 유형으로 성격을 분류하는 것은 실용성이 없기에 네 가지 유형으로 압축하여 구분하는 것이다.

아울러 이러한 성격유형 또는 행동특성은 '태어난 나'와 '만들어진 나'의 두 가지 요소로 형성이 된다. 예컨대 태어난 성격은 외향적인 '분위기 메이커'였더라도 직장인이 되어 회계, 안전관리 등 정확성을 요구하는 업무를 장기간 담당하면 '분석가'의 성격이 조금씩 더 증대하게 된다.

이하에서 READ 성격유형별 행동특성의 요점을 이해하고, 상대방의 특성에 적합한 방식으로 대해 줄 수 있는 실천적 스킬을 구체적으로 알아보자.

상대방의 유형별 행동특성 간파하기

Relator(릴레이터) - 관계중시자

Relator는 회의나 1:1 대화에서 자신의 주장을 많이 하지 않는 유형이다. 조용히 경청하고, 상대방의 의견에 대해 어지간하면 "알겠습니다."라고 하며 수용하는 사람이다.

이러한 성격의 사람은 직장에서도 공동의 이익을 위하여 양보하며, 타인에 대한 배려의 마음이 많다. 자신의 일이 아닌 경우에도 리더가 요청하면 불평 없이 협조하고 동참하는 타입이다. 상대방의 주장이 다소 마음에 들지 않아도 반박하지 않고, 부드럽게 넘어가기를 추구하는 유형이기에 '관계중시자'라고 부른다.

R 유형의 주요 특성을 요약하면 다음과 같다.
➤ 자기주장을 하기보다 주로 상대방의 말을 경청한다.
➤ 다른 사람의 요구를 잘 들어주며, 돕고 지원한다.
➤ 인화단결을 중시하며, 조용하고 충실하게 일한다.
➤ 참을성을 보이며, 흥분한 사람을 진정시킨다.

Energizer(에너자이저) - 분위기 메이커

Energizer는 낙천적이고 친화적 성격을 가지고 있다. 책상에 앉아서 엑셀 작업 등의 꼼꼼한 업무를 수행하기보다 밖에 나가서 고객을 만나고 상담하는 것에 스트레스가 더 적은 유형이다. 친구들과 노래방에 가면 마이크를 먼저 잡고 분위기를 띄우는 사람이기에 '분위기 메이커'라 부른다.

E 유형의 주요 특성을 요약하면 다음과 같다.
➤ 낯선 사람들과 쉽게 대화 분위기를 트고, 밝은 환경을 조성한다.
➤ 유머가 많고, 주변 사람들을 즐겁게 한다.
➤ 그룹 활동을 좋아하며, 사람들과 협조적 관계를 잘 만든다.
➤ 꼼꼼하지 못하며, 일 처리에 작은 실수가 많다.

Analyst(애널리스트) - 분석가

Analyst는 말을 할 때나 일을 할 때에 미리 생각하고, 디테일을 계획한다. 업무처리에 실수가 없고, 맡은 일은 리더가 간섭하지 않아도 100점을 만들기 위해 스스로 고민하는 유형이다.

이런 직원은 규정과 원칙에 위배된 사항은 친구가 부탁해도 들어주지 않는다. 리더가 칭찬을 해도 팩트가 있을 때 칭찬 효과가 나타나는 사람이며, 숫자 등 객관적 기준을 중시하기에 '분석가'라 부른다. Energizer(에너자이저)와 정반대의 행동특성을 보이는 유형이라 할 수 있다.

A 유형의 주요 특성을 요약하면 다음과 같다.

➤ 정확하고 실수가 없으며, 신중하고 꼼꼼하게 일한다.

➤ 분석적이고 객관적 근거를 바탕으로 일하며, 항상 정확성을 점
  검한다.

➤ 중요한 지시나 기준을 중시하며, 세부사항도 체크한다.

➤ 사람들의 주장이나 요청에도 객관성과 규정을 엄격하게 준수한다.

Director(디렉터) - 지휘자

Director는 대화에서 상대방의 말이 길어지면 계속 듣지를 못하고,
"요점이 무엇입니까?" 하고 결론만 말하기를 선호한다. 이런 유형은 자
기주장이 강하여 주도적이고 추진력이 있다는 평가를 받지만, 직원들
에게 '존중과 수평적 소통'을 하기가 어렵다.

경청하고 질문하기보다 자신의 의견을 주도적으로 말하는 유형이
며, Relator(릴레이터)와 정반대되는 유형이다.

D 유형의 주요 특성을 요약하면 다음과 같다.

➤ 골격이나 핵심 사항에 치중하며, 결과를 빠르게 얻는다.

➤ 의사결정이 빠르고, 세부계획을 완성하기보다 행동에 빨리 착수
  한다.

➤ 다른 사람들에게 지도력을 발휘하며, 어려운 문제를 해결한다.

➤ 도전을 받아들이고, 실수가 있을 때 책임을 감수한다.

상대방의 성격에 맞추어 소통하자

공자에게 제자 자로(子路)가 물었다. "어떤 사람이 곤경에 빠져 있으면 그 사람을 당장 도와줘야 합니까?" 그러자 공자가 "아버지나 형에게 의논도 하지 않고 그러면 되겠느냐?"라고 꾸짖었다. 며칠 후 다른 제자 염유(冉有)가 똑같은 질문을 했는데, 이번에는 공자가 "당장에 도와주는 것이 좋겠다."라고 대답했다.

이러한 문답을 옆에서 듣고 있던 또 다른 제자가 공자에게 '각자에게 다른 대답을 한 이유'를 묻자 공자가 대답했다. "자로는 너무 충동적이고 직선적인 성격이라서 누그러뜨려야 한다. 하지만 염유는 너무 꾸물거리는 성격이라서 독려할 필요가 있다."

READ 성격유형 분석을 했다면 자로는 D 유형이며, 염유는 A 유형이었던 것이다. Director(지휘자) 성격의 사람은 성격이 강하고, 신중하게 계획하기보다 대강의 윤곽이 잡히면 빨리 행동하는 사람이다.

공자가 자로에게 "아버지나 형에게 의논부터 하라."는 훈계는 D 유형인 그에게 적합한 조언이다. 반면에 Analyst(분석가)는 지나치게 꼼꼼하여 타이밍을 놓치기 때문에, 그런 성격의 염유에게는 당장 행동하라는 반대의 조언을 하고 있다.

앞에서 언급하였듯이 미국 갤럽(Gallup)에서는 탁월한 리더들의 방식을 본받아, 리더십의 슬로건으로 "직원들의 성격에 맞추어 각자 다르게 대해야 한다."라고 하였다. 얼핏 생각하면 리더가 직원들을 '동등하게 대하는' 것이 옳을 텐데 "다르게 대하자."라는 말은 모순처럼 들릴 수 있다.

하지만 모든 사람을 존중해야 한다는 말은 맞지만, 존중하는 방법은 사람마다 달라야 한다. 상대방의 성격을 감안하여 직원마다 다르게 대해 줄 때, 궁극적으로 상대방을 존중해 주는 결과에 이르기 때문이다.

유머 하나. 시골 의사가 사정상 하루 진료를 사무장에게 맡겼다. 다음 날 사무장이 보고했다. "감기 환자에게 감기약을 줬습니다." "잘했군." "다른 젊은 여자 환자는 코맹맹이 소리로 한동안 남자를 못 봤다고 하더군요." "(침을 삼키며) 그래서?" "눈에 안약을 넣어 줬죠."

리더의 생각대로 직원은 행동하지 않는다

D 유형은 소통할 때 자기 의견을 소신껏 말하는 사람이다. 따라서 만약 자신이 D 유형이면, 다른 사람도 자신의 스타일처럼 행동해야 정상적인 사람으로 생각하기 쉽다. 따라서 부서 회의에서 말이 없는 R 유형 직원을 보면, D 유형 리더는 참다 못해 한마디 한다.

회의시간에 의견이 없으면 근무시간을 낭비하는 겁니다.
면전에서 말하지 않고 나중에 딴소리 하면 안 됩니다.

많은 경우, 회의에서 조용하게 있는 직원은 Relator(관계중시자)일 가능성이 높다. 이 유형은 습관적으로 조용히 경청하고 상대방의 의견을 따르는 것에 체질화되어 있다. 회의 주제에 대한 아이디어가 없거나 일에 대한 적극성이 없어서가 아니다. 따라서 리더가 R 유형 직원의 특성을 감안하지 않고, "의견이 없으면 근무시간을 낭비한다."라고 면박을 주는 것은 '상대방에 적합한 방식으로' 대하는 것이 아니다.

만약 누군가가 "사람들의 얼굴이 다르듯이 성격도 각자 다르다."라고 말하면 "그것을 모르는 사람이 어디 있느냐?"라고 반문할 것이다. 하지만 직장에서 리더들의 소통방식을 관찰해 보면 그 반대의 현상이 보인다. 자신의 스타일처럼 상대방도 행동해 줄 것을 무의식적으로 기대하고 있는 것이다.

도둑들은 출근하면서 자기 집을 이중, 삼중으로 열쇠를 채운다고 한다. 다른 사람들을 모두 도둑으로 의심하기 때문이다. 직장인들도 집을 나서면서 마찬가지로 생각한다. 상사와 동료, 직원들 모두가 자신의 성격처럼 행동해야 정상적인 사람으로 간주하는 것이다.

그런 것을 말해 줘야 압니까? 당연히 알아서 해 줘야지.

최 과장, 일을 어찌 그렇게 처리합니까? 도저히 이해가 안 되네.

일의 진행상황을 중간에 보고해야 한다는 것은 상식 아닙니까?

"사람은 고쳐 쓰는 것이 아니다."라는 말이 있는데, 타고난 스타일을 변화시키기 어렵다는 뜻이 내포된 표현이다. 결국 서로의 성격 차이를 인정하고, 상대방에 적합한 방법으로 소통해 가는 것이 정답이라는 결론에 이르게 된다.

이것을 실천하는 데 READ 성격유형 분석은 매우 유용한 도구이다. 이를 활용하여 리더가 먼저 자신의 성격유형을 인지하고, 이어서 직원 개개인의 유형을 알게 되면 서로 간에 갈등 없이 성과 내는 윈/윈의 관계를 영위하는 데 큰 도움이 된다.

이하에서 READ 성격유형 분석을 활용하여 성공적으로 소통하고 좋은 관계를 구축하는 방법에 대하여 한 발 더 들어가 보자.

성격유형별 소통과 동기부여 기법

Relator(릴레이터) - 관계중시자

R 유형의 장점은 다른 사람들과 갈등상황을 만들지 않는다는 점이다. 자신이 다소 손해를 보더라도 양보하는 경우가 많으며, 상대방의 의견이 마음에 들지 않아도 반론을 강하게 제기하지 않는다. 남의 부탁을 잘 들어주고, 퇴근시간이 되어도 동료가 일이 많으면 남아서 도와주려 하는 착한 사람인 셈이다.

이런 직원은 혼자 돋보이기보다 뒤에서 지원하는 역할을 좋아한다. 팀을 위해 생색내지 않는 일도 묵묵히 감당하는 직원이며, 자기 일이 아니더라도 리더가 요청하면 "제 일이 아닌데요. 못 하겠습니다."라고 거절하지 않는다.

R 유형 직원에게 리더는 어떻게 대해 줘야 할까? 이들이 리더에게 바라는 언행들은 다음과 같다.

> ➤ 강압적이지 않고 배려하며, 칭찬과 격려를 해 주는 리더
> ➤ 편하게 말할 분위기를 조성하고, 끝까지 경청해 주는 리더
> ➤ 막말하지 않고, 상대방을 존중하며 말하는 리더

➤ 일만 챙기지 않고, 인간적 고충도 챙겨 주는 리더

◇ R 유형 직원은 평소 조용히 듣는 사람이기에 자기주장을 할 때에는 많이 망설인 후에 용기를 낸 것이다. 따라서 R 유형 직원이 말할 때에 리더는 중간에 끊지 말고 경청해 주고, 추가 질문을 통하여 직원이 편하게 말을 이어 가도록 도와주어야 한다.

◇ R 유형은 관계를 중시하기에, 리더가 일뿐만 아니라 직원의 인간적 고충에도 관심을 가져 주면 무척 고마워한다.

김 대리, 고향에 연로한 부모님이 계신 걸로 아는데, 요즘 부모님 건강은 좀 어떠세요?

박 과장, 자녀가 고3 이지요? 수고가 많겠어요. 응원합니다.

◇ R 유형은 갈등을 싫어하는 성격 때문에, 찬반이 나뉘는 회의에서 의견을 내지 않고 조용히 있기가 쉽다. 따라서 리더가 중요한 안건에 대하여 R 유형의 진심을 알기 위해서는 별도의 1:1 대화를 할 필요가 있다.

◇ R 유형은 공동체를 위하여 묵묵히 수고하는 직원이다. 따라서 리더의 인정과 격려 등 '심리적 보상'은 R 유형 직원에게 더욱 많이 해 줘야 한다.

김 대리, 지원 업무를 담당해 줘서 고마워요. 팀에 큰 도움이 됩니다.

◇ R 유형 직원이 동료들과 갈등상황에 처하면 상대방과 맞짱을 뜨지 못하고 혼자 힘들어한다. 따라서 리더가 적절한 방법으로 개입하여 조정해 줄 필요가 있다.

◇ R 유형은 상대방에 대한 배려와 고충파악 능력이 우수하다. 따라서 부서 내의 지원 업무를 부여하면 잡음 없이 이를 잘 수행해 낸다.

Energizer(에너자이저) - 분위기 메이커

E 유형은 낙천가, 개방형, 사교형, 분위기 메이커, 아이디어 메이커 등으로 불리는 유형이다. 유머와 대화능력이 발달하여 다른 사람을 즐겁게 하는 강점이 있으며, 순간적인 재치와 순발력이 좋아 회의에서 창의적이거나 엉뚱한 아이디어를 많이 내기도 한다.

이들은 기존에 없던 새로운 접근법에 관심이 많고, 서로 다른 업무 영역을 연결 짓는 데에도 재능이 있다. 혼자서 조용히 일하기보다 사람들과 접촉하며 함께 있을 때 에너지가 샘솟는 유형이다. 이들은 "직장이 놀이터다."라고 말하기도 한다.

이들의 단점은 꼼꼼하게 미리 계획하거나 절차에 따라 빈틈없이 일을 추진하는 데에 취약하다. 업무에도 작은 실수들이 많고, 보고서에 오타가 없는 것이 오히려 이상할 정도이다. 서류와 컴퓨터 파일이 정리되지 않아 리더의 눈에 거슬리기 쉬우며, 일의 마무리가 약할 수 있다. 따라서 리더가 중간 점검을 해 줄 필요성이 다른 유형의 직원보다 더 많다는 것을 기억하자.

E 유형 직원에게 리더는 어떻게 대해 줘야 할까? 이들이 리더에게 바라는 사항들을 요약하면 다음과 같다.

➤ 색다른 의견에도 공감하고 호응해 주는 리더

➤ 본질이 아닌 작은 업무 실수는 꾸짖지 않는 리더

➤ 밝은 성격과 대화로 Reaction을 해 주는 리더

➤ 외모 등 작은 것에도 칭찬해 주는 리더

◇ E 유형은 디테일에 약하지만, 예술적 창의성에 강한 직원이다. 색다른 아이디어가 많으며, 회사 성장에 대박을 치는 아이디어는 이들에게서 나올 때가 많다. 따라서 리더는 이들이 내는 엉뚱한 의견에 면박을 주기보다, 그 가치를 인정하고 환영해 주는 대화로 이끌어 가는 것이 필요하다.

리더: 인력 절감을 위해 고객 응대의 개선책을 의논합시다.

직원: 인공지능 로봇을 직원 대신 앉히면 어떨까요?

리더: (엉뚱한 의견에 당황스러워도) 우리도 인공지능을 도입해 보자는 의견인가요? 창의적 의견인데, 좀 더 말해 보세요.

◇ E 유형 직원의 의견은 들어 봐도 실행 가능성이 낮을 때가 많다. 그때에도 리더는 그 직원의 엉뚱한 의견에 열린 마음으로 호응해 주는 것이 좋다.

리더: 인공지능 로봇 발상은 신선하네요. 다만 현재는 예산도 없고 다른 제약사항이 많으니 검토 과제로 남겨 둡시다. 어때요?

직원: 순간 필이 와서 말씀드렸는데 경청해 주시니 감사합니다.

◇ E 유형 직원은 관점 전환 등 큰 그림을 새롭게 그리는 데에는 강점이 있지만, 오타 등 작은 실수가 많은 것이 단점이다. 따라서 본사 보고서 등 중요사항이 아니라면 오타가 있어도 간단히 고치고 통과시키는 것도 효과적인 방법이다.

다음은 READ 성격유형 교육에 참여한 증권사 상무가 필자에게 말한 사례이다.

상무: 지난 주에 직원의 보고서를 6번이나 수정했습니다. 교육결과 보고서로 그렇게 중요한 내용은 아니지만, 직원의 업무 태도를 고치려고 그랬습니다.

상무는 분석가(Analyst)임이 분명하다. 상무가 위와 같은 지시를 하는 것은 E 유형 직원을 자신처럼 A 유형으로 바꾸려고 한 것이겠지만, 그렇게 한다고 E 유형이 A 유형으로 바뀌지 않는다는 점을 간과한 것이다.

리더는 E 유형 직원의 보고서를 검토할 때에는 작은 실수가 있을 것을 예상하고 시작하자. 그러면 오타를 발견해도 화가 나지 않고 차분한 코칭이 가능해진다.

◇ E 유형 직원의 긍정 에너지가 직장 분위기를 밝게 하고, 조직발전에 기여한다는 것을 칭찬해 줘야 한다.

많은 조직에서 Fun 경영(*즐거운 직장 분위기)을 위해 회식비를 쓰고, 직원 단합행사 등을 개최한다. Fun한 조직일수록 조직 내에 소통이 잘되고 갈등이 줄어들며, 부서 간 협업이 잘 되기 때문이다.

그런데 회사 돈을 쓰지 않고 이런 분위기를 만드는 사람이 Energizer이다. 이들의 밝은 에너지가 조직발전에 기여한다는 사실은 여러 연구에서 충분히 밝혀졌다[23].

따라서 리더는 E 유형 직원이 직장에서 유머와 웃기는 언행을 할 때 "일이나 제대로 하라."고 면박을 줄 것이 아니라 오히려 환영하고 지지해 주어야 한다.

리더: 요즘 일이 많아 힘든데, 이 대리 때문에 많이 웃습니다. 어제 회식 때도 덕분에 팀원 모두가 즐거웠지요. 고마워요.
직원: 와! 팀장님, 사람 감동시키네요. 우리 팀 파이팅입니다.

다음은 40대 여성 리더가 가정에서 딸과 나눈 대화이다.

엄마: (초등 2학년의 둘째 딸에게) 영희야, 방이 왜 이렇게 지저분하니? 언니는 저렇게 깔끔하게 방을 정리하는데, 너는 언니의 반도 못 따라간다. 커서 다른 일을 제대로 할지 걱정이다.
영희: 엄마는 언니만 좋아하고, 나만 혼내……. (울음)

둘째 딸인 영희는 꼼꼼하지 않은 Energizer이며, 큰 딸은 깔끔하고 신중한 Analyst이다. 엄마는 Energizer를 Analyst처럼 못 한다고 꾸짖고 있는 모습이다.

여기에서 엄마의 가장 큰 실수는 무엇일까? Energizer인 둘째 딸의 장점인 긍정 에너지를 칭찬하지 않는다는 점이다. READ 성격유형 분석을 공부한 이후 이 엄마의 대화는 다음과 같이 달라졌다.

> 영희: (퇴근하는 엄마를 맞으며) 엄마, 호호. 오늘 학교에서 기쁜 일이 있었어. 남자 짝꿍이 비밀 편지를 줬어. 히히. 신나!
>
> 엄마: 우리 딸의 신나는 웃음소리를 들으니, 엄마 피로가 다 풀리네…….
>
> 영희: 내 웃음이 피로회복제가 됐네. 히히.
>
> 엄마: 너는 우리 집의 행복 비타민이야. 너의 밝은 성격은 커서도 사람들에게 많은 사랑을 받을 거야.
>
> (영희는 노래를 흥얼거리며 방으로 간다)

직장에서도 Energizer 직원들에게 리더가 우선적으로 해 줘야 할 말은 긍정 에너지에 대한 칭찬이다. 그러면 이들은 부서 분위기를 밝게 할 뿐만 아니라, 업무에서도 창의적인 아이디어로 재능을 발휘하게 된다.

정리정돈을 안 하거나 보고서에 오타가 많은 등 꼼꼼하지 못한 단점은 다른 방법으로 보완해 가야 한다. 리더 자신이 시간을 좀 더 할애하거나 동료 직원 중 Analyst를 파트너로 붙여 주는 것도 하나의 대안이다.

◇ E 유형 직원은 회계, 품질검사, 안전관리 등 정해진 절차에 의해 반복되는 업무를 힘들어한다. 반면에 새로운 아이디어를 내거나 사람을 만나는 영업, 교육, 홍보 등의 업무에 신바람을 낸다.

따라서 리더는 부서의 소관업무 중에서 E 유형 직원의 담당업무가 성격에 맞지 않게 부여되어 있는지 검토해 보는 것도 좋다. 그리고 여건이 허락하면 직원의 성격에 맞게 담당업무를 매칭해 주면 모두에게 유익한 결과를 가져오게 된다.

Analyst(애널리스트) - 분석가

A 유형은 Energizer와 정반대의 성격이다. 일이나 대화에서 신중하고 체계적이며, 실행하기 전에 모든 경우의 수를 꼼꼼하게 체크한다. 근거, 기준, 선례를 중시하며 대화에서 팩트가 있어야 비로소 동의한다.

A 유형 직원에게 일을 시킬 때에 리더가 "나만 믿고 따라오면 됩니다."라고 말하면 이들의 의욕은 크게 떨어진다. 전후좌우 맥락과 함께 객관적 이유와 필요성을 팩트로 설명해 줘야 이들은 동기부여가 된다.

이런 직원에게 일을 시킬 때에는 시간이 좀 걸리더라도 논리적으로 설명하면 그 이후의 진행은 리더가 걱정하지 않아도 된다. A 유형 직원은 자신이 맡은 업무를 실수없이 완수하려고 집에서도 고민하기 때문이다.

다만 이들의 단점은 지나치게 신중하여 일 처리에 시간이 많이 걸리고 타이밍을 놓치곤 한다는 점이다. 돌다리를 두드리느라 늦어지는 경향이 있으며 번아웃 상태에 빠지기도 한다. 또 기대에 못 미치는 성과를 냈을 때에는 리더의 질책이 없어도 스스로 자책감에 시달리기도 한다.

A 유형 직원은 계획에 맞추어 일하는 스타일이기에 리더는 중간에 간섭하지 말고, 믿고 기다려 줘야 한다. Energizer 직원에게 필요했던 리더의 중간 점검은 Analyst에게는 최소화해야 한다는 점을 기억하자.

A 유형 직원이 리더에게 바라는 사항들을 정리하면 다음과 같다.

➤ 구체적 구상을 가지고 지시하고, 중간에 변경하지 않는 리더
➤ 합리적이고 논리적, 일관성이 있는 리더
➤ 신중하게 말하고, 한 말에는 틀림이 없는 리더
➤ 시간관리, 약속 등을 정확하게 지키는 리더

◇ A 유형 직원에게 지시와 대화를 할 때에는 근거와 객관적 데이터로 설명해야 한다. 팩트를 중시하기에 근거 없이 강하게 주장하는 리더를 가장 싫어한다.

◇ 시간적 여유 없이 즉흥적인 지시를 하지 않아야 한다. A 유형은 마음속에 다른 스케줄을 늘 가지고 있다. 갑작스러운 지시 후에 "융통성 있게 신속하게 일하라."고 다그치면 이들에게는 멘붕이 온다.

◇ A 유형은 모든 업무를 마감시간까지 꼼꼼히 고민하여 100점을 만드는 성격이므로, 이들에게 경미한 일을 시킬 때에는 대충해도 좋다고 미리 말해 주는 것이 좋다.

정 과장, 이 일은 대충해도 되니 너무 시간 뺏기지 마세요.
오전 중에 박 대리 생각을 초안만 간단히 작성해 보세요.

◇ A 유형 직원이 작성한 보고서 내용은 대부분 리더의 마음에 든다. E 유형의 경우처럼 오타나 누락 사항이 거의 없기에 결재를 할 때에도 꼼꼼히 안 봐도 된다. 직원의 얼굴을 보며 보고서의 초점, 방향 등을 구두로만 확인해도 별 탈이 없다.

◇ A 유형 직원은 기획서 작성, 시장분석, 고객 자료 정리 등 혼자 생각하는 업무에 강점이 있다. 반면에 고객을 만나서 설득하고, 임기응변이 필요한 유동적 업무를 맡기면 이들은 힘들어한다.

Director(디렉터) - 지휘자

D 유형은 주도형, 불도저형으로 부를 수 있으며 일 처리에 있어서 추진력이 강하고 결과 지향적인 사람이다. 의사결정이 빠르고 과감하며, 대화를 할 때에도 결론 중심으로 간결하고 분명하게 말한다.

D 유형 직원은 회의 때에도 자신의 의견을 숨기지 않고 소신껏 말한다. 장황하게 말하거나 우회적이지 않고 요점을 직접적으로 말하며, 리더의 생각과 반대되는 의견도 거리낌 없이 말하는 유형이다.

만약 리더가 D 유형의 특성에 대한 사전 이해가 없으면, 이런 직원을 무례하다고 생각하기 쉽다. 그러나 D 유형이라는 것을 미리 알고 있으면 침착하게 경청할 수 있는 여유가 생기지 않겠는가?

D 유형 직원과 대화할 때에는 리더가 말하고 싶은 요점을 간단명료하게 말하는 것이 좋다. 이들은 재빨리 문제의 핵심을 짚어내고, 맡은 일에 대한 해결 능력도 높기 때문이다. 또한 어려워도 마감시간을 맞출 수 있으며, 승부욕과 도전정신이 강하다. "책임감을 갖고 추진할

테니 리더는 간섭하지 말아 주세요."라는 마음을 가지고 있다.

　　D 유형 직원에게 리더는 어떻게 대해 줘야 할까? 이들이 리더에게
바라는 말과 행동은 다음과 같다.

> 중요 핵심만 챙기고 경미한 사항은 위임하는 리더
> 의사결정이 빠르고 추진력이 있는 리더
> 말보다 행동으로 보여 주는 리더
> 직원의 실수를 덮어주고 어려움을 해결해 주는 리더

◇ D 유형은 갈등이나 의견 차이가 있을 때에 우회적으로 말하는 것을
싫어한다. 할 말이 있으면 1:1로 만나서 솔직하게 담판을 짓는 스타
일을 선호한다.

◇ 의견을 말할 때에도 본론이나 결론을 먼저 말하고, 세부적인 사항
은 필요한 범위 내에서 덧붙이는 것이 좋다. 두서없이 지루하게 말
하는 것은 D 유형의 성격에 적합하지 않은 소통방식이다.

◇ 업무를 지시할 때에는 목표와 기대하는 결과를 명료하게 제시하고,
세부 추진 방법은 직원을 믿고 위임하는 것이 좋다. 진행과정에 세
세한 간섭을 하면 D 유형 직원의 사기를 저하시키게 된다.

◇ D 유형 직원은 프로젝트 책임자 역할을 부여하면 책임감을 가지고
일하며, 비록 하위 직급이라도 독자적 과제를 부여하면 자기 책임
하에 잘 처리한다. 반면에 다른 사람을 지원하는 업무나 보조자의

역할을 부여하면 의욕이 떨어지게 된다.

모든 업무에 유리한 성격유형은 없다

동물들 세계에 전쟁이 났다. 사방에서 동물들이 몰려들었고, 사자가 총지휘관이 되었다. 모여든 동물들은 서로를 쳐다보며 한심하다는 듯이 수군거렸다. "개미는 저리 작은데 어디다 쓰겠어?" "코끼리는 덩치가 커서 적에게 금방 들키고 말걸?" "토끼는 겁쟁이 주제에 어떻게 싸움을 한다고 온 거야?"

이때 총지휘관인 사자가 호통을 쳤다. "시끄럽다. 모두 조용히 해라! 개미는 작아서 잘 안 보이니 적진에 정탐을 보낼 것이고, 코끼리는 힘이 세니 보급물자를 운반시킬 것이다. 그리고 토끼는 잘 달리니 전령으로 쓸 것이고……."

READ 성격유형 분석에 의한 네 가지 유형 중에서 어떤 유형이 직장생활에 가장 좋을까? 정답은 "모든 업무에 유리한 유형은 따로 없다."이다.

조직을 성공적으로 관리하는 한 CEO는 필자에게 다음과 같은 말을 하였다.

함께 일하다 보면 직원들의 강점이 확연하게 드러나요.
누구는 일정이나 준비물을 잘 챙기고, 누구는 야근하는 동료들을 위해 야식 같은 걸 준비하는 데 뛰어나요.
자료를 꼼꼼하게 확인하는 친구도 있고, 당일에 발군의 순발력으로 행사를 진행하는 직원도 있어요.

어떤 READ 성격유형이 좋은가에 대한 정답은 결국, 현재 담당하는 업무가 자신의 성격유형에 매칭이 되면 유리하고, 미스 매칭이 되면 불리하다고 할 수 있다. 예컨대 고객과 관계를 생성하고 설득하는 영업업무는 Energizer에게 유리하며, 경영분석, 예산, 감사 등 업무는 Analyst에게 유리하다고 할 수 있다.

전남 광양에 소재한 P사의 사례를 보자. 700여 명의 직원이 근무하는 회사인데, 인사부장이 필자가 진행하는 READ 성격유형 분석 교육에 참석한 후, 배운 내용을 직원들의 업무 재배치에 활용하여 성공한 사례이다.

먼저 노조에 취지를 설명하고 이해를 얻은 후에, READ 성격유형과 업무내용이 미스 매칭된 직원 중에서 희망자에 한하여 업무를 바꿔주는 방안을 추진하였다. 80여 명의 직원이 신청하였으며, 이들은 적성에 맞는 업무로 변경이 되었다. 이후 각자의 근무활력이 증대하였고 조직의 성과도 뚜렷하게 개선되었다.

상위 리더의 성격유형 변화와 성찰

현재의 READ 성격유형은 '태어난 나'와 '만들어진 나'의 합작품이란 것은 앞에서 살펴보았다. '태어난 나'는 유전적이거나 어린 시절부터 서서히 형성되어온 특성이며 '만들어진 나'는 담당업무와 직책에 따라 새롭게 중대된 특성이다.

예컨대 예산, 품질 등의 업무를 장기간 담당하면 Analyst 성격이 중대하며 팀장, 사장 등 직책이 올라갈수록 Director 성격이 올라가는 경향이 있는데, 이는 만들어진 성격의 영향 때문이다.

따라서 상위 리더가 회사 밖의 친구를 만났을 때에는 Relator나 Energizer 특성을 보이더라도(*태어난 나), 출근하여 부하 직원을 업무적으로 대할 때에는 Analyst 또는 Director의 성격이 주로 작동할 수 있다(*만들어진 나).

이런 측면에서 팀장 이상 CEO까지의 상위 리더라면 READ 성격유형의 네 가지 중의 하나가 아니라 'Analyst 쪽에 가까운가? 또는 Director 쪽에 가까운가?'의 두 가지로 압축해 보는 것도 유용하다. 장단점을 쉽게 기억하고 발전 포인트를 찾는 데 도움이 되기 때문이다.

Analyst 쪽 리더의 발전 포인트

직원에게 주는 이미지는 '지나치게 따지는 리더', '까칠하고 재미없는 리더', '시간이 걸리고 타이밍을 놓치는 리더', '칭찬과 격려가 없는 리더' 등이다.

따라서 Analyst 쪽에 가까운 리더가 직원들과 소통하고 좋은 관계를 형성하기 위해서는 다음과 같은 노력이 발전 포인트가 된다.

➤ 지나친 세부사항을 생략하고 큰 그림을 이야기하자.
➤ 눈높이를 낮추고 직원을 많이 칭찬하자.
➤ 엉뚱한 아이디어에 맞장구치며 창의성을 격려하자.

▶ 일만 챙기지 말고 직원의 인간적 고민에 귀 기울이자.

Director 쪽 리더의 발전 포인트

직원에게 주는 이미지는 '자신감과 추진력이 강한 리더', '적극적이고 고집이 센 리더', '경청하지 않고 혼자만 말하는 리더', '칭찬과 배려가 적은 리더' 등이다.

> 유머 하나. 오랜 직장생활을 은퇴하고 출근할 일이
> 없게 된 고집 센 남자가 집에서 점심을 먹게 되었다.
> 아내가 진수성찬을 차리자 이를 보고 말했다.
> "아니! 결재도 안 받고 누가 이런 반찬을 차리라고 했지요?"

이런 리더에게 직원들은 "딴소리하지 않고 지시받은 대로만 하면 된다."라고 계산한다. 따라서 Director 쪽의 리더가 탁월한 리더로 발전하기 위한 노력의 포인트는 다음과 같다.

▶ 지시하기 전에 질문하고 경청하자.

▶ "무슨 소린지 알았고……." 등 직원의 말을 끊지 말자.

▶ 의견을 강요하지 말고 기다리며 차근차근 협의하자.

▶ 직원과 의견이 다를 때는 목소리부터 낮추고 차분하게 소통하자.

중년으로 접어들면 대체로 목소리가 커지지만, D 유형 리더는 더욱 그렇다. 그냥 말해도 화내는 것처럼 들릴 수 있으며, 목소리를 높이면 직원들은 윽박지른다고 느끼기 쉽다. 리더는 "내가 무슨 심한 말을 했다고……." 하는데도 직원은 혼내는 것으로 느낄 수 있기에 같은 대화라도 차분한 목소리로 말하는 노력이 필요하다.

D 유형 리더는 먼저 자신의 말투부터 점검해 보자. 녹음을 해서 들어보는 것도 유용한 방법이다. 직원과 대화할 때의 목소리를 녹음해 보면 자신의 말투가 잘 드러난다. 목소리가 큰 것은 물론이고, "아니……." "그게 아니고." 등 습관적 단어도 나타난다. 이것을 고친다면 직원들에게 비치는 리더의 이미지는 뚜렷하게 좋아지게 된다.

진단지 없이 성격유형 파악하기

만약 자신의 부서에 상사가 새로 영입되어 왔다면 READ 성격유형을 알고 싶은데 어떤 방법이 있을까? 진단지를 내밀면서 "여기 답변 좀 부탁드립니다."라고 할 수도 없는 노릇이다. 이제 진단지 없이 상대방의 성격유형을 알아내는 방법을 살펴보자.

먼저 66페이지에서 작성했던 진단지 문항들을 살펴보자. 처음 4개의 질문은 다음과 같이 되어 있다.

1. 나는 자신을 내세우지 않고 공동의 이익을 위하여 적극 협조한다. (   )

2. 나는 쾌활하고 유머감각이 있으며 분위기 메이커라는 말을 자주 듣는다. (   )

3. 나는 '단골이 늘었다.'보다 '단골이 9명 늘었다.'처럼 데이터를 잘 사용한다. (   )

4. 나는 일을 하다 보면 어느새 내가 주도하는 경우가 많다. (   )

위 질문에서 1번은 당신은 Relator(관계중시자)인가? 2번은 Energizer(분위기 메이커)인가? 3번은 Analyst(분석가)인가? 4번은 Director(지휘자)인가? 여부를 묻고 있다.

같은 방식으로 총 8회로 질문하여 총점을 내는 방식인데, 이러한 질문을 유형별로 모아 보면 아래와 같이 된다.

◇ Relator(관계중시자)인가를 묻는 질문

- 자신을 내세우지 않고 공동의 이익을 위하여 적극 협조한다.
- 사람들 앞에 나서기보다 전체 의견에 동참하며 협조한다.
- 상대방의 의견이 마음에 들지 않아도 경청하고 공감해 준다.

◇ Energizer(분위기 메이커)인가를 묻는 질문

- 쾌활하고 유머감각이 있으며 분위기 메이커라는 말을 자주 듣는다.
- 사람들과 어울리기를 좋아하며 낯선 사람과도 쉽게 대화를 이어간다.
- 주변 사람들로부터 명랑하고 활기차다는 소리를 많이 듣는다.

◇ Analyst(분석가)인가를 묻는 질문

- '단골이 늘었다.'보다 '단골이 9명 늘었다.'처럼 데이터를 잘 사용

한다.

- 자료관리, 정리정돈을 잘하며 주변에서 정확하다는 소리를 많이 듣는다.
- 일을 추진할 때 상세 계획을 미리 수립하고, 수립된 계획을 잘 준수한다.

◇ Director(지휘자)인가를 묻는 질문

- 일을 하다 보면 어느새 내가 주도하는 경우가 많다.
- 의견을 말할 때 에둘러 말하기보다 단도직입적으로 말한다.
- 각종 사회활동에서 회장, 팀장 등 간부가 되는 것을 좋아한다.

이와 같이 유형별 특성을 이해하고 나면, 이제 진단지를 사용하지 않고 같은 취지의 질문을 구두로 할 수 있다. 예컨대 새로 발령받아 온 임원을 생각해 보자. 업무보고와 몇 번의 커피 타임 등을 거치면 상대방이 어떤 스타일의 사람인지 대충 느낌이 온다.

만약 임원이 꼼꼼하게 체크하는 Analyst(분석가)처럼 느껴지면 다음과 같이 질문해 볼 수 있다.

부장: (커피타임) 오늘 회의에서 2개월 전에 보고드렸던 경영 수치를 상무님이 기억하시는 것을 보고 놀랐습니다.

상무: 당연한 일 아닌가요? 경영은 결국 숫자 싸움인데…….

부장: 상무님은 Detail에 강하신 분 같습니다.

상무: "악마는 디테일에 숨어 있다." 나는 그 말에 동의합니다.

위 대화를 통하여 상무는 Analyst란 점이 확인되었다. 그리고 이 정보는 부장이 앞으로 상무와 어떻게 소통해야 할지에 대해 소중한 가이드를 제시해 준다.

이번에는 첫인상이 Director(지휘자)처럼 보이는 부장에게, 그것이 맞는지를 물어보는 과장의 질문을 생각해 보자.

> 과장: (퇴근 후 맥주집) 부장님은 Boss 기질이 있으신 것 같습니다.
> 회의 때 방침이 뚜렷하고, 결론을 빨리 내려 주시니까요.
> 부장: 당연하지……. 나는 빠른 결정과 실행이 중요하다고 생각해요.
> 과장: 회사 밖의 친구분들 모임에서도 주도적 역할이 많으시겠네요.
> 부장: 학교 때부터 지금까지 회장 등 간부를 많이 맡고 있어요.

부장은 Director(지휘자)라는 것이 확인되었다. 이제부터 과장은 보고를 할 때에 결론부터 말하는 것이 부장에게 인정받는 적합한 소통방식이다. 꼼꼼하게 보고서를 작성하는 데 시간을 보내기보다 구두로 신속하게 보고하는 것이 포인트이다.

끝으로 신입 직원이 덜렁거리며 작은 실수가 있는 것을 보고, Energizer(분위기 메이커)인가를 확인하는 대화를 생각해 보자.

> 부장: (휴게실) 김 주임은 두루 대화를 잘하니 외향적인 성격 같아요.
> 주임: 저는 학생 때에도 친구들이 많았고, 잘 놀러 다녔습니다.
> 부장: 일할 때도 혼자 하기보다 사람들과 함께 일하는 것을 좋아하나요?

주임: 혼자서 규정대로 꼼꼼하게 체크하는 일은 제 체질이 아닙니다.

김 주임은 Energizer(분위기 메이커)라는 것이 확인되었다. 부장은 앞으로 김 주임에게 어떻게 업무를 시키고 동기부여 할 것인가에 대한 답을 찾은 셈이다.

READ 성격유형 분석의 부서 내 활용

READ 성격유형 분석은 미국 갤럽의 마커스 버킹엄(M. Buckingham)을 비롯하여 전문가들의 협업에 의해 개발된 결과물이다. 우리나라에서는 특허로 등록되어 있으며, 저작권은 필자가 대표로 있는 (주)조직리더십코칭원에서 관리하고 있다[56].

이 분석도구를 직장에서 직원들과 함께 사용해 보고 싶은 독자께서는 표지의 저자 연락처에 메일로 요청할 수 있다. 그러면 1 페이지로 된 READ 진단지와 강의자료를 무료로 지원받을 수 있다.

이를 통해 부서 단위로 직원들의 READ 성격유형을 진단해 보고, 그 결과를 모두에게 공유하면 조직 활성화에 많은 도움이 된다. 리더와 직원 간의 상하관계만이 아니라 직원들 상호간에도 갈등 없이 협업하고 소통하는 데 윤활유 역할을 해주기 때문이다.

팀장님, 그동안 직원들의 말을 중간에 끊어서 서운했는데, 알고 보니 D 유형이라 그랬군요.

박 대리, 그동안 참 까칠하게 굴더니만 A 유형이었구만. 이제야 이해가 된다. 하하.

최 과장은 영업자료를 넘겨줄 때마다 정확성이 떨어져 못마땅했는데, 이제 보니 E 유형이었구만.

3장

상사에 인정받고
우호적 소통하기

내 상사이기에 문제 상사

"직장이 행복하지 않으면 인생 행복의 60%는 달아나 버린다."라는 말이 있다. 사람들이 깨어 있는 시간의 약 2/3를 직장에서 보낼 뿐만 아니라, 인간관계의 가장 많은 인연이 직장에서 비롯되기 때문이다.

이렇게 중요한 의미를 갖는 직장에서 출근길이 상쾌하려면 어떤 조건을 갖춰야 할까? 아마도 '월급은 많고 일은 쉬우면 될 것'이라고 생각할 수 있다. 그러나 좀 더 따져 보면 직장생활이 즐거울 수 있으려면 무엇보다 인간관계가 좋아야 한다.

그렇게 말하는 근거가 무엇일까? 우리나라 직장인 2,000여 명에 대한 조사에서 응답자의 80%가 "일보다 관계가 더 힘들다."라고 대답하였기 때문이다[7]. 인간관계에 스트레스가 적으면 직장생활이 훨씬 더 가벼워지겠다는 말이다.

그렇다면 직장인들의 인간관계에서 에너지가 가장 많이 소모되는 상대방은 누구일까? 'MZ세대와 꼰대 리더'라는 말처럼 세대 간의 갈등이 힘들며, 갑질 하는 고객 때문에 못살겠다고 말하는 직장인들도 있다.

그러나 이런 사람들보다 훨씬 더 힘든 상대방이 있다. 바로 상사이다. 상사는 모든 직장인들에게 스트레스의 출발점이자 종착점이다. 나에게 업무지시를 하고 진행과정을 체크하며, 결과를 평가하고 보상을 결정하는 등 직장에서의 나의 운명을 좌우하기 때문이다. 이런 점을 고려할 때 "상사와 원만한 관계의 유지는 직장인의 최우선 과제이다."라고 말해도 과언이 아니다.

그렇다고 상사에게 아부를 할 필요는 없다. 아래에서 설명하는 '상사관리'의 기법을 알게 되면, 이를 몰랐을 때와 전혀 다른 성공적인 직장생활이 가능해지기 때문이다.

장점을 보는 것이 상사관리의 바탕

두 직원이 회사가 교도소보다 안 좋은 이유를 들먹이고 있었다.

직원 A: 교도소는 세끼 밥을 무료로 주는데 회사는 내 돈 주고 먹잖아.

직원 B: 교도소에서는 TV도 볼 수 있는데 회사에서 보면 바로 잘리지.

직원 A: 하루 종일 2평짜리 공간에 갇혀 있는 건 교도소와 같다니까.

직원 B: 사장은 또 왜 그 모양이야? 마음에 드는 구석이 하나도 없다니까.

그때 공교롭게도 이 말을 들은 사장이 두 사람을 불렀다. "기쁜 소식이 있네. 자네들은 가석방되었어. 내일부터 안 나와도 되네."

직장생활의 내면을 들여다보면 참 재미가 있다. 직원은 직원 나름대로, 리더는 리더 나름대로 자신의 입장을 상대방이 알아주지 않는다는 불만으로 가득 차 있기 때문이다.

직원들의 불만

원칙도 없이 수시로 바뀌는 상사의 지시에 너무 짜증이 나.

도대체 회사에서 나는 어떤 존재란 말인가?

상무님은 우리를 감시하는 것 같아. 가까이 있으면 불편해 죽겠어!

리더들의 불만

직원들은 왜 이렇게 말을 안 듣는 거야?

직원도 회사도 모두 잘되자는 건데, 왜 사사건건 불평이지?

근무 중에 SNS 등 딴짓하는 MZ 직원 때문에 참 힘이 드네.

얼마 전에 LG경제연구원에서 우리나라 직장인들에게 "현재의 상사와 내년에도 계속 근무하고 싶은가? 아니면 바뀌기를 바라는가?"라는 항목을 가지고 설문조사를 한 적이 있다. 여기에서 응답자의 2/3가 상사가 바뀌면 좋겠다고 대답하였다. 대부분의 직장인들이 상사의 말과 행동, 사람 됨됨이 등을 싫어한다는 의미이다.

하지만 객관적으로 볼 때, 상사가 문제상사로 분류될 만큼 실제로 부족한 것은 아니다. 문제상사로 생각되는 이유는 다른 사람이 아닌 바로 '나의 상사'이기 때문이다.

'구관이 명관'이란 말을 우리는 자주 듣는다. 상사를 못마땅하게 생각하고 지내다가 새로운 상사가 왔는데, 옛 상사 못지않게 단점이 있다는 것이다. 세상에는 좋은 사람도 많다는데, 왜 직장에서는 내 마음에 들지 않는 사람만 상사로 오는 것일까?

그 이유는 간단하다. 상사는 직원에게 지시를 내리고 근무행동을 통제하며, 수시로 싫은 소리를 할 수밖에 없는 위치에 있다. 이처럼 서로 껄끄러운 입장에 있는 상황에서는 어느 한쪽이 대단한 인격자가 아닌 이상 불협화음이 발생할 수밖에 없는 구조이다. 이것이 바로 '내 상사'이기에 문제 상사'로 여겨지는 이유이다.

관리자가 돼 가지고 사람이 어째 저 모양이야?
내가 저 자리에 가면 저렇게는 안 할 텐데…….

상사 험담은 100% 자살골

직장인들 중에는 별스럽게 상사에 대한 불만을 입에 달고 사는 사람이 있다. 퇴근 후 동료들과 술잔을 기울일 때에도 열정적으로 상사를 안주로 삼는 직원도 있다. 이런 행동은 순간의 스트레스 해소에는 도움이 되겠지만, 그런 모습은 시간이 지나면서 상사에게도 느낌으로 전해지게 마련이다.

상사에 대해 끊임없이 불평하고 비방하는 직장인은 '상사관리'를 포기한 것에 다름 아니다. 상사의 역할이 직원을 잘 관리하여야 하듯이, 직원도 '고객을 대하듯이' 상사에게 다가가는 노력을 기울여야 한다는 것이다.

> 자리에 없는 사람의 얘기를 해도 좋은 것은
> 그 사람을 칭찬할 때뿐이다.
> -도산 안창호-

세상에 완벽한 직원이 없는 것과 같이 완벽한 상사도 없다. 하지만 직원은 완벽하지 않은 상사를 자신과 대등한 입장으로 볼 것은 아니다. 단순히 나이가 많다고 팀장이나 임원이 된 것이 아니다. 최소한 어느 부분에서는 능력을 인정받았기에 그 자리에 있는 것이 아니겠는가?

자신의 마음에 들지는 않지만 그런 상사와 함께 하루하루를 함께해야 하고 성과를 내야 하는 것이 직장인의 숙명이다. 따라서 고객에게 최선을 다하여 다가가야 하듯이, 상사와 코드를 맞추기 위한 노력을 직원이 먼저 기울여야 한다. 나의 상사는 어떤 사람인가? 성격과 역량은 어떤 장단점이 있는가? 등.

"세상에는 두 종류의 직장인이 있다. 사람을 만나면 그 사람의 장점을 보는 긍정적인 사람과 그 반대의 사람." 상사에 대한 직원들의 태도도 마찬가지이다. 상사에게서 긍정적이고 본받을 만한 점에 초점을 두는 직원이 있는가 하면, 불만이나 험담을 습관적으로 말하는 직원이 있다.

유머 하나. 두 직원이 팀장 이야기를 하고 있었다.
"위에는 굽신거리고 우리에겐 거들먹거리는 팀장,
정말 꼴불견이지?" "무슨 소리. 팀장님은 우리를 품어 주는
훌륭한 분이시지." "도대체 어느 팀장 얘기하는 거야?"
"너 뒤에 서 계신 팀장님."

세상의 인간관계가 모두 그렇듯이 직장에서의 상사와 직원의 관계
도 상호성이 작용한다. 직원이 상사에 대해 긍정적인 면을 보려는 태
도를 가지면 상사에게 텔레파시가 통하여 그 이득이 반드시 직원에게
돌아오게 마련이다.

상사에게서 장점을 찾아보라. 자세히 살펴보면 대부분 보인다. 불
행히도 단점만 보인다면, 역으로 돌려보면 그것도 장점으로 느껴진다.
'느려 터졌다'는 '꼼꼼하다, 신중하다'이며, '즉흥적이다'는 '긍정적이다.
추진력이 있다'로 바꾸어 생각해도 크게 틀린 말은 아니다

지옥 만드는 법은 간단하다. 가까이 있는 사람 미워하면 된다.
천국 만드는 법도 같다. 가까이 있는 사람의 장점을 보면 된다.
-조정민, 고난이 선물이다-

상사의 속성 간파와 인정받기

직장은 군대만큼은 아니지만 지시계통에 의해 움직이는 조직체임에는 틀림이 없다. 지시를 내리는 상사가 있고 이를 수행하는 직원이 존재한다. 당연히 상사는 자신의 지시에 직원들이 충실히 따라 주기를 바라는 '권위에 대한 욕구'가 있다. 따라서 직원이 상사와 좋은 관계를 영위하려면 상사의 그런 속성을 간과하지 않아야 한다.

참고로 직장의 계층구조에서 관리자가 아닌 구성원을 '부하'라고 부르는 경우가 많은데, 요즘의 MZ 세대는 "여기가 군대도 아닌데 내가 왜 부하입니까?"라고 항의하는 사례가 있다. 시대변화를 생각나게 하는 주장이지만 나름대로 그럴듯한 견해가 아닌가? 이런 배경에서 이 책에서는 '부하', '관리자'라는 용어 대신에 가급적 '직원', '리더'라는 용어를 주로 사용하고 있다.

상사는 충성스러운 직원을 좋아한다

리더의 '권위에 대한 욕구'와 관련하여 직장의 일부 상사들 중에는 민주적이며 관계중시자(Relator)에 가까운 스타일도 있다. 이들은 직원들에게 다음과 같은 말을 자주하는 편이다.

나는 본래 위아래 따지는 건 질색입니다.
업무를 떠나서는 친구처럼 우리 편하게 지냅시다.

하지만 이렇게 말하는 상사의 마음에도 직원들로부터 존중받고 싶은 욕구가 반드시 있다는 것을 잊어서는 안된다. 이러한 상사의 속성을 망각하고 실제 친구처럼 행동하는 직원이 있다면 상사는 못 참는다. "이봐요. 아무리 편한 것도 좋지만 서로 지켜야 할 선은 있어야지요."

특히 공개석상에서 상사가 지시를 하는데 직원이 즉석에서 반론을 제기하면 상사에게 도전하는 것으로 느껴지기 쉽다. 한마디로 시간과 장소 선정이 잘못된 방법이다.

간혹 유능하다고 인정받는 직원들 중에는 상사에게 도전적인 태도를 취하는 사람이 있다. 특히 상사가 조직 내 파워가 약화되는 상황이 되면 그런 상사를 무시하고 독단적으로 행동하는 직원도 있다.

하지만 조직에는 사방에 보는 눈이 있다는 것을 감안해야 한다. 어려움에 처한 상사에게 직원이 변함없이 도와드리려는 자세로 처신하면 나중에 복으로 돌아온다. 아무리 힘 없는 상사라도 고충을 나누는 동기생이나 자신의 상사가 있게 마련이다. 그들에게 소속 직원에 대해 좋게 말하면 그것은 함께한 간부들에게 크게 들리게 마련이다.

직장에서 성공의 두 날개는 '실력'과 '상사와의 관계'이다. 인사팀장을 경험한 리더들은 "다른 승진 심사위원 말보다 직속 상사의 말은 거의 절대적이다."라고 말한다. 즉 상사는 승진 길목의 문지기라고 할 수 있다. 문지기에게 잘못 걸리면 문 안으로 절대 발을 들여놓을 수 없다는 것이 조직의 작동방식이라고 해도 과언이 아니다[16].

실력만 있으면 승진할 거라 생각하는 직장인이 많은데 이는 50%만 맞는 말이다. 나머지 50%는 조직에 대한 충성도, 특히 상사의 입장에 대한 존중과 그에 따른 우호적 관계의 유지에 달려있다.

하지만 상당수의 직장인들은 다음과 같이 순수하게 생각하며 오늘도 출근을 하고 있다.

묵묵히 일만 잘하면 승진시켜 줘야 하는 것 아닌가?
상사에게 잘 보이려는 처세는 내 스타일이 아니야!
능력과 실적으로만 직원을 평가해야 공정한 것 아닌가?

이런 견해가 일견 옳은 말처럼 보이지만 직장이라는 현실의 메커니즘을 잘 모르고 하는 말이다. 가수 나훈아가 "테스 형! 세상이 왜 이래?"라고 외치는 것처럼, 직장은 순수하게만 돌아가지 않는다.

기계와 인공지능이 일한다면 능력과 실적만으로 평가하겠지만 사람이 일하고 사람이 하는 평가에는 반드시 서로의 관계가 영향을 미치게 마련이다. 결국 일 관리가 50%라면 관계관리가 나머지 50%이며, 그 관계의 핵심적인 상대방은 상사가 되는 것이다.

유머 하나. 산악회 회원들이 등산 후 뒤풀이를 했다.
회장은 먼저 자리를 떴는데, 회원들이 건배사는
회장님이 해야 한다며 전화를 걸었다. 전화를 받은 회장이
"나 지금 지하철이라 힘들어." 하고 끊자 회원들이
건배사를 외쳤다. "지하철이라 힘들어!"

상사와 좋은 관계는 성과에 기여한다

흔히 관계에 신경 쓰지 않고 묵묵히 일만 하는 직장인이 바람직한 것으로 생각하기 쉽다. 그러나 조직리더십의 전문가들은 "업무성과를 높이기 위해서라도 관계관리에 소홀히 해서는 안 된다."라고 강조한다 [69]. 직장은 무인도에서 혼자 일하는 곳이 아니기에 사람들과 협업하지 않으면 성과를 낼 수 없기 때문이다.

여기서 잠깐 생각해 보자. 상사에 충성하고 좋은 관계를 맺는 것이 떳떳하지 못한 처신일까? 그렇지 않다. 팀장은 팀을 대표하며 본부장은 본부를 대표한다. 회사는 이들에게 조직운영의 권한을 주었기에 상사를 위해 일한다는 것은 결국 회사를 위해 일하는 결과가 된다.

물론 상사가 규정을 위반하는 등 부당한 지시를 하는 경우에도 그렇게 하라는 말은 아니다. 만약 상사가 부당한 지시를 하는 경우라면 직원이 어떻게 대처해야 할까? 이에 대해서는 후술하는 '상사의 체면 존중과 직언하기'에서 살펴볼 것이다.

부당한 지시의 경우가 아니라면 상사의 지시가 마음에 들지 않더라도 이를 충실하게 이행하고 성과달성에 집중하는 것이 상사보좌의 본질이란 것은 설명이 필요 없다.

여기에 그치지 않고, 수시로 변하는 조직환경 속에서 상사를 위해 무엇을 할 것인가를 생각하는 것이 상사관리의 지혜이다. 예컨대 상사에게도 부족한 면이 있기에 이를 보완해 주면 상사는 크게 고마워한다. 간단하게는 근무 분위기 개선을 위해 건설적인 건의를 드리는 것, 상사가 파워포인트 작성에 서투르면 이를 도와드리는 것 등이다.

상사의 지혜를 활용하자

자녀가 고민거리가 있을 때에 이를 부모와 상의하면 얼마나 좋겠는가? 시행착오를 줄이고 문제해결과 올바른 진로설정에 많은 도움이 될 것이다. 직장인도 마찬가지이다. 상사를 조직생활의 선배로 여기고 그의 경험과 조언을 구하면 경력발전에 도움이 될 뿐만 아니라, 상사와 좋은 관계도 구축할 수 있다.

직원들은 직장에 불만이 있으면 동료들에게 털어놓을 수도 있지만 상사는 그럴 수 없기에 기본적으로 외로운 위치에 있다. 이런 상사에게 직원이 업무만이 아니라 개인적인 고민을 털어놓고 상의하면, 상사는 인정받고 있다는 흐뭇한 느낌에 젖는다.

상사에게 다가갈 때에도 테크닉이 있다. 아무 문제나 들고 상사를 귀찮게 해서는 안 된다. 주제가 너무 무거워도 상사는 부담스러워하며 너무 가벼운 주제이면 보람이 없어진다. 아울러 조언이나 도움을 요청할 때에는 상사의 능력이나 영향력의 범위 내에서 해야 한다. 또한 상사의 조언을 구하기 전에 자신의 생각을 먼저 준비해야 한다는 것도 당연지사이다.

이 문제에 대해 이런저런 고민을 했는데 답을 못 찾고 있습니다. 상무님의 조언을 듣고 싶습니다.

이런 수준의 상담을 거쳐서 상사와의 신뢰관계가 어느 정도 형성이 되면, 이제는 경력발전 방안 등 좀 더 중요한 주제를 상의해도 좋다. 직장의 상사는 그 자리에 오기까지 많은 경험을 거쳤으며, 지금도 조직의 현재와 미래에 대해 많은 정보를 가지고 있는 사람이다.

이런 상사에게 지혜를 구하는 마음으로 자신의 발전방안에 대해 상의를 하면 상사는 이를 의미 있게 생각하며 많은 도움을 준다. 직원을 성장시키는 것이 리더의 역할이기도 하기에, 이런 고민은 상사와의 대화에 적절한 주제가 될 수 있다.

상사의 체면 존중과 직언하기

'상사는 충성스러운 직원을 좋아한다.'라는 말은 그 뜻을 오해하기 쉽다. 업무지시를 받거나 의사결정을 위한 토론을 할 때에 상사의 의견에 적극 찬성하는 'Yes맨'이 되는 것을 충성하는 것으로 생각한다면 그것은 정답이 아니다.

때에 따라 상사의 지시가 부당한 내용일 수도 있으며, 상사의 관점과 다른 의견을 직원이 가지고 있을 때도 있다. 이때에 직원은 상사의 의견에 Yes맨이 되기 보다 자신의 의견을 제시해야 더 나은 결과에 이르지 않겠는가?

홉스테드(G. Hofstede)는 《경영문화의 국제비교》에서 직원과 상사와의 위계 차이를 '권력 격차(Power Distance)'라고 하였다. 그리고 권력 격차가 큰 나라일수록 직원이 상사에게 의견을 제시하기가 어려운데, 우리나라는 권력 격차가 큰 나라 중의 하나로 분류되고 있다[72].

따라서 우리나라의 직장인들은 상사의 의견에 대해 다른 제안을 하기가 쉽지 않다고 볼 수 있다. 하지만 "두 개의 머리는 하나보다 낫다(Two heads are better than one)."라는 말처럼, 상사의 의사결정 과정에 직원들이 아이디어를 많이 제시할수록 좋은 결정을 할 수 있다는 것은 상식이다.

그런데 만약 직원이 좋은 건의를 하였음에도 불구하고 상사가 이를 받아들이지 않는다면 어떻게 해야 할까? 그때는 일단 수용적인 태도를 보이고, 자리에 돌아와서 상사의 입장을 곰곰이 생각해 보자. 그런 후에도 상사의 지시나 판단이 잘못되었다고 생각되면 냉각기간을 가진 후 다시 한번 건의를 드리는 것은 나쁘지 않다.

어제 지시 사항에 대해 이런 방안은 어떨까 하고 생각해 봤습니다.
상무님의 방침은 …… 장점이 예상되나 …… 한 점이 염려됩니다.

상사의 체면 손상이 없도록 해야 한다

사람은 체면의 동물이기에 직언을 할 때에도 상사의 권위에 대한 욕구를 손상시켜서는 곤란하다. 체면 손상은 사생활에서는 기분이 나쁜 정도의 부작용에 그치지만, 직장에서는 전체 직원들에 대한 통솔력이 약화된다고 상사는 간주한다. 리더들이 체면 손상을 민감하게 받아들이는 것도 이 때문이다.

직원이 상사의 체면을 손상하지 않으면서 건의할 수 있는 방안들을 생각해 보자.

첫째, 다른 사람이 없는 곳에서 건의한다

체면이 손상되는 것은 보는 사람이 있기 때문이다. 따라서 직원이 상사에게 재고를 요청하는 등의 건의를 하는 경우에는 조용한 곳에서 1:1로 얘기해야 한다.

직장인 중에는 여러 사람이 참석한 공개석상에서 상사의 의견에 문제가 있다고 직언하는 사람이 있다. 이런 행동은 참석자들에게 자신의 존재감을 보여 주는 데에는 도움이 될지 모르지만 상사의 체면은 그만큼 더 손상되는 순간이다.

공개석상에서 상사의 체면을 손상시키면 반드시 보복이 돌아온다고 보면 틀림이 없다. 상사의 의견에 무조건적으로 동의할 필요는 없지만 태도만큼은 공손해야 한다. 반대 의견을 말할 때에는 더욱 예의를 지켜야 한다는 점을 잊어서는 안된다.

둘째, 상사의 의견을 먼저 공감한 후에 건의한다

직장에서 상사가 나와 다른 의견을 말할 때에는 반드시 그럴만한 사정이 있다. 따라서 상사에게 건의할 때에는 먼저 상사의 입장에 공감하는 표현을 하는 것이 말을 예쁘게 하는 요령이다.

> 사장: 경영상황이 어려우니 하반기 영업비용을 20%정도 감축하세요.
>
> 팀장: 사장님, 비용감축이 절실한 회사 사정을 잘 알고 있습니다 (공감). 다만 10월에 중요 영업활동인 전시회를 하는데, 예산이 필요합니다.

사장: 비용 절감이 시급한데, 그럼 어쩌자는 거요?

팀장: R&D 지출은 급하지 않으니, 이 돈을 우선 감축하면 어떻겠습니까?

대화의 순서가 "비용감축이 절실한 회사 사정을 잘 알고 있습니다." "다만……."의 순서로 말하고 있다. 이와 달리 상사를 이기겠다는 듯이 "그게 아니라……." "그 보다는……." 등으로 말한다면 상사의 체면을 손상시키고 심기를 불편하게 만들지 않겠는가?

상사의 체면에 손상이 없도록 직원이 건의를 하였음에도 상사가 끝까지 수용하지 않을 때에는 어떻게 해야 할까? 이때에는 상사의 최종 결정에 "잘 알겠습니다."라고 흔쾌히 수용해야 한다.

"내가 할 도리는 다 했고, 내가 모르는 상사의 입장이 있겠지."라고 생각하며 물러서는 것이 지혜로운 처신이다. 건의를 하는 것은 '직원의 과제'이며, 그 건의를 채택할지 말지를 결정하는 것은 '상사의 과제'이기 때문이다.

상사가 O.K하게 제안하기

위에서 살펴본 '직언하기'는 상사의 의견에 반대 또는 다른 의견을 건의할 때의 요령이다. 이에 비하여 '제안하기'는 상사의 의견이 없는 시점에 직원이 새로운 의견을 제시할 때의 요령에 관한 것이다.

직장인이 과제를 추진하고자 할 때에 먼저 통과해야 할 문턱은 계획에 대한 상사의 승인을 받는 것이다. 이를 위해 기안(품의)을 하고 대면 보고를 시도하는데, 이때에 상사가 흔쾌하게 O.K를 해 줄 때도 있지만 거절하거나 수정을 지시하기도 한다.

직장생활에서 직언하기는 간혹 있는 행동이지만 제안하기는 일상적으로 발생하는 행동이다. 따라서 상사가 O.K하게 제안하기를 잘해야 능력을 인정받는 성공의 대로로 진입하는 셈이 된다.

이처럼 능력 발휘의 첫째 관문인 제안하기 단계에서 어떤 직원은 상사의 O.K를 쉽게 받아 내는 반면에 다른 직원은 번번히 거절되어 고생하는 경우가 있다. 어디에서 이런 차이가 발생하는 것일까?

한 치수 큰 모자쓰기

LG화학의 사원으로 입사하여 CEO까지 되고, 직장인의 레전드로 회자되는 박진수 전 부회장의 사례를 보자. 그는 성공비결을 묻는 질문에 대하여 "한 치수 큰 모자 쓰기(One size bigger hat)"가 답이라고 하며 다음과 같은 말을 하였다.

한 치수 큰 모자를 쓰고 일하면 상사와의 갈등이 확연하게 줄어듭니다.
상사가 시키기 전에 해야 할 일을 미리 예측하고 준비할 수 있지요. 상사가 질문할 때 '알아보겠습니다.'라고 하면 이미 늦은 것이라고 봐야 합니다.

상사는 직원의 제안을 받으면 그 목적과 치밀성을 테스트하기 위하여 의도적으로 거절하거나 디테일한 질문을 하기도 한다. 승인권자의 이러한 심리를 감안할 때, 상사의 O.K를 받으려면 직원은 사전에 어떻게 준비해야 할까?

첫째, 상사의 눈높이로 문제를 봐야 한다

설득의 상대방이 상사이기에 당연히 상사의 눈높이에서 문제를 분석하고 제안해야 한다. 설득의 성공 여부는 시야의 대결이라 해도 과언이 아닐 것이다.

예컨대 영업팀장이 상무에게 제안한 내용의 승인여부는 영업팀의 수준이 아니라 영업본부장인 상무의 입장에서 결정된다. 영업팀장은 매출증대 한 가지에만 신경을 써도 되지만 영업본부장은 고객불만, 재고와 납기 등 영업본부 내 다른 팀의 상황을 함께 고려하고 있다. 따라서 영업팀장은 자신의 매출증대 계획을 제안할 때에도 본부장의 눈높이에서 제안해야 승인이 난다.

아울러 특별히 중요한 사항으로 차 상급자까지 O.K를 받아야 되는 제안이라면 '두 치수 큰 모자'를 써야 한다. 예컨대 영업팀장이 제안한 내용이 상무를 거쳐 사장에까지 승인을 받아야 하는 경우가 이에 해당한다.

그런데 영업팀장의 입장에서 차 상급자인 사장의 생각을 어떻게 파악할 수 있을까? 이를 위해서는 제안서를 작성하기 전에 먼저 상급자와 상의하는 것이 필요하다. 나아가 사장과 접촉이 많은 기획팀장, 사장이 주관하는 회의에 참여한 다른 간부에게 찾아가 "이런 보고서를 작성하는데, 사장님의 관점은 무엇일까요?"라고 물어보는 것도 효과적인 방법이다.

둘째, 상사보다 더 깊이 디테일을 챙겨야 한다

소관 업무에 대해 상무보다 부장이, 부장보다 과장이 더 자세하게 알아야 한다는 것은 상식이다. 조직의 구조상 위로 올라갈수록 넓게는 알되 깊이는 줄어들 수밖에 없기 때문이다.

하지만 상사는 직원보다 더 넓은 시야와 많은 경험이 있는 사람이다. 아울러 직원이 제안하는 사항의 세부내용을 모르는 경우에도 상사는 담당자가 얼마나 깊이 검토하였고, 제안사항에 대해 얼마나 확신을 가지고 있는지 체크를 하는 사람이다. 따라서 상사를 설득하기 위해서는 세부사항까지 철저하게 준비하고, 한 치수 큰 질문에 답할 수 있어야 O.K를 받아 낼 수 있다.

예컨대 수요증가로 생산량 확대가 시급한 경우에 영업팀장은 상무에게 어떻게 제안하는 것이 적절할까? 이때 생산능력이 부족하니 시설증설이 필요하다는 정도의 건의로는 꾸지람 받기 십상이다.

시설증설, 초과근무 실시, 외주확대 등 다양한 각도에서 경우의 수를 생각해야 하며, 각 방안에 대한 장단점을 깊이 파고들어야 한다. 심지어 상사는 "노조 간부들은 이 사항에 대해 어떻게 생각해?"라고 두 치수 큰 질문을 할 수도 있다.

결국 상사의 O.K를 받아 내느냐 실패하느냐의 분수령은 검토의 범위가 얼마나 넓으냐의 다툼이다. 상사는 여러가지 이슈를 생각하느라 바쁘지만 담당자는 자신의 업무에 대해서 만큼은 상사 이상으로 넓고

깊게 검토해야 하는 이유이다.

유머 하나. 미국 트루먼 대통령에게 학자가 건의를 할 때였다.
정책을 제시하면서 그는 "한편(on the one hand)으로는
이렇고, 다른 한편(on the other hand)으로는 저렇고" 하면서
설명을 했다. 보고가 끝나고 비서만 있을 때 트루먼이 말했다.
"어디 가서 팔이 하나밖에 없는 전문가를 구해 오게."

지시를 잘 받아 헛고생 안 하기

직장인이 일을 하는 과정의 또 다른 모습은 상사로부터 '지시를 받
고서' 이를 추진한 후에 '결과를 보고'하는 것으로 이루어진다. 이 중에
서 일을 잘한다는 소리를 들으려면 상사의 지시를 정확하게 받는 것이
첫 번째 과제이다.

과장: 지시하신 사업계획서를 작성했습니다. 검토 바랍니다.
부장: (보고서를 넘기며) 경쟁사들의 동향은 어디에 있지요? 시장
　　　점유율 변동 내용도 들어 있지 않군요.
과장: 그 부분은 미처 생각하지 못했습니다.
부장: 사업계획서는 사장님에까지 보고되는 것을 몰랐어요? 그
　　　걸 안다면 들어가야 할 정보들도 짐작할 수 있을 텐데…….

혼히 상사의 지시를 받은 후에 이에 대한 실행계획서를 보고하면, 상사가 "내 뜻은 이것이 아니야."라고 하며 퇴짜를 놓는 경우가 빈번하다. 이후 직원은 끙끙대며 수정작업을 몇 번씩이나 하고서야 비로소 마무리가 된다. 상사의 지시를 제대로 받지 못했기 때문이다.

상사의 지시를 잘 받는 요령을 터득하면 이처럼 몇 번씩이나 퇴짜 맞아 고생하는 것을 피할 수 있다. 뿐만 아니라 지시를 잘못 내리는 상사의 실수까지 줄여드릴 수 있다. 결국 상사의 지시를 잘 받는 요령은 모두를 위하는 길이 되는 것이다.

지시 내용을 끝까지 들어야 한다

상사가 지시의 말을 하고 있는 도중에 직원이 자신의 의견이나 질문을 하는 것은 좋지 않다. 자신의 말을 끊고 들어오는 상대방을 좋아하는 사람은 없기 때문이다.

상사의 지시가 마음에 안 들거나 무슨 말인지 애매한 경우에도 일단은 집중해서 듣는 것이 먼저이다. 그렇지 않으면 상사는 "지금 그것을 설명하고 있는 중이야. 끝까지 듣고 나서 의견을 말하라."고 생각할 것이다.

애매하면 현장에서 질문해야 한다

지시 내용이 모호하거나 궁금한 점이 있으면 상사의 이야기가 끝난 후에 그 자리에서 질문해야 한다. 지시 내용을 불완전하게 이해하면서도 현장에서 확인의 질문을 하지 않는 것이 지시를 잘못 받는 첫 번째 원인이 된다.

학창 시절을 생각해 보자. 선생님의 설명에 이해가 되지 않아도 학생들은 알아들은 척하며 질문하지 않는다. 질문했다가 "그것도 몰라?" 하고 창피당하는 것을 피하기 위함이다. 그러나 공부 잘하는 학생은 이때 질문을 하며, 질문을 통하여 더욱 우수한 학생으로 성장해 간다.

직장에서 지시 내용에 대하여 질문하는 직원을 상사는 어떻게 받아들일까? 멍청하다고 생각하기보다는 자신의 지시를 보다 정확하게 이해하려는 모습으로 간주하고, 호감을 갖는 것이 인지상정이다.

상무: 내년도 사업계획서를 잘 수립해 보세요.
팀장: 계획서에는 경영환경분석, 우리 회사의 강점, 미래 전망 등 세 가지를 큰 꼭지로 하여 작성할 생각입니다.
상무: 사장님의 경영철학도 반영해야 되겠지요.
팀장: 예, 알겠습니다. 고객만족, 직원존중, 환경보호 등 사장님의 경영철학 중에서 어떤 것을 강조하면 좋겠습니까?

좋은 아이디어는 수정 제안을 한다

상사는 신이 아니다. 소관 업무에서는 직원이 상사보다 더 깊이 알고 있으며, 상사가 알지 못하는 현장상황을 알고 있을 때도 많다. 따라서 상사의 지시대로 일을 진행시키는 것보다 더 나은 다른 방안이 생각날 때가 있다.

이때에는 상사의 지시를 그대로 받는 것에서 그치지 말고, 상사에게 수정 제안을 해야 마땅하다. 지시를 그대로 따르는 것보다 예의를 갖추면서 지시를 변경시키는 것이 오히려 상사를 잘 보좌하는 것이 된다. 잘못된 지시를 그대로 따르면서 "결과가 나빠도 내 잘못은 아니지."라고 생각한다면 곤란하지 않겠는가?

> 상무: 경쟁사 동향과 시장점유율 변동 상황을 포함해서 내년도
> 사업계획서를 작성해 보세요.
> 부장: 예, 시장점유율 변동 등 상무님의 강조점을 잘 알겠습니다.
> 한 가지 생각은 기존의 경쟁사 동향은 우리가 알고 있으니
> 새로 진입이 예상되는 잠재 기업을 분석함이 어떻겠습니까?
> 상무: 좋은 의견입니다. 그렇게 해 보세요.

요점을 재확인하고 진행일정을 약속한다

상사의 지시 내용에 사람의 이름이나 숫자 등이 포함되면 직원은 반드시 메모를 해야 한다. 직원의 이런 모습에 대해 상사는 멍청하다고 생각하지 않으며 오히려 믿음직스럽게 받아들인다.

끝으로 상사의 지시 내용이 간단하지 않으면 대화의 마무리 시점에 요점을 재확인하는 것이 필요하다.

> 지시하신 내용이 이런, 저런 내용인데 제가 빠뜨린 것은 없습니까?
> 진행 결과는 내주 수요일 오전까지 보고드리면 되겠습니까?

만일 상사가 과제완수의 기한에 대해 말하지 않았다면 '지금 곧 실시하라.'는 의미이다. 따라서 직원이 현재 다른 급한 일로 바쁘다면 그것을 상사에게 말하고 상의해서 우선순위와 일정을 조정할 필요가 있다.

상사에게 인정받는 보고의 요령

대기업의 노사업무를 담당하는 부장이 김 과장을 불러 "노조에 들러 오늘 무슨 꿍꿍이를 하는지 알아보라."고 지시를 하였다. 김 과장은 지시받은 대로 노조 사무실에 들러 정보를 캐 보았다. 그 결과 노조는 오늘 특별한 활동 계획이 없다는 것이 확인되었기에, 김 과장은 '다행이다.'라고 생각하며 마음의 여유도 생겼다.

노조도 조용하고, 동향을 파악하라는 부장의 지시사항도 마쳤기에 김 과장은 다른 건물에 있는 동기생을 찾아가서 점심 식사를 하고 1시에 사무실에 들어갔다. 그런데 부장이 잔뜩 화가 나서 김 과장을 기다리고 있었다.

부장: 노조 동향을 알아보라고 했는데 지금까지 뭐하다가 이제
　　　나타나?
과장: 특별한 동향이 없어서 보고드릴 것도 없고 하여…….
부장: 이 사람아! 부장인 나는 매우 궁금하잖아. 특별한 동향이 없
　　　다는 것도 나에게는 중요한 정보잖아?

보고가 끝나지 않은 일은 종료되지 않은 것이다. 직원에게 100% 권한이 위임된 사항이거나 일의 진행상황에 대하여 상사가 걱정하지 않아도 되는 사항에 대하여는 보고가 필요 없다고 할 수 있다. 하지만 비록 권한위임이 된 사항이라도 상사가 신경을 쓰는 내용에 대하여는 진행상황을 보고하는 것이 일 잘하는 직원의 요령이다.

상사는 직장인의 핵심 고객

필자가 L사의 부장에게 리더십 코칭을 하는 중에 그는 다음과 같은 고민을 털어놓았다.

부장: 우리 상무님은 문제가 많은 사람 같아요. 저를 믿지 못하고 하루에도 몇 번씩 제 업무를 체크합니다.

필자: 부장님이 담당 업무를 계획대로 진행하지 않아서 그럴까요?

부장: 솔직히 저는 상무님보다 더 계획적이고 디테일을 챙깁니다. 믿고 맡겨 주면 될 일을 수시로 체크하니 짜증이 납니다.

필자: 부장님이 진행하고 계획한 디테일을 상무님은 얼마나 알까요?

부장: 아마 30%도 안 될 것입니다.

필자: 부장님의 계획이나 추진사항을 상무님이 70%나 모르고 있다면 그것은 누구의 잘못일까요?

직장인들에게 "당신의 고객은 누구입니까?"라고 물어보면 어떤 대답이 나올까? 영업 직원은 상품을 구매하는 소비자를 생각하고, 콜센터 직원은 상담을 신청하는 고객이라고 대답하기 쉽다.

하지만 이런 대답은 50%만 맞는 말이다. 다른 50%의 고객은 누구일까? 실적을 관리하고 인사평가를 하는 상사이다. 사실 정글 같은 조직의 경쟁구도 속에서 살아남고 앞서가는 직장인들은 외부고객 못지않게 내부고객, 특히 상사를 만족시키는 사람들이다.

이런 측면에서 위 사례의 부장은 상사관리에 실패하고 있는 셈이다. 자신이 진행하는 일의 70%를 상사가 모르고 있기 때문이다. "상사가 모르는 실적은 실적이 아니다."라는 말은 조직생활을 잘하는 직장인들의 신조이기도 하다.

부장은 자신의 일을 수시로 체크하는 상무에게 불만이 많지만, 그렇게 된 원인이 자신에게 있다고 봐야 한다. 상무가 걱정하지 않도록 업무상황을 수시로 보고하지 않았기 때문이다.

진행상황을 상사가 걱정하지 않게 하자

필자가 진행하는 교육에 참가한 리더들의 애로사항 중에 자주 등장하는 내용이 한 가지 있다. 그것은 직원들의 보고 미흡에 관한 사항이다.

직원들이 진행상황을 수시로 중간보고를 해 주면 좋겠다.
아무런 보고도 없다가 탈이 났을 때에 말하는 직원이 제일 힘들다.

직원들은 흔히 "묵묵히 내 할 일만 진행하면 되는 것 아닌가?"라고 생각하며, 진행상황을 상사에게 보고하는 것의 중요성을 인식하지 못하는 경우가 많다. 하지만 일 처리 못지않게 상사에게 적시에 보고를 하는 것이 성공하는 직장인의 지름길이다.

유머 하나. 어떤 남자가 변호사를 찾아 상담했다. 상담 후에 사건을 의뢰할지 결정하겠다며 어딘가로 전화를 걸었다.
"엄마. 여기 변호사님이 이러저러한데 이분한테 맡길까?"

전화를 끊고서 말했다. "우리 엄마가 여기 맡기라고 하네요."

그러자 변호사도 잠깐 기다리라며 어딘가로 전화를 했다.

"지금 이런저런 사건이 들어왔는데… 맡을까, 엄마?"

눈치 있는 직원은 심지어 혼자서 일을 마무리하고서도 일부사항의 결정을 상사에게 의뢰함으로써 상사의 '존중받고 싶은 욕구'를 충족해 주기까지 한다.

1안, 2안 중에 제 의견은 2안이 나을 것 같은데,
상무님의 고견을 듣고 싶습니다.

수년 전에 삼성경제연구소에서 삼성그룹 간부들을 대상으로 '근무 중에 어떤 일에 시간을 많이 쓰고 있는가?'를 조사한 적이 있었다. 이론대로라면 임원들은 전략적 의사결정에 시간을 보내고 통상적인 사항은 직원들에게 위임을 해야 하는데, 조사 결과는 이런 예상과 크게 다르게 나타났다.

임원들이 부장과 팀장들이 해야 할 일에 근무시간의 상당 부분을 빼앗기고 있었던 것이다. 그 이유를 묻자 임원들은 다음과 같은 말로 사무실 모습을 설명해 주었다.

전무: 부장, 팀장들이 자신들의 업무에 대해 나에게 조언을 구한 답시고 수시로 내 방으로 오는데, 인정상 차단하기가 어렵 습니다.

다음은 K사에서 사원으로 입사하여 부사장까지 승진한 한 지인의
말이다.

상사 다루기는 의외로 간단합니다. 직원 다루기보다 훨씬 단순하
지요. 비법은 별것 아니어도 혼자 처리하지 말고, 상사에게 수시
로 보고하고 조언을 구하면 됩니다.

건축가가 설계를 완성하고서 아무 곳에 만들어도 문제가 되지 않
는 환기창의 위치를 고객이 결정하게 하면 고객의 만족도가 높아진다
는 연구 결과도 있다.

보고의 방법을 상사와 상의하자

보고를 잘한다는 것은 보고서를 멋지게 작성하라는 뜻이 아니다.
구두보고라도 신속하고 타이밍에 맞게 하라는 의미이다. 직원들로부
터 권위를 인정받고 싶고 조직을 장악하고 싶은 상사의 심리를 감안할
때, 보고는 기본적으로 자주 할수록 좋다.

다만 상사가 귀찮을 정도가 되어서는 안 되기에, 보고의 적절한 수
준은 '상사가 그만 해도 좋다고 할 정도'이다. 더 바람직한 방법은 '보고
의 주기와 방법, 필요 내용' 등에 대하여 상사와 사전에 상의하고 이에
맞추는 것이 최선이다.

상무님, 제가 이러저러한 내용을 매주 수요일 오후에 보고드리려
는데 괜찮겠습니까? 혹시 다른 방법이 있으실까요?

간단한 내용은 구두보고를 드리고,

급한 일은 전화로 말씀드려도 되겠습니까?

혹시 전화를 못 받으시면 문자로 남겨도 되겠습니까?"

보고방법에 대하여 상사와 상의할 때에 아무 준비 없이 "제가 어떻게 보고하면 좋을까요?"라고 물으면 곤란하다. 미리 생각한 방안을 의논하는 것이 훨씬 더 준비된 것처럼 보이지 않겠는가?

이하에서 보고의 요령에 관한 유의사항을 좀더 살펴보자.

일이 끝났으면 빨리 보고해야 한다

일을 하다가 상사에게 꾸중 들을 실수를 했거나, 일의 결과가 좋지 않으면 보고가 망설여지고 차일피일 미루기 쉽다. 하지만 보고가 늦어질수록 꾸지람의 사유가 늘어나기에 보고는 빠를수록 좋다.

반대로 일이 성공적으로 끝났지만 자랑하는 것 같아서 보고를 하지 않는 직원도 있다. 하지만 아무리 성공적으로 일을 마쳤다고 해도 상사가 모르면 성과를 평가받지 못한다. 성과를 과대 포장하는 것도 문제지만 그 반대도 바람직한 것은 아니다.

장기과제는 중간보고를 해야 한다

상사가 직원에게 일을 지시할 때는 '이 일을 처리하려면 시간이 얼마나 걸리겠구나.'라고 나름의 예측을 한다. 따라서 마감 날짜를 정하지 않은 경우에도, 적정 기일이 지났는데 보고가 없으면 상사는 직원의 능력을 의심하게 된다.

따라서 마무리에 2주 이상이 걸리는 일에는 상사의 요청이 없어도 스스로 중간보고를 하는 것이 좋다. 중간보고가 없으면 상사는 직원이 열심히 하고 있는지를 모르기 때문이다.

아울러 상사가 진행상황을 모르고 있을 때에, 더 높은 상급자가 갑작스럽게 질문이라도 하면 상사가 당황하지 않겠는가? 결과적으로 상사는 조직관리를 못하고 있다는 지적을 받게 되며, 그 불똥은 직원에게도 튀기 마련이다.

진행에 차질이 생기면 즉시 보고해야 한다

중간보고는 상사의 걱정을 덜어주므로 이때의 초점은 직원이 아니라 상사이다. 직원에게 위임된 사항인 경우에도 그것이 순조롭게 진행되고 있는지, 지원해 줘야 할 사항은 없는지 등에 대해 상사는 늘 신경을 쓴다. 일이 잘못되면 상사도 함께 책임을 지기 때문이다.

상사가 가장 싫어하는 상황은 발생한 문제에 대응할 시간을 다 소비해 버리고, 더 이상 어쩔 수 없을 때에 사건을 보고하는 것이다. 더 나쁜 최악의 경우는 문제가 있다는 사실을 제3자로부터 듣는 것이다. 따라서 직원은 일에 차질이 생겨 보고가 망설여지는 경우에도, 뒤도 돌아보지 말고 즉시 상사에게 알려야 한다.

그러면 상사의 도움으로 문제를 해결할 수 있고, 나아가 결과가 잘못되어도 신상의 보호를 받을 수도 있다. 상사는 직원보다 정보나 인맥이 넓기 마련이다. 초기에 보고했으면 해결될 수 있었던 문제를 시기를 놓쳐서 해결이 곤란해지면 상사는 멘붕 상황에 빠지게 된다.

보고는 결론부터 말해야 한다

직장의 업무는 대부분 연속적인 내용이며 상사와 직원이 평소에 소통해 왔기에 몇 마디만 들어도 무슨 말인지 금방 알 수 있다. 따라서 바쁜 스케줄로 돌아가는 직장에서 상사에게 보고를 할 때에는 서론을 생략하고 결론을 먼저 말하는 것이 요령이다.

학창시절에 진리처럼 배웠던 서론→본론→결론의 순서가 아니라 결론이나 요점을 먼저 보고하고, 상사의 추가질문이 있으면 이에 대답하는 형태가 되어야 한다.

> 부장: 사장님, 오늘 고객사와 내년 납품단가를 95만 원으로 협의했습니다.
> 사장: 100만 원으로 예상했는데 어떤 이유 때문이지요?
> 부장: 경쟁관계인 B사로부터 비교 견적을 받아 놓고…….
> (사장님의 질문 사항에 대해 핵심을 명료하게 대답)

상사는 직원보다 바쁘기에 압축된 소통을 원하며 서론이 길어지면 짜증을 낸다. 구두보고는 물론 서면보고를 할 때에도 신문기사처럼 타이틀을 먼저 말하고, 이어서 서브 타이틀을 언급하는 것이 효과적이다.

보고서가 길다면 1 페이지 요약표를 맨 앞에 붙여야 한다. 요약표 없이 여러 페이지로 보고하는 것은 상사에 대한 예의가 아니라고 해도 무방할 것이다.

다만 결론부터 보고할 때에도 낭패를 보지 않으려면 상사의 예상 질문에 대한 답변을 준비해야 한다. 예상질문은 '한 치수 큰 모자 쓰기'

로 생각하면 거의 빠짐없이 예측이 가능하다.

상사의 질책에 쿨하게 대응하기

'직장인이 월급을 받는 것은 상사의 질책을 참고 견디는 대가'라는 말이 있다. 칭찬보다 지적을 받을 상황이 더 많은 것이 직장생활의 현실이 아니던가? 그런데 상사의 질책을 들을 때 어떻게 반응하는가에 따라 이후의 상황 전개가 크게 달라진다는 것을 간과하는 직원들이 많다.

상사가 질책을 할 때에는 직원이 그럴 만한 실수를 한 경우가 대부분이다. 하지만 가끔씩은 직원의 큰 잘못이 없음에도 불구하고 상사가 감정을 절제하지 못하고, 과도하게 직원을 공격하는 경우도 있다.

각각의 경우에 직원이 어떻게 대응하는 것이 좋을지를 생각해 보자.

실수에 변명하지 않는 것이 최선이다

"직장에는 두 종류의 직원들이 있다. 실수를 했을 때 변명하는 사람과 실수를 인정하는 사람." 그런데 상사의 입장에서 보면 변명하는 사람과 실수를 인정하는 사람은 하늘과 땅의 차이로 다르게 느껴진다.

변명하는 직원은 앞으로도 비슷한 행동을 반복할 사람이고, 인정하는 직원은 고쳐질 사람으로 예측되기 때문이다. 심지어 직원이 자기 잘못이라고 말하는 경우에도 모든 것이 직원 탓만은 아니라는 것을 상사는 모르지 않는다.

이런 심리를 감안한다면 실수가 있을 때에는 변명하지 않는 것이 성공하는 직장인의 처세라고 할 수 있다. 그리고 상사의 질책에 불만을 갖기보다 오히려 죄송한 마음을 갖는 것이 옳다. 왜냐하면 상사도 감정을 삭이며 직원을 가르치고 발전시키려는 차원에서 나무라고 있기 때문이다.

부장: 고객사로부터 항의전화가 왔는데, 어떻게 된 거요?
과장: 상품 납기를 약속보다 1주 앞당겨 달라고 요청하길래 우리
　　　회사의 사정상 어렵다고 했습니다.
부장: 우리의 생산 일정을 앞당기기는 어렵기는 하지…….
과장: 하지만 제가 좀더 설명했더라면 좋았겠다고 반성합니다.
　　　앞으로는 고객과의 소통에 좀 더 정성을 기울이겠습니다.

상사의 질책은 업무관계에서 생긴 것이며, 일 때문이 아니라면 질책을 들을 필요도 없을 것이다. 따라서 잘못한 일에 대한 상사의 질책에 대하여 직원은 자신의 성장을 위한 것이라고 긍정적으로 생각하는 것이 타당하다. 그리고 실수를 만회하기 위해 최선을 다하면 두 사람의 관계는 이전보다 더 좋아지게 된다.

어떤 사람은 분노를 지혜롭게 다루어 인생을 술술 풀어 가고
어떤 사람은 분노를 어리석게 다뤄 자신에 화를 부른다.
분노의 주인에게는 성공과 행복을,
분노의 노예에게는 실패와 불행을 안긴다.
-비벌리 엔젤-

부당한 꾸지람에도 Cool하게 대응하자

'내 상사이기에 문제 상사'라는 말처럼 대부분의 상사는 직원들의 마음에 들지 않는다. 그 이유는 업무를 지시하고 실적을 체크하며 때때로 질책을 하는 상사의 불가피한 역할 때문이다. 따라서 직원이 싫어한다고 하여 그것으로 상사에게 문제가 있다고 단정 지을 것은 아니다.

문제 상사라고 탓할 수 있으려면 일반적 수준을 넘어서 인격적으로 직원을 모욕하는 언행을 하는 정도가 돼야 한다. 오늘날 문제 상사라고 하여 주먹질을 하거나 물건을 집어던지는 등의 행동을 하는 사람은 없다. 대부분 '인격을 평가하는 추상명사'를 사용하는 말로써 이루어진다. 이것은 질책의 수준을 넘어 상사의 감정 배설에 불과하며, 이것이 바로 언어폭력이 되는 것이다.

> 과장: 상무님, 2/4분기 업무실적을 보고 드리겠습니다. …….
> 상무: 목표 대비 실적이 미달인데, 무슨 염치로 그걸 보고하는 거요?
> 과장: 국내 경제사정이 좋지 않아서…….
> 상무: 그런 소리 집어치우고, 사람이 월급 값은 해야 할 것 아니야? 박 과장은 기본이 안 되어 있는 사람이야.

이렇게 소통하는 상무는 '문제 상사'이다. 상사로부터 "월급 값도 못 한다." "기본이 안 되어 있다." 등의 말을 들으면 직원의 기분은 어떻게 되겠는가? 아마도 마음의 상처 때문에 밤잠을 설치고 사표를 고민할 정도가 될 것이다.

상사로부터 이런 공격을 받을 때 직원은 어떻게 대응해야 할까? 비난을 받아 마땅한 사람은 상사인데 직원이 사표를 고민한다면 너무 억울하지 않겠는가?

이런 문제 상사에게도 직원이 사표를 고민할 필요없이 Cool하게 대응하는 방법이 있다. '나표현법'으로 중립적인 자기주장을 하는 것이다.

억울한 사정은 중립적 자기주장을 하자

갈등이 있을 때 상대방에게 자신의 입장을 주장하는 방법에는 수동적(Passive), 공격적(Aggressive), 중립적(Assertive)인 세 가지의 수준이 있다.

수동적(Passive)인 것은 고양이 앞에 쥐처럼 아무런 주장을 하지 못하고 당하기만 하는 대응이다. 상무의 "월급 값도 못하고……."와 같은 과도한 말에 아무 말도 않거나, 고개를 숙이고 "죄송합니다."만 연발하는 수준이다. 이 방법은 나의 상처는 깊어 가고, 상대방의 공격적 언행은 계속되기에 생산적인 해결책이 전혀 아니다.

공격적(Aggressive)인 대응은 쥐가 고양이에게 덤비는 형국이다. "상무님은 뭐 그리 대단하십니까?" "아랫사람이라고 너무 무시하는 것 아닙니까?" 이 방법을 쓰면 바로 감정 싸움이 격해지며 서로의 관계는 파탄 나고 만다. 아마도 약자인 직원이 사표를 내야 할 정도로 악화될 가능성이 있다.

중립적(Assertive)인 방법은 수동적이지도 않고 공격적이지도 않으며, 중립적으로 자신의 입장을 표현하는 것이다. 〈팩트 + 나의 애로〉의 공식으로 말하는 것인데, 갈등해결의 고수들은 당연히 이 방법을 쓰고 있다.

참고로 Assertive는 '적극적'으로 번역할 수 있으나, 우리 말의 공격적이란 단어와 비슷하게 들리기에 원래의 뜻을 살리는 데에는 '중립적'이라는 용어가 적절하다.

중립적 방법은 감정싸움을 피하면서 나의 애로사항을 말하는 기법이다. 이를 위해서는 우선 상사의 체면, 화난 감정 등을 감안하여 즉석에서 반응하는 것을 피하는 것이 좋다. 소나기는 우선 피해야 하듯이 자신이나 상대방의 감정이 격화되어 있을 때에는 일단 조용히 들어주는 것이 최선이다.

직원으로부터 항변을 들을 때 상사는 "그렇구나. 내가 말 실수를 했구나."라고 생각하면서도 즉석에서는 후퇴하기가 어렵다. 따라서 직원이 억울하게 공격을 당하는 경우에도 시간과 장소를 달리하여 소통을 시도해야 한다.

하루쯤 지난 후에, 그것도 점심 식사 후 1시~2시쯤(*마음의 여유가 있을 때)에 상사와 대화를 시도하면 좋다. 이때에 상사를 자극하는 추상명사 대신에 〈팩트 + 나의 애로〉의 공식으로 말하면 된다.

과장: (뒷날 오후 1시 30분경) 상무님, 점심 식사 잘 하셨습니까? 잠시 드릴 말씀이 있어 왔습니다.

상무: 그래, 무슨 말이요?

과장: 어제 보고드릴 때 실적이 부족한 것은 당연히 제 탓입니다.

다만 애로사항은 보고 드릴 때 저의 설명은 듣지도 않으시고, '기본이 안 되어 있다.' 등의 말씀을 하시니(팩트) 제가 밤잠을 설칠 정도로 난감했습니다(나의 애로).

상무: 어제는 다른 열받을 일이 있어서 박 과장에게 말실수를 했어요. 일 때문이라 이해하고, 하반기에 실적을 높여 주기 바랍니다.

하루가 지나 감정이 가라앉은 후에 상무를 다시 찾아뵙고, 자신의 입장을 침착하게 말하고 있다. 이때에도 "상무님은 뭐 그리 대단하십니까?"와 같은 표현을 하면 절대 안 된다. 어제 상무가 실제로 표현한 '기본이 안 되어 있다.' 등의 팩트만을 언급하는 것이 포인트이다.

이처럼 〈팩트 + 나의 애로〉의 공식으로 말하면 상대방은 대부분 발끈하지 않는다. 자신이 그런 표현을 한 것은 사실이고, 역지사지로 생각해 보면 실수했다는 생각이 들기 때문이다.

아울러 뒤에서 욕하지 않고 조용히 상사를 찾아와 자신의 애로를 말하는 과장을 상무는 어떻게 생각할까? 건방지게 생각하기보다는 '내 공이 있는 직원이네.'라고 긍정적으로 생각할 가능성이 높다. 그리고 이후로는 질책의 언어를 순화하려고 노력할 것이다.

고질적인 문제 상사에게는 과제 분리를 하자

직원이 중립적 표현으로 애로사항을 말해도 전혀 변하지 않는 상사가 있다. '직급이 깡패'라는 말처럼 상사라는 이유만으로 직원에게 언어폭력을 쓰는 등의 고질적 문제 상사가 있는 것도 직장의 현실이 아니던가?

　이럴 때에 직원이 할 수 있는 대응방안은 크게 두 가지가 있다. 하나는 부서 이동이나 사표를 내는 방법이며, 다른 하나는 '과제 분리'를 하여 마음의 면역력을 강화하는 방법이다. 그 외에도 괴롭힘 방지법에 의한 문제제기의 방법도 있겠지만, 법적 접근이라 여기서는 다루지 않고 있다.

　'과제 분리'는 심리학의 석학으로 불리는 아들러(A. Adler)가 인간관계의 스트레스를 극복하기 위한 방안으로 제시한 기법이다. 갈등상황에서 상대방을 변화시키는 것은 나의 능력 밖이므로, 나는 '나의 과제' 즉 내가 할 수 있는 역할에만 집중하면 족하다는 것이다. 그리고 나의 역할에 대해 상대방이 어떻게 받아들일 것인가는 '상대방의 과제'이기에 거기에 너무 일희일비하지 말라는 권고이다.

　참고로 세계적으로 베스트셀러가 된《미움받을 용기》에서 독자들로부터 가장 유익하다고 평가받는 내용이 바로 '과제 분리'의 방법이다 [3]. 예를 들어 숙제를 안 하는 자녀에게 부모가 안달을 내는 것은 '자녀의 과제'에 부모가 개입하는 것이다. 여기에 대한 '부모의 과제'는 숙제를 하는데 필요한 학용품이나 배고플 때 먹도록 간식을 준비해 주는 정도면 족하다. 숙제를 안 해서 선생님에게 꾸중을 듣는 것은 '자녀의 과제'이기 때문이다.

　과제 분리를 하면 인생의 다양한 갈등상황에서 불필요한 감정소모를 줄이고, 나의 삶을 긍정적으로 관리해 나갈 수 있다. 고질적인 문제 상사와 계속 근무해야 하는 직원의 처지에서도 과제 분리를 하면 사표

내지 않고 견뎌 낼 수 있는 내공이 생긴다.

위 사례에서처럼 상무의 언어 폭력에 과장이 중립적으로 애로사항을 말했음에도 불구하고 상무가 요지부동인 경우를 생각해 보자.

> 과장: 어제 보고 때 저의 설명은 듣지도 않으시고, '기본이 안 되어 있다.' 등의 말씀을 하시니(팩트) 제가 밤잠을 설칠 정도로 난감했습니다(나의 애로).
>
> 상무: 보자보자 하니까, 이 사람 안 되겠구만……. 뭐? 내 말을 듣고 난감했다고? 그러면 그만두면 될 거 아니야?
>
> 과장: 저의 입장을 말씀드려도 상무님의 생각은 다르시니 어떻게 해야 할지 모르겠습니다. 앞으로 실적 개선에 최선을 다하겠습니다만 상무님께서도 질책을 하실 때는 일 자체로 말씀해 주시기 바랍니다.

이렇게 말해도 고질적인 문제 상사는 바뀌지 않을 가능성이 높다. 이때가 직원은 '과제 분리'로 자신의 마음을 관리할 때이다. 상사를 인정하지 못하겠고 떠날 수도 없다면 과제 분리로 마음의 우산을 쓰는 것이 최선의 방법인 것이다.

스스로를 돌아보면 상사에게 적절한 방법으로 대화를 시도한 것은 잘한 일이다. 공격적이거나 방어적이지도 않고, 중립적으로 자신의 애로 사항을 말한 것은 '나의 과제'를 잘 이행한 것이기 때문이다.

만약 과장의 이런 노력에도 상무가 바뀌지 않는다면 그것은 '상무의 과제'이다. 이후 과장은 더 이상 스트레스받지 말고 자신의 과제, 즉 업무 실적을 높이는 것에 집중하는 것이 Cool한 대응 방식이다.

유머 하나. 진대제 전 정통부장관의 사례이다.
"저는 삼성전자 재직시절에 전화기의 상사 음성 주소명을
'야, 임마.'로 설정해 놓았습니다. 근무 중에 '야, 임마.'
소리치면 상사가 '예! 아무갭니다.'라고 응답합니다."

상사의 성격유형과 맞춤형 소통기법

상사관리에 있어 또 다른 중요 원리는 '상사의 관리 스타일을 바꾸려고 하지 마라.'는 것이다. 혹시 배우자나 자식을 변화시키는 데 성공한 사람이 있는가? 자식처럼 자신보다 힘이 약한 사람도 변화시킬 수 없는데, 하물며 직장에서 자신보다 강한 파워를 가진 상사를 바꿔 보겠다는 것이 가능하겠는가?

부장: 사장님께 내년도 사업계획을 보고 드리겠습니다. 외부 환경
은 ……하며, 경쟁사들은 ……을 할 것이기에 우리는…….
사장: 김 부장, 핵심만 말해 봐요.
부장: 예, 내년도 우리의 계획은 ……방향으로 ……을 투자하여
(길게 설명).
사장: 투자 대비 수익은 어떻게 되지요? 또 투자금 여력은 있나요?

부장: 그 점은 관련 부서와 더 상의하겠습니다.

사장: 그걸 보고라고 하는 거요?

한 달 넘게 걸려서 작성한 보고서에 대하여 사장으로부터 질책을 받은 김 부장은 이후 며칠간 밤잠을 제대로 못 잤다. 좀더 차분하게 내용을 살펴보고 미흡한 점이 있으면 "……을 보완하세요."라고 말해 주면 좋을 텐데, 사장은 그렇지 않았기 때문이다.

"핵심만 말해 봐요." "그걸 보고라고 하는 거요?" 등의 표현은 김 부장에게는 매우 공격적으로 느껴진다. 사장이라는 위치에서 아랫사람에게 함부로 말하는 것 같아 서운하기 그지없었다. 그러나 사장은 부장을 무시하거나 공격적인 성품의 사람이 아닐 가능성이 높다. 단지 사장의 성격유형이 지휘자(Director)이기 때문일 뿐이다.

얼굴과 개성이 다르듯이 상사들의 업무 스타일도 각양각색이다. 어떤 상사는 세부사항까지 낱낱이 알아야 안심하는가 하면, 다른 상사는 큰 줄기만 잡고 세부사항은 아래로 위임하기를 원한다. 보고방식을 놓고도 어떤 상사는 무조건 문서화된 양식을 요구하고, 다른 상사는 구두보고를 더 선호하는 경우도 있다.

READ 성격유형을 기억하자

이 책의 2장에서 보았던 'READ(리드) 성격유형 분석'을 기억하는가? 사람의 성격은 얼굴이 다른 것처럼 모두가 조금씩 다르지만, 소통의 특성 측면에서 READ의 4가지 유형으로 압축이 된다는 것이다[7].

➤ Relator(관계중시자)

➤ Energizer(분위기 메이커)

➤ Analyst(분석가)

➤ Director(지휘자)

2장에서는 리더가 직원들과 소통할 때에 이 네 가지의 성격유형에 따라 어떻게 상대하는 것이 효과적인가에 대하여 학습하였다. 여기에서는 거꾸로 직원이 상사와 소통하고 관계관리를 하는데 이를 활용하는 방안에 대하여 살펴보고자 한다.

직장의 상사들도 100명이면 100명 모두 성격이 다르지만 Relator, Energizer, Analyst, Director의 네 가지 유형으로 구분이 된다. 부장에게 "그걸 보고라고 하는 거요?"라고 말하는 사장은 Director이지만, 만약 사장이 다른 유형이었다면 그런 표현을 쓸 가능성은 별로 없다.

따라서 직장인이라면 자신의 상사가 어떤 유형인지, 그 유형의 행동특성이 어떤지를 아는 것은 조직생활을 성공적으로 하는 데에 큰 자산이 된다.

Relator(관계중시자)형 상사에 인정받기

관계중시형 상사는 흔히 '호인(好人)'이란 소리를 들으며 직장에서 적이 없는 편이다. 자신의 주장을 강하게 말하기보다 다른 사람의 의견을 경청하는 스타일이다. 견해 차이가 있을 때에도 갈등을 줄이기 위하여 어지간하면 다수의 의견에 따른다. 협조하고 양보하는 성격이기에 관계중시형이라는 이름이 붙었다.

R 유형 상사의 특성을 요약하면 다음과 같다.

➤ 강하게 주장하기보다 직원이나 다른 사람의 말을 경청한다.

➤ 참을성을 보이며, 흥분한 사람을 진정시킨다.

➤ 인화단결을 중시하며, 양보하고 협조해 주기를 원한다.

이런 상사와 근무하는 직원 중에는 상사의 부드러움을 만만하게 보는 사람도 있다. 심지어 부탁형으로 말하는 상사의 지시에 까칠하게 반응하는 경우도 있다. 이런 경우에 R 유형 상사는 직원에게 일을 시키지 않고 차라리 자신이 해 버리기도 한다.

하지만 갈등을 피하려는 관계중시형 상사라고 해서 감정이 없을 수는 없다. 다만 속으로 삭히며 참고 있을 뿐이다. 이런 상사에게 직원이 강하게 대하는 것은 도리에 어긋날 뿐만 아니라 나중에 대가를 치르게 마련이다. 관계가 멀어지는 것은 물론 인사평가 등에 음으로 양으로 불이익을 받게 된다. 위계조직인 직장에서 상사를 이기고 이득을 보는 직원은 세상에 없다.

Energizer(분위기 메이커)형 상사에 인정받기

꼼꼼하지 않으며 밝은 성격과 에너지가 넘치는 유형이다. 일을 할 때에도 선례와 규정 등에 구애받지 않고 융통성이 많은 리더이다. 직원들에게 자세히 지시를 하기보다 스스로 굴러가도록 자율성을 부여하는 편이다.

근무시간에도 자기 책상에 없는 시간이 많으며 다른 부서와 협상하고 자원을 확보하는 데 더 많은 시간을 보낸다. 내부절차와 직원들의 업무를 체크하기 보다 외부활동에 더 많은 에너지를 쓰는 스타일이다.

E 유형 상사의 특성을 요약하면 다음과 같다.

➤ 유머가 많고 밝은 근무 환경을 조성한다.

➤ 꼼꼼하지 않고 직원들의 업무를 세세히 체크하지 않는다.

➤ 타 부서 사람들과 협조적 관계를 잘 만든다.

이러한 상사의 부서에서는 조직의 활기가 있는 반면에 어느 정도의 혼란스러움도 병존한다. 따라서 직원들이 자발적이고, 각자가 자기 완결적으로 일을 해야 한다. 그렇지 않으면 업무 오류가 있어도 상사가 그것을 알지 못하고 그대로 결과로 이어질 위험이 있기 때문이다.

다만 일의 진행상황을 상사가 알 수 있도록 중간에 간략하게 구두 보고를 하는 것이 좋다. 꼼꼼한 보고서를 작성하느라 시간을 보내는 것보다 요점만 구두로 보고해도 충분하다.

부장님, 어제 고객사와 ……을 의논하고, 내주에 ……를 진행하겠습니다.

저를 믿고 권한을 위임해 주시니 꼼꼼하게 끝까지 챙기겠습니다.

Analyst(분석가)형 상사에 인정받기

매사에 꼼꼼하고 실수가 없으며 소통에서도 팩트와 근거를 챙기는 상사이다. 규정과 절차를 중시하고 디테일에 강한 사람이기에 Analyst 라는 이름을 얻었다.

A 유형 상사의 특성을 요약하면 다음과 같다.

➤ 정확하고 실수가 없으며 신중하고 꼼꼼하다.

➤ 분석적이고 객관적 근거를 중시하며 세부사항도 체크한다.
➤ 업무의 기대 수준이 높아 직원들을 잘 칭찬하지 않는다.

이들은 돌다리를 전부 두드려 보느라 의사결정의 속도가 느리다. 일 처리에 시간이 많이 걸리지만 업무는 차질 없이 완수해 내는 상사이다. 기록과 자료 정리가 세밀하게 되어 있는 유형이기에 신중하지 못하고 덜렁거리는 직원을 제일 싫어한다.

이러한 상사와 잘 지내기 위해서는 지시내용과 규정을 잘 숙지하고 있어야 한다. 아울러 약속한 추진계획과 보고일정 등을 100% 준수해야 한다. 나아가 업무에 대한 기대수준이 높기 때문에 지적을 받지 않으려면 바짝 긴장해서 일해야 한다.

직원을 평가할 때에도 업무처리를 무엇보다 중시하기에 '업무중심형' 상사라고 할 수 있다. 밝은 성격으로 팀워크에 기여한다고 해도 그것이 업무성과로 연결되지 않으면 허사이다. 오히려 '하라는 일은 안 하고 쓸데없이…….'라고 부정적으로 인식하기도 한다.

A 유형 상사에게는 제안을 하는 경우에도 근거나 선례, 타 기관의 자료 등을 준비해야 한다. 이런 유형의 상사는 "수치가 없는 의견은 말하지 마라."고까지 말할 정도이기에, 팩트 중심의 소통을 하는 직원일수록 인정을 받는다. 따라서 다음과 같은 방식의 소통은 Analyst 상사에게는 미움받기 십상이다.

그동안의 경험상…… 하는 것이 좋을 것 같습니다.
제 느낌에는…….

저를 믿고 맡겨 주시면 잘 되리라 생각합니다.

A 유형 상사에게 효과적인 직원의 소통 포인트는 다음과 같다.

➤ 수치, 근거, 규정 등을 함께 제시하며 의견을 말한다.

➤ 실천 가능한 구체적 계획을 가지고 제안한다.

➤ 일정준수, 시간관리, 약속 등을 정확하게 준수한다.

Director(지휘자)형 상사에 인정받기

의사결정이 빠르고 소통에서 상대방의 의견을 경청하기보다 자신의 주장이 강한 스타일이다. 목소리도 큰 편이며, 확고한 관점을 가지고 있어서 자신의 지시나 방침이 도전 받는 것을 싫어한다.

일을 할 때에도 계획을 세우느라 시간을 보내기보다 빠른 실행으로 목표 달성을 위해 돌진하는 상사이다.

D 유형 상사의 특성을 요약하면 다음과 같다.

➤ 의사결정이 빠르고 세부사항보다 골격이나 핵심사항에 치중한다.

➤ 대화에서 주도적이며 자기 의견을 숨기지 않고 소신껏 말한다.

➤ 세부계획보다 행동에 빨리 착수하여 결과를 빠르게 얻는다.

이러한 상사에게 인정받으려면 순응적이고 개인적 존경을 표현하는 것이 현명하다. 다만 토론의 자리에서는 듣기만 하고 침묵하기보다 자신의 생각을 적극 말하는 직원을 좋아한다.

그리고 토론을 마친 후에 상사가 정리한 최종 결론에는 예스맨이 되는 것이 좋다. 가장 미움받기 쉬운 직원은 토론이나 1:1의 면전에서는 아무 말이 없다가 뒤에서 불평하는 사람이다.

D 유형의 상사에게는 의견을 말할 때에도 반드시 두괄식으로 말해야 한다. 성격이 급하고 다혈질이라 직원의 말이 조금만 길어져도 답답하게 생각하기 때문이다.

직장의 업무적 소통에서는 일반적으로 결론을 먼저 말하는 것이 효과적이지만 Director 상사에게는 더욱 그럴 필요가 있다.

D 유형 상사에게 효과적인 소통의 포인트는 다음과 같다.

➤ 시간이 걸린 자세한 서면보고 보다 신속하게 구두보고 한다.

➤ 보고는 두괄식으로 결론을 먼저 말한다.

➤ 토론에서 말없이 경청하기보다 의견을 말하고, 뒷담화를 하지 않는다.

상사에 적합한 방식으로 대하자

지피지기는 상사관리에도 해당된다. 새로운 상사가 부임하면 적절한 타이밍에 '관계의 코드'를 어떻게 맞춰 가는 것이 적절할지 물어보는 것이 좋다. 상사와 일대일 면담의 자리에서 '자신에게 무엇을 바라는지', '어떻게 일해 주기를 바라는지' 등을 상의하는 것도 좋은 전략이다.

이때에 상사의 성격유형이 READ의 어디에 해당하는지를 알기 위한 질문을 하는 것도 유익하다. 그런데 상사가 어떤 유형인지를 알려면 어떻게 해야 할까? 이에 대하여는 2장에서 설명한 '진단지 없이 성격유형 파악하기' 방법을 활용하면 어렵지 않다.

새로 부임한 상사에게 위와 같은 내용으로 물어보면 어떤 장점이 있을까? 우선 상사의 방침을 따르고 존중하겠다는 직원의 마음을 전달

할 수 있으며, 더 중요한 점은 '상대방에 적합한 소통의 방식'을 찾아낼 수 있다는 점이다. 그리고 이것은 앞으로 상사와의 관계를 성공적으로 관리하는 데 굉장한 자산이 되게 된다.

유머 하나. 자판기를 두드리며 화를 내는 사람을 보고 "왜 그럽니까?" 하고 행인이 묻자 "이놈이 동전만 먹길래 관리인에게 전화했더니 1시간이 지나도 안 오네요." 했다. "그렇게 해서 돈 찾겠습니까? 휴대폰 줘 보세요." 행인이 전화했다. "자판기 관리하시죠? 지금 동전이 쏟아져 나오니 빨리 와 보세요!" "뭐라고?" 5분도 안 되어 관리인이 뛰어왔다.

상사에게 아부 아닌 칭찬하기

이제 상사관리의 마지막 주제인 칭찬하기이다. 필자가 리더십 교육을 진행할 때에 참석자들에게 "상사에게 칭찬을 많이 합시다."라고 말하면 예외 없이 들려오는 반응들이 있다.

예? 상사에게 칭찬을 하라구요? 한 번도 그런 적이 없는데요.
칭찬은 아랫사람에게 하는 것이 아닌가요?
아부하는 것도 아니고 어떻게 상사를 칭찬합니까?

조직개발 컨설턴트들이 직장의 근무 분위기를 진단할 때에 빠지지 않는 질문이 있다. 그것은 "상사는 직원을 얼마나 칭찬하고 격려해 주는가?"이다. 직원들이 신바람 나게 일하도록 하기 위해서는 상사의 칭찬이 중요하기 때문이다.

그런데 조직이 활성화되고 성과를 내려면 직원들 못지않게 상사도 신바람이 나야 한다. 그러려면 상사가 잘하는 점이 있을 때는 직원들도 이를 칭찬하고 응원해 주는 것이 필요하지 않겠는가?

상사도 직원과 똑같이 감정이 있는 사람이다. 직원이 좋아하는 것은 상사도 좋아한다. 더구나 리더가 되면 누구나 외로워진다. 어쩌면 칭찬이나 격려는 직원보다 상사에게 더 필요하다고 해도 틀린 말이 아닐 수 있다.

상사가 내는 밥값이나 직원에게 격려하는 말 한마디는 상사이기 때문에 당연히 해야 하고, 직원이기 때문에 당연히 받을 자격이 있는 것은 아니다. 하지만 직원들은 흔히 '나 같은 사람과 같이 일하려면 이 정도는 해야 하는 것 아닌가?'라고 생각하는 듯하다.

승진을 시켜 주어도 자신이 일한 당연한 결과라고 간주하거나 밥값을 계산해도 상사의 당연한 의무라고 여긴다. 심지어 "법카로 사 주는데 왜 감사해야 하는가?"라고 생각하기도 한다. 하지만 상사는 다른 곳에 쓸 돈을 아껴서 직원들에게 밥이라도 한번 더 사 주려는 심정이 있는 것도 사실이다.

따라서 상사 보좌를 잘하는 직원이라면 상사가 고맙게 해 주는 사항에는 감사를 표해야 하며, 훌륭한 일을 했으면 진심 어린 응원과 칭찬을 아끼지 말아야 한다.

상사에게 칭찬하는 방법

칭찬을 많이 하지 않는 우리나라의 조직문화에서 '상사를 칭찬하자.'라는 권고는 직원들 입장에서는 얼핏 실행하기가 어렵거나 어색할 것으로 생각하기 쉽다. 하지만 그것은 칭찬의 방법이나 표현의 기법을 모르기 때문이다.

미국 갤럽(Gallup)의 조사에서 탁월한 리더들은 '칭찬과 질책의 비율이 83:17'이었을 정도로 긍정의 리더십을 발휘하고 있었다[20]. 물론 이 조사는 리더들을 대상으로 하였기에 '직원이 상사를 칭찬하는 비율'은 포함되지 않았다.

그런데 만약 상사 보좌를 잘하는 직원들을 대상으로 "상사가 잘하는 일이 있을 때에는 칭찬을 하느냐?"라고 물었다면 그 대답은 확실한 Yes일 것이다.

유머 하나. 여성 팀장이 파마를 했는데 머릿결이 잘 나왔다.
"팀장님, 컬이 무지 자연스러운데요?" 하고
여직원이 말하자 팀장님 왈, "컬이 뭐야? 나 컬 몰라.
미용실에서 그냥 볶아 달라고 했어."
그러자 남직원 왈, "팀장님, 오늘 볶음이 잘 나왔는데요!"

칭찬이나 감사의 말을 할 때에는 상대방에게 어색하지 않게 표현하는 공식이 있다. 특히 아랫사람이 윗사람을 칭찬할 때에는 아부처럼 들리게 해서는 곤란하지 않겠는가? 윗사람을 칭찬하는 경우에 지켜야 할 첫째 공식은 '인격을 평가하는 추상명사로 칭찬하면 안 된다.'라는 점이다.

사장님은 참 열정이 대단하십니다.
부장님, 말씀을 참 논리적으로 잘하시네요.
팀장님의 리더십은 본받을 점이 많습니다.

이렇게 칭찬을 한다면 안 하는 것보다 못하다. 성품이나 인격을 평가하는 추상명사를 사용하면 칭찬은 아부같이 들리기도 하고 어색하다. 자신의 인격 전체가 그런 것은 아니기 때문이다.

인격을 평가하는 것은 원래 윗사람이 아랫사람에게 칭찬을 할 때 쓸 수 있는 표현이다. 예컨대 사장이 직원에게, 스승이 제자에게, 부모가 자녀에게 '잘했다', '못했다'를 판단할 때 사용할 수 있는 말이다.

따라서 직원이 상사를 칭찬할 때처럼 아랫사람이 윗사람을 칭찬할 때에는 '인격을 평가하는 추상명사' 대신 '관찰 가능한 행동' 즉 팩트를 언급해야 한다. 이어서 상대방이 한 행동이 나에게 어떤 도움을 주었는지를 표현하는 것이 칭찬의 완결된 공식이다[5].

이를 요약하면 〈팩트 + 나의 도움〉으로 표현하는 것이다. 이 방식으로 칭찬하면 아부처럼 들리지 않게 하면서 자연스럽게 상사를 칭찬할 수 있다.

부장님, 지시하시기 전에 질문을 해 주시니 소통에 도움이 됩니다.
팀장님, 일의 우선순위를 정해 주시니 일정관리에 도움이 됩니다.
사장님께서 마라톤을 하시는 것을 들으니 저에게 자극이 됩니다.

거듭 말하지만 직장에서 직원들만 힘든 것이 아니라 리더도 힘들다. 리더는 "나의 이런 결정이나 지시를 직원들은 어떻게 받아들일까?"를 생각하면서 직원들을 독려하고 과제를 추진해 나가고 있다. 그런 리더에게 직원이 돈도 안 들고 에너지를 보태 줄 수 있는 것이 상사에 대한 칭찬이다.

상사를 칭찬하면 나를 이상하게 생각하지 않을까?
전반적으로 상사가 마음에 안 드는데, 칭찬은 무슨…….
에이! 나는 윗사람에게 아부하는 것은 질색이야.

이렇게 생각하며 많은 직장인들은 수년을 함께 근무해도 상사에게 칭찬 한 번 하지 않고 오늘도 근무를 하고 있다. 상사가 '나에게 어떻게 대해 주나?'에만 신경을 쓰면서 지내고 있는 것이다.

하지만 인간관계를 좋게 만드는 방법 중에서 가성비가 가장 높은 것이 칭찬이다. 자동차에 엔진오일을 왜 넣는가? 상사에게 아부가 아닌 진정한 칭찬을 하는 것은 상사와의 관계에 윤활유가 되는 것은 분명하다. 칭찬은 고래도 춤추게 한다는 말은 누구나 알고 있지만, 일상의 삶에서 이를 실천하는 것은 전혀 다른 차원의 열매를 맺어준다.

아울러 전반적으로 상사가 마음에 안 들고, 칭찬거리를 찾기가 어려운 상대방도 있을 수 있다. 그러나 이런 사람에게도 관심을 가져보면 칭찬거리가 반드시 보인다. 이를 놓치지 않고 칭찬하는 것이 관계 호전의 출발점이 되는 것이다.

주변에 칭찬거리가 없는 사람이 있는가? 그것은
그 사람을 유심히 관찰하지 않았기 때문이다.

-데일 카네기-

4장

부하 직원의 코칭과
동기부여

우리는 앞에서 '상사와 소통하기'를 살펴보았다. 이번 장에서는 2000년생과 MZ 세대 등 후배 직원들과의 소통과 관계관리 방안에 대해 살펴보고자 한다. 오늘날 중간 관리자 이상의 리더들이 공통적으로 겪는 어려움이 이들과의 소통과 코칭에 대한 방안을 찾는 일이기도 하다.

까칠하게 자기 권리를 주장하며 고분고분하지 않는 MZ 직원을 어떻게 이끌어 갈 것인가? 일 처리가 미흡한 직원을 어떻게 코칭할 것인가? 칭찬거리가 없는 직원을 어떻게 동기부여 할 것인가? 그리고 꾸지람을 해야 하는 직원에게는 어떻게 상처받지 않게 말할 것인가? 등이 이번 장의 주요 내용이다.

MZ 직원의 간파와 리더의 포용 방안

필자는 리더십 교육에 참여한 관리자들에게 '어떤 특성을 갖춘 직원들과 함께 근무하고 싶은지'를 질문하곤 한다. 직원들이 가지고 있는 역량과 태도의 두 가지 측면에서 어떤 부분을 더 중요하게 생각하는지를 알아보기 위함이다.

질문: 직원들마다 능력과 태도가 다른데 어떤 것이 우선입니까?

답변 A: 둘 다 중요하지만 긍정적인 태도가 더 우선입니다.

답변 B: 성격과 인간관계 등 태도가 좋다면 일은 가르치면 됩니다.

MZ 직원은 고분고분하지 않다

대부분의 상사들이 선호하는 직원의 모습은 업무지시에 순응적이고 반발하지 않는 것이다. 직원이 그렇게 행동해 주면 상사에게는 직원관리의 스트레스도 줄어들며 직원과의 소통에서 어려움도 많지 않을 것이다. 하지만 현실은 그렇지 않다. 요즘의 MZ세대 직원들은 상사에게 고분고분하지 않는 경우가 많기 때문이다.

하지만 상사의 지시에 Yes맨처럼 행동하는 직원은 조직의 발전에도 바람직하지 않다. 뿐만 아니라 상사 자신에게도 마이너스가 되는 측면이 있다는 점을 상기할 필요가 있다.

따라서 오늘날 리더가 직원과의 소통을 잘한다는 것은 고분고분하지 않는 직원을 갈등 없이 잘 이끌면서 조직의 성과를 달성해 나간다는 것을 의미한다.

팀장: 우리 제품에 대한 소비자 불만이 많은데 어쩌면 좋겠어요?

직원들: (침묵)…….

팀장: 왜 아무 말이 없지요?

대리: 팀장님, 저희들이 아무 말을 안 하는 이유를 모르십니까? 대책을 말해도 팀장님은 또 이런저런 이유를 댈 것 아닙니까?

팀장: (목소리를 높이며) 뭐가 어쩌고 어째? 이런저런 이유를 대?

이처럼 고분고분하지 않은 MZ 직원과 리더가 감정대립을 예방하며 소통할 수 있는 방법은 무엇일까? 그 첫째는 'MZ 직원은 순종적이지 않고 목소리를 낸다.'는 특성, 그 자체를 인식하는 것이다.

이를 리더가 감안하고 있으면, 실제 상황에서 MZ 직원으로부터 '돌직구'가 날아와도 당황하지 않을 수 있다. 마음의 준비를 하고 있기 때문이다.

대리: 대책을 말해도 부장님은 또 이런저런 이유를 댈 것 아닙니까?

팀장: 그동안 여러분 의견을 수용하지 못한 때가 있었던 것도 사실입니다. 앞으로 유사한 상황이 생기면 사정을 자세히 설명해 드리겠습니다.

신입: 그렇게 해 주시면 저희도 좀 더 의견을 말할 수 있을 것입니다.

MZ 직원이 반박할 때에 리더가 어떻게 반응하느냐가 성패의 분수령이 된다. 리더가 감정적으로 반응하지 않고 직원의 돌직구 목소리를 포용하면 후속 대화가 생산적으로 이어질 것이다.

여기서 반론을 제기하는 직원을 포용한다는 것은 그 의견을 '채택'한다는 뜻이 아니다. 다양한 이해관계자들이 있는 직장에서 리더가 특정 직원의 의견을 수용하지 못할 때가 있다는 것은 누구나 아는 조직의 현실이 아니던가?

따라서 포용한다는 것은 거절의 말을 리더가 '어떻게 표현하느냐?'의 문제이다. 직원의 의견은 채택하지 못해도 경청하고 공감하는 말을 해 주는 것이 포용이다. 이의 구체적 기법에 대하여는 5장의 'PCS 대화'에서 설명하고 있으니, 여기서는 포용적 리더십의 장점을 먼저 생각해 보기로 하자.

직원의 반론은 리더에게 유익하다

누구에게나 자신의 의견에 순응하지 않고 반박하는 사람을 포용한다는 것은 쉬운 일이 아니다. 직장의 리더도 마찬가지이다. 그렇기에 직원의 반론에 화를 내지 않고, 포용하며 소통할 수 있느냐가 그 리더의 크기를 좌우한다고 할 수 있다.

직원의 반론은 리더의 기분을 나쁘게 하기 쉽지만 궁극적으로는 리더를 도와주는 경우가 많다. 리더의 판단 착오를 줄일 수 있는 순기능을 하기 때문이다. 판사가 재판에서 원고와 피고의 상반된 주장을 들어야 공정한 판결을 할 수 있는 것과 같은 이치이다.

직장의 회의나 토론에서도 반대 없는 의사결정은 위험하다. 리더 혼자의 판단이기에 잘못된 결정에 다다를 가능성이 높기 때문이다. 그런 이유에서 순종형 직원보다는 리더의 지시에 의문을 품고, 다른 의

견을 제시하는 직원을 포용하는 것은 리더에게 꼭 필요한 덕목이라고
할 수 있다.

금세기 최고의 경영자로 불렸던 GE의 잭 웰치(J. Welch) 전 회장은
자신의 성공 비결을 묻는 질문에 대하여 다음과 같이 대답하였다. "내
생각과 다른 의견을 가진 직원과 활발한 토론을 통하여 사업 아이디어
를 얻었다. 한마디로 직원으로부터 배우는 데 있었다."[48].

중국 후베이성에는 세계 1위 수력발전량을 가진 산샤댐이 있다.
2003년 댐이 완공되었을 때 기자들이 "가장 큰 공헌을 한 사람이 누구
냐?"라고 물었을 때, 공사 책임자가 다음과 같은 말을 하였다[14].

> 댐 건설을 반대한 사람들입니다. 만약 그들이 초기 설계의 단점
> 과 반대 의견을 내지 않았더라면, 산샤댐의 설계가 지금처럼 완
> 벽할 수 없었을 것입니다.

다음은 S사 임원이 필자와의 인터뷰에서 한 말이다.

> 내 밑에 극단적인 성격을 가진 직원이 한 명 있습니다.
> 솔직히 그 직원과 대화할 때는 마음이 불편하지요.
> 그는 내가 잘못 생각하고 있다고 거침없이 말합니다.
> 기분이 나쁘지만 내 판단의 빈 부분을 채워 주기에,
> 없어서는 안 될 직원으로 생각합니다.

만약 리더가 직원으로부터 좋은 말만 듣게 되면 결과적으로 어떻

게 변해 갈까? '나는 유능하며 잘하고 있다.'라고 하는 '리더십 인플레이션 증후군'에 빠지고 만다.

직원의 반론은 옳을 때가 많다

직원들은 바보가 아니다. 직장에서 편하게 근무하려면 리더에게 찍히지 않는 것이 좋다는 것을 모르지 않는다. 그럼에도 불구하고 리더가 시키는 대로 따르지 않고, 자신의 목소리를 내는 데에는 그럴 만한 이유가 있을 가능성이 높다. 직원들이 반론을 제기하는 배경에는 다음과 같은 세 가지의 이유가 있을 수 있다.

> ➤ 리더의 의견보다 자신의 의견이 옳다는 강한 믿음이 있을 때
> ➤ 옳은 결정으로 리더와 회사가 잘되기를 바라는 열정이 있을 때
> ➤ 리더가 싫어서 협조할 마음이 없고, 일 추진을 방해하려고 할 때

여기서 세 번째의 경우는 극히 적다고 봐도 된다. 인사평가 권한을 가진 리더에게 반기를 든다는 것은 자신에게 손해라는 것을 모르는 직원은 없기 때문이다.

따라서 세 번째의 경우가 아니라면 리더의 의견에 반론을 제기하는 것은 나름의 긍정적인 가치가 있다는 사실에 유의하자. 한마디로 리더와 조직을 위하는 충정에서 비롯되었다고 받아들이는 것이 타당하다.

왜 정해진 시간보다 먼저 출근해야 하지요?
원칙을 지키는 것이 정상 아닌가요?

이건 제 일이 아닌데 왜 제가 해야 되지요?

수시로 이런 일 저런 일을 시키려면 개인별 업무분장은 왜 합니까?

기존 세대는 상사의 지시를 반박하는 것을 금기로 알고 살아왔지만, 요즘의 MZ 직원들은 반론의 목소리를 낸다. 감정적 대립이 아니라 납득이 되도록 설명을 해 달라는 것이다. 이런 측면에서 이들을 'Why 세대'라고 하거나 또는 '요요요 세대'라고 부르기도 한다. "이걸요?" "제가요?" "지금요?"

논리적으로 설명하면 MZ 직원들은 수긍한다

직장생활 초기에는 대다수 직원들은 자신의 목소리를 낸다. 아직은 위계적 조직문화에 익숙하지 않고 회사와 리더를 위해 건의해야 되겠다는 열정이 남아 있을 때이다. "이렇게 하기보다 다르게 하는 것이 좋을 텐데……."라고 하는 애사심과 의욕의 발로인 셈이다.

이 시기에 리더가 직원의 반론을 포용하고 경청과 질문 등 존중의 대화를 이어 가면 그들은 계속 활기차게 의견을 제시한다. 이런 측면에서 "신입사원이 직장에서 처음 만나는 리더가 누구냐에 따라 직장생활의 운명이 달라진다."라는 말이 생겨났을 것이다.

하지만 이 시기에 이들의 목소리를 리더가 포용하지 않으면 이들은 서서히 입을 닫아 버린다. MZ 직원의 주장에 대해 리더가 "뭐가 어쩌고 어째?"라고 반응하면 직원은 빠르게 침묵 모드로 변해 간다. 리더의 지시에 "예, 알겠습니다."라고 하는 '넵무새'로 변해 가는 것이다.

나아가 면박 수준은 아니더라도 리더가 거절의 이유를 논리적으로 설명해 주지 않으면 그들은 입을 닫아 버린다. "말해 봤자 결론은 리더 마음대로이다."라고 하는 불평이 이에 해당한다.

따라서 직원의 제안을 거절하는 이유에 대해 전후좌우 맥락과 함께 논리적으로 설명해 주어야 한다. 그러면 MZ 직원들은 '그래야 되겠구나.'라고 생각하며, 리더의 결론에 공감하게 된다. 말귀가 어두운 세대가 아니기 때문이다. 단군 이래 최고의 스펙을 가진 세대라고 해도 틀린 말이 아닐 정도로 똑똑한 직원들인 것도 사실이다.

직원의 반대의견을 환영하자

직원이 활기차게 의견을 말하게 하려면 리더가 어떻게 해야 할까? "앞으로 내 견해에 구애받지 말고 자유롭게 의견을 말해 주세요."라고 하면 직원이 솔직하게 의견을 말하기 시작할까? 그렇지 않다. 전임 리더의 밑에서 입을 닫고 지내 왔다면 그 습관이 쉽게 바뀌지 않기 때문이다.

직원의 침묵하는 습관이 변하는 데에는 시간이 좀 걸린다는 것을 기억하자. 그리고 리더가 진정성을 가지고 3개월 정도 노력하면 그제서야 직원은 조금씩 달라지기 시작한다. 다음과 같은 리더의 말이 직원의 입을 여는데 효과를 나타낸다.

서로 같은 의견이라면 회의에서 얻을 것이 없습니다.
나와 다른 의견을 활발히 말해 주는 것이 나를 도와주고,
또한 회사를 위하는 길입니다.

적극적으로 자기 의견을 말하는 직원에게 리더가 작은 선물을 하는 것도 좋은 방법이다. 커피 쿠폰이나 영화 티켓 등 간단한 선물을 주는 것도 상징적인 가치가 있다.

리더가 이러한 행동을 지속하면 직원은 '침묵하는 것보다 말하는 것이 이득이다.'라고 생각하며, 차츰 마음을 열어 건설적인 의견을 제시할 것이다.

소통 활성화를 위한 리더의 유의사항

직장의 업무대화에서 리더가 이미 알고 있는 아이디어를 직원이 말하는 경우가 있다. 그런 때에도 리더는 "김 대리의 의견은 기존 아이디어를 더 강화시켜 준다."라고 인정하고 환영해 주는 것이 필요하다.

망설임 끝에 용기를 내어 말하는 직원에게 "그것은 다 아는 이야기다."라고 말하는 것은 활기찬 소통을 방해하지 않겠는가? GE의 전 회장 제프리 이멜트(J. Immelt)는 자신의 소통 철학에 대해 다음과 같이 말한 적이 있다[24].

회의를 하다 보면 내 머릿속에는 이미 답이 떠오르는 경우가 있다. 그러나 나는 답을 말하지 않고 조용히 듣는다.
참석자들의 토론으로 정답이 완성되도록 기다리는 것이다.

겸손한 사람은 유머를 들을 때에도 요령이 있다. 이미 알고 있는 내용이라도 처음 듣는 것처럼 박장대소하며 들어주는 것이다. "너무 재미있는데 다른 사람에게 말해도 되느냐?"라고 너스레를 떨면 상대방은 더 좋아한다. 반대로 "그것이 언제적 유머인데 그런 개그를 하느냐?"라고 유식한 체를 하면 분위기가 썰렁해진다.

유머 하나. 자신의 시가 교과서에 실린 시인이 수능 문제를
풀어 봤는데, 자신의 시에 대한 문제에서 다 틀렸다.
정답을 확인 후에 그가 말했다.
"제 시가 이렇게 심오한 뜻이 있는지 몰랐습니다."

리더가 회의를 활기차게 진행하는 데에는 또한 질문이 중심이 되어야 한다. 그리고 직원이 적극적으로 의견을 표명할 수 있도록 편안한 대화 분위기를 만들어야 한다. 이를 위해 필요한 리더의 행동을 정리해 보면 다음의 세 가지가 도움이 된다.

첫째, 리더는 맨 나중에 의견을 말해야 한다

유태인의 탈무드에는 '재판에서 사건을 심리할 때는 젊은 법관부터 발언해야 한다.'라는 기준이 있다. 우리나라의 합의부 재판에서도 후배 법관부터 발언하는 관행이 있는데, 선배 판사가 말한 다음에 후배 판사가 그와 반대 의견을 말하기가 부담스러운 것을 방지하기 위함이다.

리더와 직원의 상하관계는 판사들의 선후배보다 더 어려운 관계이다. 따라서 리더가 자신의 의견을 먼저 말하는 것은 직원들의 자유로

운 의견 개진을 방해할 수밖에 없다.

> 부장의 자격이 아니라 참석자의 한 사람으로 내 의견을 먼저 말
> 하면 ……입니다. 그러나 내 생각에 신경 쓰지 말고, 여러분의 의
> 견을 자유롭게 말해 보세요.

이렇게 리더가 먼저 의견을 말하면 직원들은 입을 다물어 버린다. "부장 생각이 이미 정해진 것 같은데, 우리가 다른 의견으로 시간을 낭비할 필요가 있겠느냐?"라고 생각하며 의견을 내지 않는다.

아이디어가 풍성하기로 유명한 미국의 디자인 회사 IDEA에는 '회의에서 상급자는 먼저 의견을 말하지 않는 것'을 원칙으로 한다. 상급자의 역할은 다양한 의견이 개진되도록 분위기를 조성하고, 토론이 주제에서 벗어나지 않도록 하며, 특정인이 발언을 독점할 때에 이를 조절해 주는 역할에 집중하도록 하고 있다.

둘째, 판단이 애매하면 직원의 의견을 채택해야 한다

리더와 직원의 의견이 서로 다르면서 어떤 의견이 정답일지 애매할 때가 있다. 극단적으로 두 의견이 옳을 가능성이 50:50으로 애매한 상황이라고 가정해 보자. 리더의 생각에는 X가 좋을 듯한데, 직원은 Y가 좋다고 하는 경우라면 누구의 의견을 채택해야 할까?

이때에는 직원의 의견을 채택하는 것이 바람직한데, 다음의 두 가지 이유 때문에 그렇다고 할 수 있다.

◇ 직원이 리더에게 반론을 제기할 정도면 즉흥적인 의견이 아니다.

바보가 아니라면 직원은 리더에게 반론을 말하여 갈등을 만들기를 원치 않는다. 반론을 말할 때에는 그만한 확신, 자신감, 그리고 리더와 회사를 위하는 충정이 있을 때이다. 따라서 50:50으로 판단이 애매하면 직원의 의견을 채택할수록 옳은 결정에 이를 확률이 높다.

◇ 직원은 앞으로도 유익한 의견을 활발하게 제시한다.

의견이 서로 다른 상황에서 리더가 직원의 의견을 채택해 주면 그 직원은 어떤 느낌이 들겠는가? "내 의견을 존중해 주는구나." "반대 의견을 말해도 되는구나."라고 생각하지 않겠는가? 그리고 앞으로도 의견을 활발하게 말하는 주도적인 직원으로 성장해 갈 것이다.

셋째, 직원이 말할 때에 리더는 메모하며 들어야 한다

리더는 자신의 상사가 말할 때에는 메모하며 듣는다. 그런데 왜 직원의 말에는 메모하며 듣지 않을까? 상사의 말은 구구절절이 좋은데 직원의 말에는 영양가가 없어서 그럴까?

사실 신기술과 IT 정보가 폭증하는 오늘날에는 상사의 의견에서 배우는 것 못지않게, 막내와 MZ 직원으로부터 유익한 정보를 얻을 가능성도 많이 있다.

탁월한 리더는 직원으로부터 좋은 아이디어를 얻기 위해 애쓰는 사람이다. 그 수단으로 리더가 직원의 말을 메모하며 들으면 두 가지

장점이 따라온다. 리더는 좋은 아이디어를 축적할 수 있으며, 직원은 리더로부터 존중받는다는 느낌을 갖게 되는 것이다.

리더의 선입견과 근본적 원인규명 오류

직장에서 리더의 위치가 되면 해야 할 역할이 한두 가지가 아니다. 목표설정과 자원조달, 업무지시와 직원 동기부여 등으로 시간이 늘 부족할 정도이다.

그런데 이러한 많은 활동들 중에서 오늘날 더욱 강조되고 있는 리더의 역할이 무엇일까? 바로 부족한 직원을 성장시키기 위해 코칭을 해 주는 것이다.

그렇다면 리더가 직원을 성공적으로 코칭해 주기 위해서는 어떤 역량을 갖춰야 할까? 그것은 부족한 직원이라도 미워하지 않고, 앞으로 성장할 수 있는 잠재력이 있다는 것을 믿는 '긍정의 마음가짐'이다.

그러나 사람의 마음은 뜬구름과 같다. 긍정의 마음가짐을 갖는다는 것은 "앞으로 직원들을 좋게 바라봐야지."라고 생각한다고 해서 그대로 이뤄지는 것이 아니기 때문이다. 예컨대 리더가 마음에 들지 않는 직원을 직접 대면하고 코칭을 하는 상황이 되면 긍정적 시각을 견지하기가 쉽지 않게 된다.

하지만 아는 것이 힘이 된다. 부족한 직원까지도 긍정의 시각으로 바라보며 침착하게 코칭하는 데 도움이 되는 이론이 있다. 바로 아래에서 설명할 '근본적 원인규명 오류'라는 심리현상이다. 리더가 이를 알고 있으면 눈에 거슬리는 직원에게도 화를 내지 않고 긍정적으로 소통할 수 있는 포용력을 발휘할 수 있다.

상대방의 로맨스가 불륜인 이유

김 대리가 월요일 아침의 팀 회의에 30분이나 지각을 하는 상황을 생각해 보자. 헐레벌떡 도착하는 김 대리를 보면서 팀원들은 어떻게 생각할까? 지각하는 원인에 대하여 다음 두 가지 중에 하나를 선택하도록 물어본다고 가정해 보자.

- ➤ 교통정체 등 불가피한 사정이 있었을 것이다.
- ➤ 정신자세가 제대로 되어 있지 않아서 그렇다.

교통정체는 사람이 아닌 '환경' 탓이며, 정신자세는 '사람 됨됨이'를 의미한다. 이 두 가지 원인 중에서 어떤 대답이 많을까? '정신자세 불량'이라는 답변이 훨씬 많다.

사람들은 상대방의 행동 때문에 불편한 상황을 만나면 그 원인을 상대방의 마음가짐, 의도, 됨됨이 등 내면의 탓으로 돌리는 심리구조를 가지고 있다. 어쩔 수 없는 외부의 환경 탓이 아니라 상대방의 사람 탓으로 돌리는 것이다.

1장에서 우리는 갈등발생의 배경으로 '추론의 사다리', '행동과 의도의 구분' 등을 살펴보았다. 이들과 좀 다른 각도의 연구이면서 직원 코칭에 유용한 이론이 '근본적 원인규명 오류'이다. 이것은 어떤 갈등의

'현상'이 발생했을 때에 그 원인을 '규명'하는 과정이 자신의 경우와 타인의 경우가 다르다는 내용이다.

　예컨대 어떤 직원이 평소에 일찍 출근하여 업무를 챙기는 '좋은 행동'을 하는 경우를 생각해 보자. 그런 경우에는 "집이 가깝거나 교통이 좋은 곳에 살겠지." "아침잠이 적은 모양이네……." 등 외부의 환경 탓으로 그 이유를 추측한다. 적어도 정신자세가 좋아서 그렇다고 생각할 가능성은 적다는 점이다.

　그런데 만약 자신이 평소에 일찍 출근한다면 어떤 이유를 댈까? 마음가짐과 정신자세가 좋기 때문이라고 생각한다. 예컨대 교통정체에 미리 대비하는 책임감이 강하기 때문이라고 원인을 돌리는 것이다.

　이번에는 반대로 자신이 지각을 하였다면? 십중팔구 거기에는 교통정체 등 그럴 만한 이유가 있으며, 자신의 정신자세가 문제라고는 생각하지 않는다. "내가 하는 연애는 로맨스요, 남이 하는 연애는 불륜이다."라는 말도 이러한 심리구조에서 발생하는 것이다.

　이런 심리적 현상에 대하여 학자들은 '귀인이론(歸因理論, Attribution Theory)'으로 설명하고 있다. 나아가 귀인이론은 원인규명을 잘못한다는 의미에서 '근본적 원인규명 오류(Fundamental Attribution Error)'라고 부르기도 한다.

　이 이론은 관계갈등을 예방하는 데 우리에게 큰 도움을 준다. 특히 직장의 리더가 직원들에게 긍정의 소통을 할 수 있는 마음의 포용력을 키워 준다. 예컨대 기대에 못 미치는 직원의 행동이 있을 때에도 바로 화를 내지 않을 수 있다. 직원의 태도에 문제가 있는 것이 아니라, 그럴만한 외부요인이 있을 수 있다는 '판단 유보'를 하도록 도와주기 때문이다.

직장생활뿐만 아니라 다른 사회적 만남에서도 우리는 수시로 실수를 하면서 살아간다. 상대방이 실수를 할 때도 있지만 자신이 실수를 할 때도 있다. 하지만 같은 실수에 대하여도 자신의 경우와 상대방의 경우에 원인을 다르게 귀결시킨다는 것은 흥미롭지 않은가?

이러한 현상은 알게 모르게 거의 매일 우리에게 일어나는 일이다. 이런 배경에서 조금 헷갈리기 쉬운 귀인이론의 요점을 간략히 다시 정리해 보면 다음과 같다.

첫째, 다른 사람이 부정적 행동을 하면 원인을 내부로 돌리며(사람 탓), 다른 사람이 좋은 행동을 하면 원인이 외부에 있다고 생각한다(환경 탓).

예컨대 타인의 시험성적이 나쁘면 공부를 안 했거나 실력이 없기 때문이며, 성적이 좋으면 문제가 쉬웠을 것이라는 환경 탓으로 간주한다.

둘째, 자신이 부정적 행동을 하면 외부요인 때문으로 핑계를 대지만(환경 탓), 좋은 결과가 있을 때에는 자신의 노력 등 내면적 요인 때문으로 돌린다(사람 탓).

예컨대 자신의 시험성적이 나쁘면 문제가 어려운 환경 탓이지만, 성적이 좋으면 자신이 노력하고 실력이 좋은 덕분이라고 간주한다.

귀인이론이 흥미로운 것은 나쁜 결과가 나타났을 때와 좋은 결과가 나왔을 때에 원인에 대한 해석이 180° 달라진다는 점이다. 나쁜 결과가 나왔을 때에 상대방의 경우에는 사람 탓으로, 자신의 경우에는 환경 탓으로 돌린다. 상대방이 내 발을 밟았을 때는 조심성이 없는 사람이지만, 자신이 다른 사람의 발을 밟았다면 차가 흔들리거나 뒷사람이 밀었기 때문이라고 항변한다.

아는 것이 힘이다. 귀인이론은 우리가 수시로 마주치게 되는 주변 사람들의 언짢은 말과 행동에 대하여 좀더 부드럽게 대응할 수 있는 능력을 키워 준다. 나에게 좋지 않은 언행을 하는 사람에게 과거에는 기분 나쁘게만 생각했지만 이제는 '나의 판단이 오해일 수 있다.'라고 생각하는 여유가 생기게 된다.

이런 여유가 생기면 직장에서도 화가 나는 상황에서 침착하게 대화를 이끌어갈 수 있다. 회의에 지각하는 김 대리에게 정신자세 불량이 아니라 집안 사정이나 교통정체 등 불가피한 이유가 있을지 모른다고 생각하면, 팀장은 화가 나지 않을 수 있다. 그리고 사정을 물어보면 그럴 만한 사정을 듣게 되며, 바로 오해가 풀릴 수 있다.

> 다른 사람의 생각을 미루어 짐작하지 마라. 대신 그들의
> 생각을 이해하기 위하여 주의 깊게 들어라.
> -션 오말리-

갈등 없이 문제직원 코칭하기

김 대리가 팀 회의에 30분 지각하는 현상이 모처럼 발생했다면 정

신자세의 문제가 아니기 쉽다. 그런데 만일 김 대리가 수시로 지각하고 근태가 불량하다면 이것은 확실하게 정신자세가 문제이기 쉽다.

이런 직원을 흔히 '문제직원'이라고 하는데, 직장의 리더들이 직원 관리에 힘들어할 때의 대부분이 이런 경우에 해당한다. 마음 같아서는 그 직원을 다른 부서로 보내 버리면 좋겠지만, 그런 직원은 다른 곳에서도 받으려 하지 않는다.

속 썩이는 자녀를 부모가 내칠 수 없듯이 직장의 리더들도 마찬가지이다. 결국 문제직원이라도 코칭해 가면서 과제를 수행해 나갈 수밖에 없는 처지가 아니던가?

그런데 "사람은 변하지 않는다."라는 말이 있듯이 문제직원을 변화시킨다는 것은 쉬운 일이 아니다. 하지만 이런 문제직원까지도 갈등 없이 발전시켜 갈 수 있는 코칭의 기법이 있다. 이하에서 이에 대해 핵심사항을 중심으로 알아보기로 하자.

지시의 시대에서 코칭의 시대로

리더와 직원과의 소통에서 자칫 감정적으로 되기 쉬운 때가 있다. 직원의 일하는 태도와 방법이 마음에 들지 않을 때이다. 이 경우에도 서류에 오타가 있는 등 간단한 사항에 대해서는 "앞으로 오타가 없도록 보고서 완료 후에 두 번 체크하세요."라고 말하면 간단히 끝난다.

하지만 "주어진 방침대로 열심히 일했는데 왜 저의 인사평가가 B입니까?"라고 항의하는 상황과 같이 직원을 납득시키기가 쉽지 않은 이슈들도 있다. 누가 옳고 누가 틀렸는가에 대해 합의점을 찾기가 어려운 경우이다.

유머 하나. "어디에 있었던 거야?" 사장이 물었다. "이발 좀 하고 왔습니다." 직원이 대답했다. "근무시간에 이발을 하면 어떻게 하나?" 꾸지람을 하자 그가 말했다. "머리카락은 근무시간에 자라는데 왜 안 됩니까?"

서로의 견해가 다른 사항에 대하여 직원이 반발할 때에 리더는 어떻게 대응하는 것이 효과적일까? 리더의 판단으로는 직원이 분명히 문제행동을 하고 있지만, 직원은 여기에 동의하지 않을 때에 어떻게 코칭해 줘야 할까?

참고로 직원의 미흡한 부분을 고치려고 할 때에 꾸지람을 연상하기 쉽지만, 코칭은 꾸지람과는 많이 다른 개념이다. 꾸지람은 직원을 위축시키고 리더와의 관계를 멀게 만드는 단점이 있지만, 이런 부작용이 없이 직원의 변화와 성장을 이끄는 대화가 코칭이다.

과거에는 코칭과 같은 리더의 행동을 '생산적 계도(啓導)'라고 하였지만 오늘날에는 코칭이라는 용어가 주로 사용되고 있다. 이런 측면에서 '꾸지람과 지시의 시대는 가고 코칭과 질문의 시대가 왔다.'라고 말하기도 한다.

코칭은 일방적 지시와 반대되는 개념이다. 지시가 아니라 질문을 통하여 상대방이 개선방안을 스스로 찾아내게 하고, 행동변화에 자발성을 갖게 하는 설득의 방식이기도 하다.

따라서 리더의 바쁜 일과를 생각할 때에 코칭 대화를 하는 것을 시간낭비라고 생각하기 쉽다. 그러나 리더가 바쁠수록 코칭 대화를 해야 한다.

　일방적 지시의 방법은 지시 후에 다시 결과를 체크하고, 다시 지시하고 결과를 확인하는 등의 반복 행위가 필요하다. 하지만 코칭은 직원의 자발적 변화가 일어나며 이후에는 직원 스스로 과제를 수행하기에 결국에는 리더에게 시간을 벌어 주는 효과가 나타난다.

　마크 휴스리드(M. Huselid)의 연구에서도 지시적 리더십보다 코칭 리더십을 발휘할 때에 직원의 업무성과가 크게 증대한다는 것이 밝혀졌다. 1,000여 개 기업을 대상으로, 그동안 지시형 소통을 하던 리더들에게 코칭 대화를 훈련한 후에 조직의 성과가 어떻게 달라지는지를 측정한 연구였다. 여기에서 직원 1인당 매출액이 연간 약 3,000만 원~5,000만 원이 증가하였고, 현금 회전율은 16% 이상 증대하였으며, 이직률은 7%가 감소하는 것으로 분석되었다.

POAH_S(포아스)코칭 대화

　코칭은 직원의 미흡한 행동에 대한 해결책이 간단하지 않을 때에 하는 대화이다. 직원의 일 처리 방식에 문제가 있다고 리더가 생각하는 경우에도, 정작 직원은 문제가 없다고 생각하거나 또는 항변할 만한 나름의 이유가 있을 수 있다.

　　부장: 연초부터 영업실적이 저조한데, 그러면 팀 성과에도 악영
　　　　 향을 미칩니다. 내달에는 무슨 일이 있어도 할당 목표를 달
　　　　 성하기 바랍니다.
　　과장: (고개를 숙인 채) 예…….

이와 같이 리더가 지시형으로 말하면 다음과 같은 두 가지의 부작용이 따라온다.

> ➤ 직원은 마음속으로 방어를 하며 실천 단계에서 소극적이 된다.
> ➤ 문제해결을 위한 직원의 아이디어를 반영할 수 없다.

일방적 지시를 할 때의 위와 같은 단점을 극복하고, 직원의 자발적인 변화를 가져오게 하는 코칭 프로세스가 'POAH_S(포아스)코칭 대화'이다. 이 기법의 본질은 '질문을 통하여 직원과 함께 해결방안을 찾아간다.'라는 데에 있다[6].

POAH_S(포아스)코칭 대화의 프로세스는 다음의 5단계로 이루어진다.

1단계: Problem(문제점을 공유한다)

2단계: Options(개선방안을 의논한다)

3단계: Action(실천사항을 확인한다)

4단계: Hope(희망의 말로 마무리한다)

5단계: _Sustain(평소에 계속 지원한다)

각 단계에 대한 자세한 설명에 들어가기 전에, POAH_S(포아스)코칭 대화의 흐름을 압축된 형태로 간단히 살펴보면 다음과 같이 진행된다.

상사: 이런저런 문제점이 있어 보이는데, 어떻게 생각하나요?

직원: 말씀 듣고 보니 제 방식에 변화를 해야 되겠습니다. (문제점 공유)

상사: 방식 변경에는 어떤 방안들이 있을까요? (개선방안 의논)

직원: A 방안, B 방안 중에 A 방안이 우선이라고 생각합니다.

상사: 실행 후 그 결과를 어떻게 알려 주겠습니까? (실천사항 확인)

직원: 주 1회 중간보고를 드리고, 최종보고는 월말에 드리겠습니다.

상사: 이번 사항이 잘 실행되면 좋은 성과가 예상됩니다. 어려움을 만나면 적극 도와줄 테니 함께 열심히 해 봅시다. (희망의 말)

하지만 조직 현장의 실제 이슈에 대하여 코칭을 할 때에는 위의 사례처럼 순조롭게 진행되지는 않는다. 상사가 이런저런 문제가 있어 보인다고 한마디 했는데, 직원이 "제가 변해야 되겠군요."라고 순응적으로 말하는 경우는 거의 없기 때문이다.

현실에서는 오히려 직원이 핑계를 대거나 항변하는 경우가 더 많다고 봐야 한다. 그러면 첫 단계인 '문제점 공유'에서부터 리더는 당황할 수밖에 없다.

이처럼 직원이 고분고분하지 않은 상황에서도 차분하게 코칭해 갈 수 있는 POAH_S(포아스)코칭 대화에 대하여 단계별로 자세히 살펴보자.

1단계: Problem(문제점을 공유한다)

직원의 행동이 초래하는 문제점에 대하여 서로가 생각을 '공유'하는 단계이다. 리더의 생각을 강요하지 않고, 직원이 상사의 생각에 공감할 수 있도록 이해시키는 것이 핵심이다.

부장: 연초에 영업실적이 많이 떨어졌는데 어떤 문제가 있나요?

과장: 작년에 열심히 했는데, 승진을 못 하니 의욕이 떨어집니다.

부장: 하지만 지금 김 과장의 행동이 지속되면 어떻게 될까요? 사장님은 김 과장의 지금 모습을 어떻게 지켜볼까요?

과장: 듣고 보니 지금의 처신이 중요하다는 생각이 듭니다.

흔히 리더는 직원이 잘못을 했을 때, 그 행동이 문제가 된다는 것을 직원 스스로 알고 있을 것으로 짐작한다. 그러나 현실은 다르다. 식당에서 뛰어다니는 아이가 자신의 행동이 잘못인 것을 모르는 것처럼, 직원도 자신의 행동이 주변 사람들과 조직에 어떤 영향을 끼치는지 다 모를 수 있다. 이것을 알려 주는 단계가 '문제점을 공유한다.'이다.

갈릴레오는 "우리는 다른 사람에게 무엇에 관해서 가르쳐 줄 수는 없다. 그저 그 사람이 스스로 찾을 수 있도록 도와줄 수 있을 뿐이다." 라고 하였다. 문제점을 공유하는 것이 중요하다는 것을 연상시켜 주는 말이기도 하다.

유머 하나. 고교생 아들을 앉혀 놓고 아버지가 심각하게 말했다. "앞으로 진로를 어떻게 할 거니?" 아들이 고개를 푹 숙이며 말했다. "앞으로 끊을게요." (숨겨 놓은 진로 소주를 말하는 줄 알았다.)

직원의 행동을 바로잡는데 가장 중요하며 첫 번째 관건이 되는 것이 '문제점을 공유'하는 단계이다. 직원이 반발하기 쉬운 이 단계에서 리더가 효과적으로 동원할 수 있는 설득의 방안이 있는데, 다음과 같은 두 가지이다.

◇ 역할 확장의 기법

다른 사람의 입장에서 자신의 행동을 보도록 질문하는 방법이다. 위 대화에서는 "사장님은 김 과장의 지금 모습을 어떻게 지켜볼까요?" 가 여기에 해당한다.

9시 정각이면 고객이 내방하는 직장에서 업무준비를 위해 20분 정도 일찍 출근하는 것이 필요한 경우를 생각해 보자. 다른 직원들은 일찍 출근하는데, 유독 강 대리만 9시에 출근하여 사전 업무준비에 지장을 주고 있는 상황이다. 이때에 '역할 확장'의 기법으로 대화하면 다음과 같이 된다.

팀장: 다들 일찍 출근하는데 강 대리만 9시에 출근하네요.
대리: 9시 출근이 정상 아닌가요? 저는 규정대로 하겠습니다.
팀장: 팀원 모두가 9시에 출근하면 고객 대응은 어떻게 될까요?
대리: (침묵)…….

◇ 시간 확장의 기법

두 개의 직선이 평행을 이루는지를 아는 명료한 방법은 선을 길게 확장해 보는 것이다. 코칭에서도 직원의 행동이 문제가 되는지 여부를 확실하게 하는데 이 방법을 쓰면 효과가 있다. 당장에는 별 문제가 없어 보이는 직원의 작은 행동도 장기간 지속되면 문제가 커진다는 것이 명확해지기 때문이다.

혼자만 계속 9시에 출근하면 강 대리의 사내 평판은 어떻게 될까요?

응대 지연으로 고객불만이 지속되면 회사 평판은 어떻게 될까요?

2단계: Options(개선방안을 의논한다)

앞의 1단계에서 공유한 문제점을 개선하기 위하여 어떤 방안이 가능한지를 함께 탐색하는 단계이다.

부장: 영업실적이 저조한데 어떤 대책을 구상하고 있지요?

직원: 고객별로 맞춤형 제안서를 작성할 예정입니다.

부장: 경쟁사의 동향을 분석해 보는 것도 도움되지 않을까요?

직원: 그것도 효과가 있을 듯하니 추진해 보겠습니다.

역할 변경, 시간 확장 등의 방법으로 직원의 행동에 문제가 있음을 공유하는데 성공하였다면, 이제 어떻게 해야 할까? 리더는 "앞으로 이렇게 저렇게 하세요."라고 지시하고 싶어 입이 근질거리지만 참아야 한다. 지시가 아니라 질문을 통하여 함께 아이디어를 찾고, 결론을 '직원의 입으로 말하게 하는 것'이 중요하다.

위 대화에서도 부장은 지시하지 않고 먼저 질문을 하여 직원의 생각을 들어 본다. 여기에 부장이 경쟁사의 동향 분석도 필요하지 않겠느냐고 반찬의 가짓수를 한가지 더 늘리고 있다. 지시가 아니라 어디까지나 아이디어 제안 차원이다. 여기에 직원이 "그것도 효과가 있을 듯 하니"라고 하며 개선방안에 대한 합의가 이루어지고 있다.

말썽꾸러기 초등학생에게 모범생이 되려면 어떻게 해야 하는지를 물어보자. 부모도 놀랄 정도로 자녀는 그 방법을 잘 알고 있다. 직장에서도 비록 문제 행동을 하는 직원이라도 개선방안을 모르는 경우는 거의 없다. 그렇기에 리더가 개선방안을 지시하는 것은 자발적 변화를 이끌어 내는 데 별로 도움이 되지 못한다. 직원 본인의 입으로 말하게 해야 책임감과 실행력이 높아지기 때문이다.

3단계: Action(실천사항을 확인한다)

2단계에서 도출된 여러 가지 방안들 중에서 어떤 방안을 언제, 어떻게 추진할 것인가에 대하여 실천사항을 구체화하는 단계이다.

> 부장: 그럼 실적 증대를 위해 우선적으로 추진할 사항은 무엇일까요?
>
> 과장: 맞춤형 제안서를 내일부터 작성하고, 이후 XY 방안을 시작하겠습니다.
>
> 부장: 좋아요. 실행 결과를 언제 나에게 보고해 줄 수 있겠어요?
>
> 직원: 제안서는 금주 말, XY 방안은 월말에 보고를 드리겠습니다.

4단계: Hope(희망의 말로 마무리한다)

코칭 대화는 꾸지람보다는 훨씬 더 직원을 존중하는 분위기로 진행된다. 그럼에도 불구하고 약자의 위치에 있는 직원은 어느 정도는 위축되지 않을 수 없다.

따라서 대화가 종료된 후에도 직원이 의기소침하지 않고 활기차게 일할 수 있도록 리더가 힘을 북돋아 주어야 한다. 코칭 대화의 마무리를 긍정의 톤으로 끝내면 이런 효과가 나타난다.

> 부장: 좋아요. 계획한 사항을 성공적으로 추진해 주기 바랍니다.
> 과장: 알겠습니다.
> 부장: 김 과장의 실적이 좋아져서 원하는 결과가 있기를 소망합니다. 앞으로 내가 도와줄 수 있는 사항은 계속 상의하도록 합시다.

5단계: _Sustain(평소에 계속 지원한다)

코칭이 종료된 후에도 리더가 해야 할 역할이 남아 있다. 직원이 과제를 수행하는 과정에 칭찬과 격려로 긍정의 에너지를 계속 불어넣어 주어야 하는 것이다.

POAH_S(포아스)코칭 대화의 POAH와 S사이에 밑줄 '_'이 그어져 있다. 이것은 리더가 윗사람으로 지시 통제를 하기보다 낮은 자세로 직원을 도와주어야 한다는 의미이다. 이 단계에서 리더가 해야 할 역할은 다음과 같은 두 가지이다.

> ➤ 칭찬과 격려로 계속적인 동기부여를 해 주는 것.
> ➤ 작은 실수가 있을 때에는 기분 나쁘지 않게 피드백해 주는 것.

이 두 가지는 코칭 대화를 실시한 직원에게는 물론, 다른 직원들에게도 동일하게 요청되는 행동이기도 하다. 따라서 이 두 가지의 실행 방안에 대하여는 이하에서 별도로 좀 더 살펴보자.

직원 동기부여와 긍정의 칭찬기법

미국 갤럽(Gallup)의 조사에서 상위 10%에 속하는 '탁월한 리더'들은 칭찬과 질책의 비율이 83:17이었다는 것은 전술한 바 있다. 리더가 직원들에게 말한 칭찬과 꾸지람의 빈도를 비교한 수치인데, 놀랍도록 칭찬이 많다는 것을 알 수 있다.

같은 취지의 조사에서 우리나라 리더들은 어떤 상황에 있을까? 조직리더십코칭원에서 약 2천여 명의 관리자들에게 조사해 본 결과, 칭찬과 질책의 비율이 약 20:80이었다. 칭찬은 별로 하지 않고 꾸지람의 말은 기회를 놓치지 않는 모습을 여실히 보여 주고 있다.

갤럽은 위 연구에 이어서 칭찬으로 인한 직원과 상사의 '우호적 관계가 업무 몰입도에 미치는 영향'을 조사해 보았다. 여기에서 상사와 관계가 좋은 상위 25% 직원의 업무 몰입도는 75.3점인데 비하여, 관계가 나쁜 하위 25% 직원의 업무 몰입도는 50.3점으로 떨어졌다[20].

업무 몰입도는 잠재능력을 업무에 발휘하는 정도라고 할 때, 직장에서 몰입도가 100점이거나 0점인 직원은 어디에도 없다. 가장 낮은 직원의 몰입도가 30점 정도라면 최고 수준의 몰입도는 80점 정도라고 보면 틀리지 않을 것이다.

결국 몰입도의 최저와 최고의 차이가 50점인데, 그중에서 25점이 상사와 직원의 우호적 관계에서 좌우된다는 것이 갤럽의 연구 결과이다. 아울러 몰입도 25점의 차이는 업무성과를 2~3배로 달라지게 만든다는 것도 예상하기 어렵지 않다.

그렇다면 상사와 직원의 우호적 관계는 무엇으로 결정될까? 그동안 살펴보았던 소통의 방법이 하나의 바퀴라면 칭찬과 격려 등 긍정의 동기부여가 또 다른 바퀴라고 할 수 있다.

유머 하나. 인간과 거의 동일한 최첨단 로봇에게 물었다. "가장 듣기 좋은 칭찬은 뭡니까?" 로봇이 대답했다. "사람하고 똑같다는 말을 들을 때입니다." "그럼 가장 싫은 말은 뭐죠?" "이 나사 빠진 놈아! 입니다."

미국의 탁월한 경영자 메리 케이 애쉬(M. Ash)는 "사람이 돈과 섹스보다 더 원하는 것이 두 가지가 있다. 그것은 인정과 칭찬이다."라는 말을 했다. 미국 레이건 대통령 시절 연설 원고 담당이었던 페기 누난(P. Noonan)은 자신의 원고 초안에 대해 대통령의 '매우 훌륭함'이라는 칭찬 메시지가 돌아오자, 이를 오려서 가슴에 붙이고 다니며 일했다고 한다.

학문적인 연구 결과를 한 가지 더 보자. 키센바움(D. Kirschenbaum)은 볼링을 배우려는 초보자들을 두 그룹으로 나눈 후에 연습 게임을 3번씩 하도록 했다. 이때 연습 게임 상황을 비디오로 촬영하면서 A 그룹에는 스트라이크 등 성공하는 장면만을, B 그룹에는 실수하는 장면만을 촬영했다.

촬영 후 두 그룹에게 일주일에 5시간씩 6개월 동안 더 연습하게 하고서, 이 기간에 미리 촬영한 자기 그룹의 비디오를 반복하여 보여 주었다. 즉 A 그룹은 성공적인 플레이 장면을, B 그룹은 실패하는 플레이 장면을 계속 보게 한 것이다.

그리고 6개월이 지난 후에 두 그룹의 볼링 실력을 테스트하였다. 어떻게 되었을까? 성공하는 장면의 비디오를 본 A 그룹의 실력이 B 그룹보다 훨씬 더 좋았다[74]. 비디오만 다른 것을 보았으며, 그것도 전문 선수의 비디오가 아니라 자신들이 플레이했던 비디오일 뿐이다.

이 실험이 시사하는 결론은 칭찬, 격려가 꾸지람과 지적보다 사람을 발전시키는 효과가 훨씬 크다는 점이 아니겠는가?

> 우리는 누구나 잘못을 저지르기 쉽다. 아홉 가지의
> 잘못을 찾아 꾸짖는 것보다, 한 가지의 잘한 일을 찾아
> 칭찬해 주는 것이 그 사람을 올바르게 인도하는 것이다.
> -데일 카네기-

우리나라 직장의 리더들에게 "왜 직원들에게 칭찬을 많이 하지 않느냐?"라고 물어보았을 때, 자주 나오는 대답들은 다음과 같다.

칭찬거리가 있어야지. 매사가 마음에 안 드는데.
닭살 돋는 것 같아서…….
굳이 말을 해야 합니까? 이심전심으로 알겠지요.

이렇게 대답하는 것은 대부분 '칭찬하는 기법'을 모르는 데에 원인이 있다. 흔히 칭찬을 들은 사람이 "닭살 돋는다." "부담스럽다."라는 느낌을 갖는 것도 표현의 기법이 잘못되었기 때문이다. 바로 '인격을

평가하는 추상명사'로 칭찬을 하는 데에 잘못이 있다.

최 대리는 참 겸손한 사람이네요.
박 과장은 책임감이 높은 것 같습니다.
상무님은 참 말씀의 능력이 좋으신 것 같습니다.

이런 칭찬을 하면 상대방이 자신의 인격 전체가 그런 것은 아니기 때문에 칭찬의 말에 공감하지 않고 쑥스럽게 받아들인다. 예컨대 겸손하다고 칭찬받은 최 대리가 가정에서는 동생을 힘들게 하는 사람일 수도 있다.

인격을 평가하는 추상명사 칭찬의 단점은 여기에 그치지 않는다. 이런 칭찬을 자주하면 "사람 놀리나?"라는 느낌을 상대방에 줄 수 있으며, 또한 꾸지람을 할 때가 오면 앞뒤 모순이 생길 수밖에 없다.

이런 단점을 피해 가면서 긍정의 리더가 되는 방법은 '관찰 가능한 행동' 또는 팩트(Fact)로 칭찬하는 것이다. 예컨대 "그동안 잘했다."라고 칭찬하기보다 "그동안 1건의 고객 클레임도 없었다."라고 말하는 것이 관찰 가능한 행동 또는 팩트로 칭찬하는 것이다.

〈팩트 + 나의 도움〉으로 칭찬하자

의견을 말하는 방법에는 '너-표현법(You-Message)'과 '나-표현법(I-Message)'의 두 가지가 있는데, 문장의 주어가 누구인가에 따른 구분이다.

칭찬의 경우에도 너-표현법은 "너가 ……를 잘한다."와 같이 표현하지만 나-표현법은 문장의 주어를 나로 바꿔 "나에게 ……이 도움이된다."라고 말하는 것이다.

이 두 가지 중에서 나-표현법이 상대방에 부담을 주지 않는 자연스러운 방법이다. 〈너-표현법〉은 윗사람이 아랫사람을 평가하는 뉘앙스가 있기 때문이다.

길동아, 너는 착한 마음씨를 가졌구나. 효자다.
김 선임은 제안서를 창의적으로 잘 작성했네요.

부모가 자녀를, 선배가 후배를 칭찬하는 경우에는 너-표현법으로말해도 크게 어색하지는 않다. 하지만 아랫사람이 윗사람에게 이런 칭찬을 하면 아부를 넘어 실례의 말로 들릴 수 있다는 것은 '상사와의 소통'에서도 살펴본 바 있다.

상대방의 어떤 행동으로 '나에게 도움이 된다.'라는 칭찬은 아랫사람에게도 자연스럽다. 결론적으로 상대방이 누구이든 상관없이 〈팩트+나의 도움〉의 공식으로 칭찬하면 된다는 것을 기억하자.

상무님, 맥락을 설명해 주시니 계획서 작성에 도움됩니다.
김 선임, 제안서에 그래프를 넣으니 한눈에 들어옵니다.
길동아, 심부름을 해 주니 엄마가 다른 일을 할 수 있구나.

삼성경제연구소의 한 조사에서 직장인들을 대상으로 '상사에게 무엇을 바라느냐?'라고 물어본 적이 있다. 여기에서 응답자의 78%가 "작은 일이라도 자주 칭찬과 격려를 받고 싶다."라고 하였다.

유머 하나. 공부 못하는 초등학생이 성적표를 받아왔다.
죄다 '가 가 가'인데 유독 산수만 '양'이라 아버지가 말했다.
"아들아, 너무 한 과목에만 집중하는 것 아니냐?"

꾸지람을 할 때에 비폭력으로 말하기

앞에서 살펴본 포아스(POAH_S)코칭 대화는 직원의 행동에 대한 문제점 여부가 논쟁이 있을 때에 진행하는 대화이다. 이제는 직원의 '잘못이 뚜렷한 경우'에 이를 상처받지 않게 간단히 피드백하는 방법에 대하여 살펴보자.

갤럽(Gallup)의 조사에서 탁월한 리더가 칭찬을 많이 하지만(83%), 꾸지람도 17% 정도가 되는 것으로 나타났다. 다만 이들은 대부분 '좋은 리더가 되기 위한 실천적 대화법'을 훈련받았기에 직원을 나무랄 때에도 비폭력으로 말한다는 것은 두말할 필요가 없다.

비폭력 대화라고 하면 흔히 욕설을 하지 않거나 고함을 지르지 않는 것 등을 연상하기 쉽다. 하지만 화가 났을 때에 언성을 좀 높이는 것은 큰 문제가 되지 않는다. 오히려 직원의 인격을 모독하는 언어가 상대방에게 더 큰 상처를 주기 때문이다.

필자의 지인 중에 대기업 부사장으로 퇴직한 K 씨가 있다. 그는 S 대를 졸업하고 직장에서 20년 넘게 임원을 지냈으며, 누가 봐도 성공한 직장인이었다. 하지만 그는 "내 인생은 실패작이다."라고 필자에게 말한 적이 있다.

그에게는 30대 후반의 아들이 있는데 대인기피증과 우울증에 걸려 직장도 못 다니고 인생 패배자처럼 혼자 살고 있다. K 씨의 고통은 그 아들을 그렇게 만든 장본인이 바로 자신이라는 생각 때문이다. 그는 학생 시절의 아들에게 다음과 같은 표현으로 꾸지람을 했다고 한다.

너를 보면 내가 창피하다. 아버지 친구의 아들은 전교 1등이란다.
형이 되어 가지고 동생보다 못하네…….
그런 것도 못하는 녀석이 다른 일은 제대로 하겠어?

욕설을 하거나 고함을 지른 것이 아니라 "너를 보면 창피하다." 등 인격을 평가하는 추상명사로 꾸지람을 한 것이 원인이었다. 이런 말을 들으면 아들에게 평생 잊을 수 없는 상처가 된다는 것은 쉽게 예상할 수 있는 귀결이다.

학창시절에 아버지로부터 이런 말을 들은 아들은 성장하면서 어떤 자아 정체성을 가지겠는가? 자신감도 없어지고 아버지에 대한 분노가 생기지 않겠는가? 성인이 되어서도 우울증과 대인기피증에 걸려 현재 은둔형 외톨이로 사는 결과가 되고 말았다. 아버지가 말한 3초의 언어 폭력이 아들에게는 30년의 상처로 남은 것이다.

K 씨가 필자에게 말했다. "아들이 고등학교 다닐 때만이라도 비폭

력 대화법을 알았더라면 이렇게 후회하지는 않을 텐데……." 그는 비록 S대를 나온 똑똑한 리더였지만 비폭력 대화법을 배운 적이 없었던 것이다.

최근에 한 취업 포털에서 1,000여 명의 직장인들에게 '리더로부터 들은 언어 폭력'에 대한 조사를 실시하였는데, 다음은 그중의 일부이다.

알바생에게 시켜도 이보다는 낫겠어. 도대체 기본이 안 돼 있어.
이걸 보고서라고 쓴 거야? 머리는 장식품으로 달고 다니냐?
개뿔도 모르면서 왜 시키는 대로 안 하는 거야?

꾸지람은 〈팩트 + 나의 애로〉로 말하자

우리는 앞에서 칭찬의 기법으로 〈팩트 + 나의 도움〉의 공식을 이해하였다. 이 원리는 상대방을 질책할 때에도 100% 그대로 적용된다. 다만 상대방의 행동 때문에 나에게 어려움이 생기는 경우이므로, 칭찬에서의 '나의 도움'이 질책에서는 '나의 애로'로 바뀔 뿐이다.

비타민과 영양제로 건강을 돌보던 사람이라도 병원의 수술이 잘못되면 생명이 위태로워질 수 있다. 인간관계에서 칭찬이 비타민이라면 질책은 수술에 비유할 수 있다. 따라서 질책의 기법이 잘못되면 칭찬이 잘못되었을 때보다 훨씬 더 큰 부작용이 따른다는 점을 기억하자.

유머 하나. 새끼 독수리가 물었다.
"엄마, 나 독수리 맞아?" "응. 독수리 맞아."
공중에서 또 물었다. "엄마, 나 독수리 맞아?" "응. 맞다구."

둥지에서 또 물었다. "엄마, 나 독수리 맞아?" 화가 난 엄마가 말했다. "몇 번을 말해야 알겠니? 이 닭대가리야!"

아버지의 말 때문에 상처받은 아들처럼 직장에서도 인격을 평가하는 추상명사로 나무라는 리더들 때문에, 오늘도 수많은 직원들이 사표를 고민할 정도로 힘들어하고 있다.

김 대리, 입사 몇 년 차요? 대리가 신입사원보다 못하니 원…….
박 과장! 젊은 사람이 왜 그리 열정도 없고 책임감도 부족해요?

좋은 리더가 되려면 꾸지람을 하지 말라는 얘기가 아니다. 좋은 선생님은 필요한 상황에서는 제자를 꾸짖어야 하듯이 직장의 리더도 마찬가지이다. 다만 〈팩트 + 나의 애로〉의 공식으로 말해야 된다는 것을 잊지 말자.

계획서에 추진 일정이 없으니, 내가 결재를 할 수 없어요.
회의 중에 계속 스마트폰을 보니, 토론 진행에 애로가 있습니다.
자료를 아직 넘겨주지 않으니, 다음 작업을 진행하지 못하고 있어요.

속 썩이는 학생이 선생님의 애로를 다 모르듯이 직원도 자신의 행동이 리더에게 어떤 어려움을 초래하는지 다 모른다. 따라서 리더가 그런 어려움을 설명하면 직원은 리더의 입장을 이해하고, 보다 수용적으로 변화되는 경우가 많다.

부장님 말씀을 듣고 보니 제가 죄송하게 되었습니다.
저 때문에 다음 작업을 못 하는 줄은 몰랐습니다. 미안합니다.

사회학자인 로버트 도이치에 의한 '도이치의 법칙'이라는 것이 있
다. 이는 "우리가 특정한 방식으로 행동하면 상대방도 비슷한 방법으
로 호응해 온다."라는 것인데, 이를 '상호성의 법칙'이라고도 부른다.
직원의 중요한 문제 행동에 대해서는 POAH_S(포아스)코칭 대화로
변화를 이끌어 내고, 칭찬거리가 있을 때에는 작은 것이라도 놓치지
말고 〈팩트 + 나의 도움〉으로 칭찬해 주자. 그리고 나무랄 일이 있을
때에는 〈팩트 + 나의 애로〉로 말하면 직원은 반발하지 않는다. 그리고
상호성의 법칙에 따라 직원은 리더를 긍정의 눈으로 바라보며, 좋은
관계 속에 업무에 몰입하고 성과증진에 기여하게 된다.

근무환경은 물리적 조건이 아니라
직원이 직장에서 느끼는 감정을 의미한다.
-제프리 페퍼-

5장

업무적 소통과
설득의 기술

우리는 앞에서 '상사와의 소통'과 '부하 직원의 코칭'을 살펴보았는데, 이제는 동료들처럼 동등한 위치에 있는 상대방과 업무적 소통을 하는 기술을 살펴볼 차례이다. 업무적 소통은 부서 회의, 토론, 프레젠테이션 등에서 업무적 의견을 나누는 자리를 지칭한다.

업무적 소통의 경우에도 특히 서로의 주장이 달라 갈등이 생길 수 있는 상황에서 어떻게 말하느냐가 관건이다. 이런 경우에도 감정적으로 대립하지 않고, 우호적으로 설득할 수 있는 능력을 갖추는 것은 유능한 직장인의 필요조건이기도 하다.

다만 설득대화의 세부내용으로 들어가기 전에 먼저 의견 충돌이 생기는 원인을 살펴볼 필요가 있다. 의견 충돌이나 갈등 발생의 원인이 무엇인가에 따라 설득의 방법과 설득 성공의 가능성이 달라지기 때문이다.

갈등의 원인분석과 해결책 강구하기

우리가 몸이 아파서 병원에 가면 무엇이 질환의 원인인지 검사부터 한다. 아픈 원인을 모르면 치유 방법을 알 수 없기 때문이다. 마찬가지로 갈등으로 어떤 사람과 불편한 관계에 있으면 갈등의 원인이 무엇인지를 파악하는 것이 우선이 돼야 한다.

갈등의 원인을 알면 해결책이 보인다

직장인들이 조직생활에서 봉착하게 되는 갈등의 종류는 무척 다양하다. 하지만 어떤 경우이든 갈등이 생기는 배경을 들여다보면 다음과 같은 다섯 가지의 원인 중에 한두 가지가 작동하고 있다.

하버드대학의 갈등관리 훈련에서는 이를 서술형으로 길게 설명하고 있는데, 필자는 이를 기억하기 쉽게 영어의 첫 글자를 따서 "피버 (PIVER)"라고 부르고 있다.

> ➤ Personality(성격)의 차이
> ➤ Information(정보)의 차이
> ➤ Value(가치관)의 차이
> ➤ Environment(환경)의 어려움
> ➤ Role(역할)의 차이

직장이든 개인 생활이든 우리 주변에는 별로 호감이 가지 않는 사람이 있다. 자기 자랑이 많거나 언행이 투박한 사람 등이다. 그런데 이런 사람인 경우에도 호감이 가지 않는 원인을 들여다보지 않고, 사람

자체를 통째로 미워하면 관계개선의 여지가 없어진다.

갈등을 악화시키지 않고 우호적 관계를 유지하는 사람들은 한 가지 습관이 있다. 상대방을 포괄적으로 미워하지 않고 "그럴 만한 사정이 있겠지."와 같이 생각의 완충지대를 갖는다는 점이다. 그리고 "어떤 사정이 있을까?"의 측면에서 그 원인을 찾아본다. 이때 피버(PIVER)의 다섯 가지 원인 중에서 무엇이 발단이 되었는지를 체크해 보는 것이다.

직장에서 일이 바쁜데 혼자 칼퇴근하는 직원을 못마땅하게 생각하는 경우를 생각해 보자. 그 직원에 대해 "동료를 배려할 줄 모르는 이기적인 사람"이라고 간주한다면 이것은 진실일까? 진실이 아니라 오해일 가능성이 다분히 있다.

그 직원에게는 퇴근 후 영어 학원을 다니는 등 '그럴 만한 사정'이 있을 수 있다. 이를 모른 채 그 직원을 미워하는 것은 피버(PIVER)의 다섯 가지 원인 중에서 '정보(Information)의 차이'가 원인이 되고 있다는 점을 감안하지 못하는 셈이다.

유머 하나. 금주운동가가 연단에서 외쳤다.
"여러분 술은 만악의 근원입니다. 술을 모두 바다 속에
처넣어야 합니다!" 이때 청중 한 사람이 "옳소!" 하고 외쳤다.
신이 난 금주운동가가 "당신도 금주운동 하시오?" 하고 묻자
"아뇨…. 잠수부요!"

이하에서 피버(PIVER)의 내용과 활용 방안에 대하여 좀 더 자세히 살펴보자.

Personality(성격의 차이)

쉽게 화를 내는 다혈질의 사람, 내성적이며 말이 없는 사람, 꼼꼼하며 까칠한 사람 등 사람마다 성격이 다르다는 것은 상식이다. 직장이나 가정생활에서 발생하는 갈등상황의 상당 부분은 이처럼 '사람마다 다른 성격의 차이'에서 비롯된다.

특히 성격에 따라 사람마다 소통하는 방법은 확연하게 다르며 이것이 상대방에게 불편함을 야기하는 원인이 된다.

팀장: 회의에서 말이 없으면 근무시간에 인건비 까먹는 겁니다.

김 대리: 예? 저는 다수의 의견을 존중하는 편이라…….

박 과장: 제 생각에는……. (장황하게).

팀장: (3분도 못 참고) 무슨 얘기인지 알겠고……. 요점만 말해 봐요.

팀장, 과장, 대리의 세 사람이 하는 작은 회의이지만 각자의 대화 스타일이 확연히 다르다. 서로가 상대방의 소통 모습을 보면서 "저 사람은 왜 저렇게 말할까?"라고 못마땅하게 생각한다. 오늘도 직장의 수많은 회의석상에서 참석자들을 힘들게 하는 원인이 바로 각자의 성격과 말하는 스타일이 다른 데에서 비롯되고 있다.

Personality(성격의 차이)로 인한 갈등은 피버(PIVER)의 5가지 원인 중에서 가장 많은 빈도를 차지한다. 따라서 갈등이 감정악화로 변질되지 않도록 하는 데 중요한 방법은 자신과 상대방의 성격 차이를 인지하는 것이다. '지피지기면 백전백승'이라는 말처럼, 갈등을 예방하려면 자신은 물론 상대방의 성격 특성을 알고 있어야 한다.

이 책의 2장에서 설명한 READ(리드) 성격유형 분석이 사람들의 성격 차이를 이해하고, 성공적으로 대응하는 방법을 찾는데 효과적인 도구가 된다는 것은 주지의 내용이다.

"회의에서 말이 없으면 근무시간에 인건비 까먹는 것이다."라고 매정하게 말하는 팀장은 Director(지휘자) 유형이다. 직급이 높아서가 아니라 자기주장이 강한 성격의 사람이기 때문이다.

회의에 참석한 직원이 READ 개념을 몰랐을 때에는 팀장의 그런 말에 속이 상하겠지만, 이제는 "아하! 우리 팀장은 Director 유형이구나. 저렇게 소통하는 것이 특성이지."라고 생각하며 팀장에 대한 이해의 폭이 크게 넓어진다.

Information(정보의 차이)

피버(PIVER)의 두 번째는 서로가 알고 있는 '정보의 차이'로 인해 생기는 갈등이다. 각자가 정확하지 않은 정보를 가지고 있으면서, 그를 바탕으로 자신의 입장을 주장하면 다툼이 생기는 것은 당연하지 않겠는가?

직장에서도 정보의 차이가 갈등의 원인이 되는 경우가 비일비재하다. 이런 경우 갈등의 원인이 '정보의 차이' 때문이라는 점을 알게 되면 상대방을 미워하지 않을 수 있다.

A사 부장: 금년에도 납품 단가를 전년도와 동일하게 할 수 있지요?
B사 부장: 원자재 가격 급등으로 20% 정도 단가 인상을 부탁드립니다.

A사 부장: 원자재 가격이 얼마나 올랐다고 그런 말씀을 합니까?

B사 부장: 저희 자료와 부장님이 준비하신 자료를 함께 살펴보실
　　　　　까요?

정보의 차이가 발생하는 경우에도 그 속에는 '정보 접근'과 '정보 해석'의 두 가지 원인이 작동한다. 정보 접근은 서로가 동일한 정보를 가지고 있는가의 문제이며, 정보 해석은 같은 정보라도 해석이 서로 다른 측면이다.

'정보 접근'의 차이는 알고 있는 정보가 서로 다른 것이 원인이다. 장님들에게 코끼리를 만지게 한 후에 코끼리가 어떻게 생겼는지 설명하라면 대답이 각양각색일 것이다. 배를 만진 장님은 코끼리가 벽처럼 생겼다고 할 것이고, 다리를 만진 장님은 기둥처럼 생겼다고 말할 것이다. 그리고 자신과 다르게 설명하는 상대방을 "뭘 모르는 사람"이라고 비난하지 않겠는가?

직장인의 경우에도 정보 접근의 차이가 갈등의 원인이 되는 경우가 자주 발생한다.

팀장: 하반기 목표달성을 위해서 창의적인 의견들을 말해 보세
　　　요.

대리: 물가인상에 따라 우리도 영업 활동비를 올려야 합니다.

팀장: 최 대리, 요즘 회사 사정을 몰라서 그런 말을 하는 거요?

과장: 유연근무로 영업직원들의 활동에 자율성을 주면 좋겠어요.

팀장: 그건 사장님의 경영방침이 아닙니다.

리더들은 수시로 참여하는 팀장회의, 부장회의 등에서 회사의 경영상황, CEO방침 등의 정보를 수시로 접하지만 회의에 참여하지 않는 직원들은 그런 정보를 전혀 모르고 있다. 리더와 직원들의 정보 격차는 의외로 크다는 점을 기억하자.

'정보 해석'의 차이로 인한 갈등도 의외로 많이 발생한다. 사람은 누구나 새로운 정보를 접했을 때에 자신의 기존 견해와 일치하는 정보는 수용하지만, 기존의 견해와 상충되는 정보에 대하여는 거부하는 '자기중심적 해석'의 심리가 있다.

미국의 한 의과대학에서 남녀 학생들에게 임신에서 출산까지의 과정을 다큐멘터리로 제작한 영상물을 보여 주고 그 반응을 조사하였다. 남녀 학생들에게 동일한 정보를 보게 하고 해석에 차이가 발생하는가를 분석하기 위한 연구였다.

여기에서 여학생들은 대부분 "유익한 내용이며 새로운 것을 많이 배웠다."라고 응답하였지만, 남학생들은 "특별히 배운 것이나 유익함이 없었다."라고 대답하였다.

동일한 정보에 대하여 해석이 이렇게 다른 원인은 무엇일까? 여학생들에게는 출산은 중요한 이슈이므로 작은 정보까지도 놓치지 않고 자세히 살펴보았지만, 남학생들은 건성으로 보고 많은 정보를 놓쳐 버렸기 때문이다. 이처럼 동일한 정보를 갖고서도 해석이 다른 것은 의대생들만의 현상이 아니란 점을 유의하자.

유머 하나. 사위가 처갓집에 머물며 갈 기미가 보이지 않자, 장모가 말도 못 하고 고민하던 차에 비가 내리자 말했다.

"가랑비가 오는 걸 보니 자네 집에 가라는 것 같군." 그러자 사위가 말했다. "가라는 가랑비가 아니라 더 있으라는 이슬비인데요."

조직생활이든 다른 사회생활이든 서로의 의견이 달라 갈등이 발생하면 사람들은 흔히 상대방을 "자기 주장만 하는 사람"이라며 불평하곤 한다. 하지만 갈등의 원인이 Information(정보의 차이) 때문일 수 있다는 점을 감안하면 이후의 대응이 완전히 달라질 수 있다. 말할 것도 없이 정보의 차이를 없애기 위한 소통에 나설 가능성이 높아지는 것이다.

> 생산팀장: 신제품 개발일정에 대해 의견을 나누고 싶습니다.
> R&D팀장: A제품의 개발은 설계에서 시제품까지 9개월을 예상합니다.
> 생산팀장: 사장님이 6개월 후 출시를 지시했는데요?
> R&D팀장: 그래요? 그러면 일정을 앞당겨야 되겠군요.

Value(가치관의 차이)

요즘에 청년들의 소개팅 자리에서 새롭게 등장하는 질문이 있다. 과거에는 볼 수 없었던 정치 성향에 대한 내용이다.

> 여자: (소개가 끝난 후) 죄송하지만 정치성향을 여쭤봐도 될까요?
> 남자: 저는 보수입니다. 진보 정치인들 마음에 안 듭니다.
> 여자: 그건 보수 쪽이 더 심하지 않나요?
> 남자: 잘 모르는 말씀입니다. 제 생각에는……

여자: 그렇게만 볼 것은 아니지요. 제가 보기에는…….

두 사람은 상대방을 세상물정 모르는 답답한 사람으로 생각하고 이성으로서의 호감도 느끼지 못한 채 교제를 중단하고 말았다. 그리고 그런 결과에 대해 각자가 잘된 일이라고 생각했다. 왜냐하면 '가치관의 차이'는 쉽게 바뀌지 않기에 결혼으로 이어져도 계속 부부갈등의 원인이 될 수 있기 때문이다.

필자의 지인 중에 결혼 30년이 넘는 부부가 있다. 두 사람은 정치성향이 다른데 아내는 보수, 남편은 진보 성향이다. 자녀들은 독립하고 두 사람만 살면서도 정치 문제로 자주 옥신각신하며, 선거철이 다가오면 서로 말도 않고 지낸다. 뉴스 시간에도 각자의 방에서 서로 다른 TV 채널을 시청한다. 채널마다 진보와 보수의 색깔이 다르기에 부부가 같은 채널을 보기가 고역이기 때문이다.

피버(PIVER)의 5가지 갈등 원인 중에 세 번째가 'Value(가치관의 차이)'이다. 이는 정의와 공정성에 대한 개인의 윤리관이나 신념에 관련된 것이며, 뇌 기억장치의 가장 밑바닥에 있기에 다섯 가지의 갈등원인 중에서 가장 변화되기가 어렵다.

주지하듯이 가치관의 차이를 보여 주는 대표적인 영역이 정치와 종교이다. 자신이 지지하는 정치 성향이나 종교적 신념을 다른 사람에게 전파하고자 열변을 토하는 사람이 있으나, 이것은 성공하기 어렵고 관계만 해칠 뿐이란 점을 간과한 모습이다.

참고로 갈등발생의 원인이 되는 가치관(Value)과 유사한 개념으로

'패러다임(Paradigm)'이라는 것이 있다. 패러다임은 원래 물리학의 용어였지만 《성공하는 사람들의 7가지 습관》으로 유명한 스티븐 코비(S. Covey)가 갈등의 원인분석에서 사용한 것이 계기가 되어 이후에 확산되었다.

파란색 안경을 쓰면 세상이 파랗게 보이고 빨간색 안경을 쓰면 세상이 빨갛게 보이는 것에 비유하여, 코비는 패러다임을 '세상을 보는 각자의 안경'이라고 하였다. 사람들은 누구나 자신의 안경으로 세상을 보면서 그것이 옳다고 주장한다. "두 사람만 모이면 반드시 의견 차이와 갈등이 있다."라는 것도 이런 배경에서 나온 말이다.

우리가 어떠한 관점을 가지고 있느냐 하는 것은
우리가 어떠한 처지에 있느냐에 달려 있다.
-스티븐 코비-

갈등을 유발하는 사람일수록 "사람들의 관점이나 가치관이 같거나 비슷할 것이다."라는 가정하에 생활한다. 그런 경향이 많은 사람일수록 직장에서도 자신의 예상과 다르게 행동하는 사람을 보면 짜증을 내거나 비난하는 말을 하곤 한다.

척하면 메주 떨어지는 소린지 몰라요?
직장생활이 몇 년 차인데 아직도 그런 생각을 하는 거요?
당신의 행동에 문제가 있다고 생각하지 않나요?

사람들은 누구나 살아오면서 배우고 체득한 수많은 요소를 바탕으로 현재의 가치관이나 패러다임을 형성해 왔다. 따라서 모든 사람의 가치관은 다를 수밖에 없지 않겠는가?

그런데 문제는 누구나 '자신의 관점이 옳다.'라고 생각한다는 점이다. 자신의 안경을 쓰고 세상을 보기에, 보이는 것이 진실이 아닐 수 있다는 점을 인식하지 못하는 것이다.

그렇다면 갈등관리를 잘하는 사람은 어떤 특성을 가지고 있을까? 그것은 다음의 두 가지 생각을 잊지 않는다는 점이다.

> ➤ 사람들은 누구나 패러다임이 다르다.
> ➤ 나의 패러다임이 틀릴 수 있다.

이 두 가지 생각을 상기하는 사람일수록 자신의 관점을 일방적으로 주장하지 않는다. 상대방의 주장을 먼저 경청하고, 자신의 안경으로 보지 못한 또 다른 관점을 찾아보려는 노력을 기울이는 것이 이들의 특징이다.

◇ 가치관은 거의 변하지 않는다

갈등관리를 가르치는 전문가 중에는 간혹 "당신의 패러다임을 바꾸라."고 강조하는 사람이 있다. 당신의 패러다임이 시대에 뒤떨어지거나 틀릴 수 있으니 세상을 보는 안경을 바꾸라는 것이다.

하지만 수많은 요인에 의하여 서서히 형성되어 온 각자의 패러다임은 안경을 바꿔 쓰듯이 바꿀 수 있는 것이 아니다. 학습과 소통으로 조금씩의 변화는 가능하겠지만 일순간에 패러다임을 바꾸는 것은 불가능하기 때문이다.

그렇다면 우리가 실행해야 할 액션 포인트는 무엇일까? 그것은 위에서 말한 바와 같이 "사람들의 패러다임은 모두가 다르며, 나의 패러다임이 틀릴 수 있다."는 경계심을 늘 가지는 것이다.

《인간관계론》으로 유명한 데일 카네기(D. Carnegie)는 "당신의 판단이 항상 51%만 옳다면 직장을 당장 때려치우고 월스트리트에 진출하여 증권에 투자하라."고 말했다. 자신의 생각과 패러다임이 옳다고 확신하는 것이 오류일 가능성이 너무나 많다는 것을 재치 있게 표현한 말이다[13].

2차 세계대전을 승리로 이끌었던 미국의 루스벨트 대통령은 위대한 리더로 존경받는 사람이다. 하지만 그도 카네기의 말과 비슷한 맥락에서 "각종 회의나 의사결정에서 나의 판단이 옳을 가능성은 75%에 미치지 못하였다."라고 말한 적이 있다.

다시 직장인의 상황을 생각해 보자. 갈등상황을 만났을 때에 그 원인이 Value(가치관의 차이) 때문이란 것을 알았다면 우리는 어떻게 해야 할까? 그것은 "상대방을 고치려고 시도하지 말라."는 것이다. 침을 흘리며 설득의 말을 해도 상대방의 관점이 바뀔 가능성은 희박하기 때문이다.

유머 하나. 북한이 갑자기 핵실험을 하여 정규방송이 중단되고 특별방송이 나오자 이를 보던 어머니가 분통을 터뜨렸다. "정신 나간 것들 다 보겠네. 저것들 지원을 다 끊어 버려야 돼." "엄마가 그렇게 나랏일에 관심이 많았어?" 하고 딸이 묻자 어머니 왈. "저것들 때문에 드라마를 안 하잖아."

직장인이 가치관의 차이로 인한 갈등을 만났을 때 이에 대처하는 방법에는 크게 다음의 두 가지가 있다.

➤ 관계를 중단하고 서로 헤어진다.
➤ 서로의 관점을 존중하며 인내하고 현재를 살아간다.

다행스러운 것은 직장생활에서는 Value(가치관의 차이) 때문에 발생하는 갈등은 그리 많지 않다는 점이다. 정치와 종교가 가치관의 차이를 보여 주는 대표적인 내용인데, 직장에서는 이러한 주제를 다루어야 할 경우는 별로 없기 때문이다.

다만 한 가지 염려스러운 것은 리더의 위치에 있는 일부 관리자들이 후배 직원들과의 회식이나 커피타임에서 정치나 종교 얘기를 꺼내는 사람이 있다는 점이다. 이런 주제의 대화는 얻는 것은 없으며, 상호관계만 해칠 뿐이라는 것을 모르는 데에서 나오는 행동이다.

Environment(환경의 어려움)

"곳간에서 인심 난다."라는 말처럼 생활에 여유가 있으면 사람들은 주변을 돌아보고 배려의 행동을 하기가 쉬워진다. 반면에 자신의 처지가 어렵고 자원이 부족해지면 자원 확보를 위한 사람들과의 경쟁과 갈등이 증대하게 된다.

피버(PIVER)의 다섯 가지 중에서 네 번째는 Environment(환경의 어려움)이다. 여기에서 환경은 대기오염 등 자연환경이 아니라 회사의 매출감소나 손실발생 등 경제적 환경의 어려움을 의미한다.

회사의 수익성 악화로 구조조정이나 인원축소가 불가피해지면 조직에는 긴장감이 감돌고, 직원들의 협조와 양보는 사라지고 갈등이 고조된다. 비용 절감을 위하여 예산을 긴축하는 경우에는 부서의 리더들은 예산을 지키기 위해 다투기도 한다.

이와 관련하여 은행 직원들을 대상으로 실시한 미국의 한 연구를 보자. 경영환경의 어려움이 직원들의 관계를 어떻게 변화시키는가를 보여 주는 내용이다. 이 연구에서 대규모의 인원감축이 진행되는 환경이 되자 평소에 카풀로 함께 출근하며 가깝게 지내던 사람들이 각자 출근하거나, 골프를 치던 동료들도 더 이상 함께 골프를 치지 않는 현상이 발견되었다.

유머 하나. 거지가 행인을 세워 놓고는 "작년까지는 볼 때마다 5천 원을 주더니 왜 요즘은 천 원만 주는 거요?"
"미혼 때는 여유가 있었는데, 지금은 결혼하고 애가 생기니 여유가 없네요."
"뭐요? 그럼 내 돈으로 가족을 부양하고 있단 말이요?"

직장에서도 갈등이 심해질 때에 그 원인이 환경의 어려움 때문이라는 것을 알게 되면 이를 차분하게 이겨 낼 힘이 생긴다. 감정적인 대립을 하기보다 어려움을 함께 극복해 보자는 협조의 마음까지 생길 수 있다.

가정에서도 용돈이 적다고 불만인 자녀가 아빠의 실직 사실을 알면 태도가 완전히 달라질 것이다. 부모에 대한 섭섭함은 사라지고, 오히려 부모를 도우려는 마음으로 용돈을 아끼며 공부에 더 매진할 가능성도 있다.

우리는 1장에서 '소통은 상호작용적 정의(Interactional justice)를 중대시킨다.'라는 현상을 살펴보았다. 성과에 대한 배분이 부족해도 그럴 수밖에 없는 사정을 진정성을 가지고 설명하면 직원들의 불만이 줄어든다는 내용이다.

이처럼 소통을 충실히 하면 Environment(환경의 어려움)으로 인한 갈등은 대부분 해소할 수 있다. 이점은 Value(가치관의 차이)로 인한 갈등이 소통으로도 해결하기가 어렵다는 점과 큰 차이가 있다.

> 상무: (부서원들에게) 여러분, 회사 사정상 당분간 승진이나 연봉 인상은 없을 테니 그리 알고, 열심히 일해 주기 바랍니다.
>
> 과장: 회사가 직원들에게 주는 것은 적고, 일은 열심히 하라고 하네요.
>
> 상무: 그렇게 된 것은 경영환경의 어려움 때문입니다.
>
> 금년의 매출은 ……이고, 수익은 적자입니다. 함께 애로를 극복해 봅시다.
>
> 직원들: 경영상황을 이해하고 보니 당분간 허리띠를 졸라매야 되겠네요.

Role(역할의 차이)

피버(PIVER) 분석에 의한 갈등의 마지막 원인이 Role(역할의 차이)

이다. 사람은 누구나 각자의 역할이나 책임을 가지고 있으며, 다른 역할은 서로 다른 목표를 갖는다는 것을 뜻한다. 따라서 각자의 역할을 담당하고 있는 직장인들에게는 역할의 차이로 인한 갈등이 수시로 발생할 수밖에 없는 구조라고 할 수 있다.

예컨대 영업팀의 중요한 역할은 고객의 요청을 충족해 주는 것이다. 이 역할을 완수하려면 품질과 납기는 물론 개별 고객의 욕구를 충족해 주어야 하기에 다품종 소량생산을 주장하게 된다. 반면에 생산팀은 원가를 낮추는 것이 중요한 역할이기에 소품종 대량생산을 주장하기 마련이다. 이러한 역할과 목표의 차이 때문에 영업팀과 생산팀의 직원은 갈등을 겪을 수밖에 없다.

하버드대학의 하워드 라이파(H. Raiffa) 교수는 "역할이 다르면 심지어 정보의 해석도 달라진다."라고 하였다. 그는 연구에서 참여자들을 두 그룹으로 편성하고서 한 그룹에는 기업을 매수하는 역할을, 다른 그룹에는 기업을 매도하는 역할을 부여하였다[65].

두 그룹에게 한 회사의 재무자료를 제공하면서 기업가치를 객관적으로 평가하도록 요청하였다. 그 결과 매도자 그룹은 시장가치보다 30% 높게 평가하였고, 매수자 그룹은 30% 정도 낮게 값을 매겼다. 동일한 자료를 가지고 분석하였음에도 불구하고 60%나 차이가 나는 결과치를 제시하면서, 각자 그것이 객관적 가치라고 주장하는 것이다.

직장인의 사례도 생각해 보자. 역할이 바뀌면 그동안 우호적으로 지내던 상대방과 갑자기 갈등관계로 바뀌는 경우가 생긴다. 예컨대 수년간 같은 부서에서 근무하던 동료가 어느 날 팀장으로 승진하면 갑자기 까칠하게 행동하는 사람으로 바뀔 때가 있다. 그러면 직원들은 "승진했다고 사람을 무시한다."라고 말하며 섭섭하게 생각할 것이다.

> 박 과장: (직원들끼리 퇴근 후 맥주집에서) 김 팀장 말이야, 승진하더니만 우리에게 대하는 태도가 완전히 달라졌어.
> 정 대리: 저에게도 "일을 그렇게 하면 안 된다."라며 정색을 하던데요.
> 송 과장: 직급이 깡패라고, 겸손했던 사람이 고압적으로 바뀐 것 같아.
> 김 신입: 선배님들은 나중에 팀장이 되시더라도 변하면 안 됩니다.

겸손하던 김 팀장이 승진하고 나서 고압적으로 바뀐 것을 두고 "사람이 바뀌었다." "나를 무시한다."라고 생각하며 직원들이 스트레스를 받는 것이 Role(역할의 차이)로 인한 갈등의 예이다.

하지만 팀장으로 발령을 받으면 직원 때는 몰랐던 역할과 책임이 부여되게 마련이다. 수시로 임원에게 호출되어 과제를 받아오며, 팀원 모두를 통솔해야 하는 사람 관리의 역할이 새롭게 부여되는 것이다.

팀장의 위치에서는 일 처리가 미흡한 직원에게는 불가피하게 싫은 소리도 해야 하며, 성과달성을 위해서는 근무 분위기를 채근할 수밖에 없지 않겠는가? 아마도 불평하는 다른 직원이 팀장으로 승진하였어도 김 팀장 못지않게 달라진 모습을 보일 수밖에 없을 것이다.

이처럼 직장에서 역할의 차이로 인한 갈등이 생길 수밖에 없음을 감안하면, 갈등해결을 위한 소통을 하는데 마음의 완충지대가 생긴다.

"상대방 입장에서는 그럴 만한 이유가 있겠지."라고 생각하며, 그것을 해결하는 윈/윈의 방안을 찾아낼 수 있게 된다.

피버(PIVER)의 다섯 가지 갈등 원인 중에서 직장인에게 두 번째로 많이 발생하는 것이 역할의 차이(Role)로 인한 갈등이다. 따라서 갈등 없이 성과 내는 성공적인 직장생활을 하기 위해서는 상이한 역할로 인한 갈등 발생의 메커니즘을 기억할 필요가 있다. 나에게 역할과 책임이 있는 것처럼 다른 직장인들도 마찬가지라는 것을 유념하자.

그리고 역할의 차이로 인한 갈등상황을 만나면 "내 입장에서는 …… 한데, 박 팀장님의 입장은 어떤가요?"라고 우호적인 질문을 해 보자. 그리고 상대방의 입장을 들어 보면 "아하! 그래서 그런 말씀을 했군요."라는 대화로 이어질 가능성이 높다.

유머 하나. 금지구역에서 수영하던 아가씨가 경찰에 걸렸다.

경찰: 아가씨, 여기는 수영이 금지되어 있습니다.

아가씨: 그러면 옷을 벗기 전에 말씀하시지,

그때는 가만히 보고 있지 않았나요?

경찰: 제 역할은 수영 단속이지 탈의 단속이 아닙니다.

그럴 만한 사정이 있겠지

"죄는 미워도 인간은 미워하지 마라."는 것은 누구나 들어 본 말이다. 이 말이 내포하고 있는 의미는 "죄를 지은 사람도 그 내막을 알고 보면 이해가 될 만한 사정이 있다."라는 것이다. 예컨대 사흘을 굶거나 돈이 없어 아기에게 먹일 우유가 떨어지면 우리라도 훔칠 곳을 찾아

나서지 않겠는가?

PIVER(피버) 분석은 갈등의 상대방에게 그럴 만한 이유를 찾아내는 데 유용한 도구가 된다. 상대방을 통째로 미워하지 않고 원인을 들여다보면 다음과 같은 세 가지 측면의 소통능력을 증대할 수 있다.

첫째, 비감정적인 대화가 가능하다

갈등상황에서 상대방의 얼굴도 보기 싫고, 대화 자체를 기피하면 갈등은 해결이 어려워진다. 하지만 피버(PIVER)의 다섯 가지 원인 중에서 무엇이 원인인가를 체크해 보면 해결 방법이 보인다. 그 순간부터 상대방에 대한 열린 마음이 생기며 해결방안을 찾기 위한 생산적인 대화로 이어 갈 수 있게 된다.

둘째, 상대방의 행동에 대한 이해가 증대된다

부서의 일이 많은데도 혼자 칼퇴근하는 직원이 못마땅한 경우를 생각해 보자. 일단 "내가 모르는 사정이 있겠지."라고 생각하며 비감정적인 톤으로 대화를 해 보면 의외의 사정을 발견할 가능성이 높다.

예컨대 어머니 간병을 위하여 6시면 급하게 퇴근해야 한다는 사정을 알게 되면 부서원들의 이후 반응은 안 봐도 비디오다. 그 직원을 못마땅하게 생각했던 동료들과 팀장은 오히려 격려자로 바뀌지 않겠는가?

셋째, 갈등의 해결방안을 제대로 찾을 수 있다

직장인이 경험하는 다양한 종류의 갈등은 어떤 내용이든 피버(PIVER)의 다섯 가지 카테고리 속에 포함되어 있다. 따라서 새로운 갈등상황을 만나면 피버(PIVER)의 다섯 가지를 생각하며 무엇이 원인인가를 탐색해 보자. 그리고 가치관의 차이(Value) 때문이 아니라면, 상대방과 "커피나 한잔하시지요."라고 대화를 시도하면 갈등은 바로 해결의 길로 들어서게 된다.

이해 충돌 시의 생산적 소통원리

우리는 1장에서 갈등을 '이슈갈등'과 '관계갈등'으로 구분할 필요가 있다는 점을 살펴보았다. 이처럼 갈등을 두 가지 유형으로 구분하는 배경에는 해결의 방법이 다르기 때문이다.

이 책의 많은 부분이 관계갈등을 해소하는 방법을 다루고 있지만, 여기에서 설명하는 내용은 주로 이슈갈등의 해결에 도움되는 것들이다. 관계갈등과 달리 이슈갈등을 해결하는 데에는 주로 설득과 협상의 기술이 필요하기 때문이다.

이하에서 이슈갈등을 윈/윈 협상으로 해결하는데 필요한 핵심원리를 살펴보기로 하자.

배려와 용기의 대화

여고생과 대학생인 두 자매가 밤 늦은 시간에 냉장고에 들어 있는 하나뿐인 오렌지를 갖겠다고 다투고 있다. 당신이 이를 지켜보는 엄마라면 어떻게 중재해 주는 것이 좋겠는가? 아마도 다음과 같은 말로 개

입을 할 것이다.

> 자매끼리 서로 양보해야지, 왜 싸우고 그래?
> 언니가 양보를 해야지, 동생하고 똑같아서 되겠니?
> 둘 다 오렌지 가질 자격이 없어. 내가 먹어야겠다.

그래도 두 자매가 고집을 부리면서 합의점을 찾지 못하면 어떻게 해야 할까? 아마도 엄마는 두 딸을 꾸짖은 다음, 오렌지를 반으로 잘라 나누는 것으로 마무리를 지을 것이다. 그러나 이 해결책은 50점밖에 안 되는 해결책이다. 왜 그럴까?

설득 이론에서는 서로의 이해(利害)가 충돌할 때에 우호적인 분위기로 문제를 해결하기 위해서는 '배려와 용기'의 대화를 해야 한다고 강조한다.

여기서 말하는 '배려'는 남을 돕는 선행의 의미가 아니다. 대화를 할 때에 상대방의 입장을 이해하기 위해 먼저 질문하고 경청하는 행동을 뜻한다. 반면에 '용기'는 자신의 입장을 충분히 주장하는 것을 의미한다.

정리하면 서로의 이해가 충돌하여 다툼이 있는 상황에서 '당신도 OK, 나도 OK'의 결론에 이르려면 서로의 입장이 솔직하고 충분하게 표현되어야 한다는 것이다.

이점을 고려하면 위에서 소개한 '오렌지를 서로 갖겠다는 자매'의 경우에 어떤 부분이 누락되었는지를 쉽게 알 수 있다. 자신이 오렌지를 갖겠다고 주장하는 것(용기) 못지않게, 상대방에 '왜 오렌지를 갖고 싶은지' 질문을 하거나 입장을 들어 보지 않은 것이다(배려).

자매들이 어차피 다투고 있으니 엄마라도 그 역할을 하면 된다. '왜 오렌지를 갖고 싶은지' 두 딸에게 아래와 같이 간단히 물어보면 될 일이다.

> 엄마: 왜 오렌지를 갖겠다고 밤늦은 시간에 다투고 있지?
> 언니: 오렌지 껍질로 얼굴 마사지를 하기 위해서지.
> 동생: 간식 생각이 나서 먹으려고 그러지.
> 엄마: 그러면 오렌지 껍질은 언니가, 알맹이는 동생이 가지면 되겠구나.

이제서야 서로의 필요가 충분히 반영된 100점짜리 해결책을 찾은 것이다. '반으로 쪼개서 나눠 먹어라.'는 방법이 50점짜리 해결책에 불과하다는 것은 이런 배경에서 나온 말이다.

> 대화를 나누지만 상대방에게 호감을 주지 못하는 사람이 많다.
> 그것은 자기가 말하고 싶은 생각으로 머리가 가득 차서
> 상대방의 말에 관심을 기울이지 않기 때문이다.
> -라 로슈푸코-

다만 직장에서 업무적으로 이해가 상충될 때에 위 오렌지 사례처럼 간단하게 해결이 되는 상황은 별로 없을 것이다. 그럼에도 불구하고 하버드대학의 갈등해결 훈련에 소개되는 이 사례가 우리에게 주는 시사점은 매우 크다.

즉 직장의 구성원들처럼 지속적으로 함께 일하는 관계에서는 서로의 입장과 욕구를 파악하는 '경청(배려)'과 '주장(용기)'의 쌍방향 소통이 이루어지는 것이 무엇보다 중요하다는 점이다.

하지만 직장인들의 실제 모습은 어떤가? 상대방의 입장을 알아보기 위해 먼저 질문하고 경청하는 '배려'의 소통을 제대로 하지 않는다. 편하게 말할 수 있는 분위기를 만들지 않거나, 상대방의 말을 경청해주면 자신이 그 논리에 빠져 불리해지지나 않을까 경계하기도 한다.

아울러 지속적인 관계에 있는 사람과 갈등 없이 지내려면, '배려' 못지않게 '용기' 있는 주장도 해야 한다. 하지만 직장인들 중에는 '용기'의 행동도 부족한 경우가 비일비재하다.

특히 상사의 지시에 공감하지 못할 경우에 이를 면전에서 말하지 않고 뒤에서 딴소리하는 직원도 많다. 갈등해결에 전혀 도움이 되지 않는 '용기' 없는 모습인 것이다.

내가 이 말을 하면 상사가 싫어하겠지.
동료에게 이 말을 하면 나를 이해심이 없다고 생각하겠지.
직원들이 추가적인 일을 피하니 차라리 팀장인 내가 하고 말지.

일회적 관계와 지속적 관계

여행지에서 처음 만나 차 한잔 나누는 사람, 부동산 매매를 위해 마주 앉은 상대방은 다시는 만날 일이 없는 '일회적 관계'의 사람이다. 반면에 직장 동료, 가족, 친구 등은 짧게는 몇 년, 길게는 평생 동안 만나게 될 '지속적 관계'의 사람이다.

협상이나 권리 주장을 할 때에 일회적 관계에 있는 상대방에게는 나의 이익을 최대한 관철하는 것이 최선의 방법이다. 다시 만날 일이 없기에 "나만 OK"를 챙기면 그만인 것이다.

그러나 지속적 관계에 있는 상대방에게는 나만의 이익을 관철하는 것은 하수들의 방식이다. 상대방과 지속적으로 우호적인 관계가 되기 위해서는 서로의 입장이 존중되어야 하지 않겠는가? 소통에서 '배려'와 '용기'의 대화가 균형 있게 이루어져야 하는 것도 이 때문이다[35].

"친구 간에는 동업을 하지 마라."는 말이 있다. 서로를 잘 알고 친밀한 사이이지만 동업을 하면 모르는 사람 간의 동업보다 갈등이 더 많기 때문이다. 그 이유는 무엇일까? 바로 동업을 위한 협의 단계에서 자신의 입장을 충분히 주장하는 '용기'를 내지 않았기 때문이다.

동업이 성공하려면 서로의 역할과 책임, 수익 배분의 기준 등에 대해 구체적으로 논의하고 이를 계약서로 남기는 것이 필요하다. 하지만 친구라는 처지 때문에 요구하고 싶은 조건을 용기 있게 말하기가 꺼려진다. 이것이 갈등 시작의 온상이 되며, 결국은 동업을 실패로 이어지게 만드는 것이다.

Pie 키우기와 윈/윈 협상하기

명예퇴직을 한 중년 직장인이 퇴직금 1억 원과 은행 대출 1억 원을 합쳐 중식당을 오픈하였다. 주방장 월급은 월 300만 원이며, 서로가 최선을 다했기에 6개월 후에는 맛집으로 소문이 나고 식당이 성공적으로 운영되고 있었다.

하지만 겉으로는 돈을 버는 것처럼 보여도 사장의 입장에서는 별로 남는 것이 없었다. 은행 이자, 인건비, 식재료비 등을 공제하고 나면 주방장 월급 보다 적은 금액이 사장의 소득이었다. 그런데 더 큰 문제는 주방장이 월급 인상을 요구하는 것이었다.

> 주방장: 죄송하지만 월급을 50만 원 정도 올려 주시기 바랍니다. 물가도 올랐고, 식당 고객이 많은 것은 제 솜씨 탓도 있겠지요.
> 사장: 이제 겨우 자리 잡았는데, 월급 50만 원 인상은 무리입니다.
> 주방장: 또한 식재료는 제가 구입하게 해 주셔야 조리에 도움이 됩니다.
> 사장: 식재료 선택은 곧 비용이므로 내가 관리하겠습니다.

이어진 밀고 당기기의 협상을 통하여 주방장 월급을 30만 원 인상하고, 식재료 관리는 사장이 담당하는 것으로 일단락되었다. 그런데 이 합의에 대하여 주방장과 사장은 얼마나 만족할까? 아마도 두 사람 모두 다음과 같이 불만족스럽게 생각할 것이다.

주방장 생각
다른 식당에 가면 지금보다 월급을 더 받을 수 있을 텐데, 대충 일하면서 최대한 빨리 다른 식당을 찾아봐야지.

사장 생각

300만 원이면 적은 돈도 아닌데 1년도 안 되어 불만이네. 저 친구는 내보내고, 그 돈에 다른 주방장을 데려와야지.

이후 5개월쯤 뒤에 두 사람은 결별하였으며, 식당은 달라진 음식 탓에 고객은 줄어들어 결국은 문을 닫고 말았다. 다른 곳으로 옮긴 주방장도 월급을 많이 올려 받은 것도 아니었기에, 먼저 식당이 문 닫는 것을 보고 마음이 아프기는 마찬가지였다.

왜 이런 결과에 이르렀을까? 소통(여기서는 협상)을 잘 못했기 때문이다. 식당이든 직장인이든 '지속적인 관계'에 있는 사람들이 '너도 OK, 나도 OK'의 관계가 되려면 서로의 요구가 충족되어야 한다는 점은 전술한 바와 같다.

그런데 위 협상에서 무엇이 잘못되었을까? 서로 다투는 '대립 이해'만을 가지고 밀고 당기기를 했기 때문이다. '공통 이해'와 '별도 이해'를 협상에서 다루지 않은 것이 실패의 원인이 되었던 것이다.

설득과 협상의 고수는 어떤 상황을 만나든 최대한 윈/윈의 합의를 이끌어 내는 사람이다. 이를 달성하기 위한 협상의 기술이 '대립 이해' 한 가지를 가지고 다투지 않는다는 점이다. 밥상의 반찬 가짓수를 늘리는 것처럼 협상의 고수는 'Pie'를 키우는 방법을 사용한다. 그것이 바로 '공통 이해'와 '별도 이해'를 함께 다루는 기법이다.

우리는 여기서 이 '세 가지 종류의 이해'에 대해 먼저 그 뜻을 알 필요가 있다. 아울러 '이해'는 말귀를 알아듣는다는 뜻의 이해(理解)가 아니라, 이익과 손해의 이해(利害)라는 점은 따로 설명이 필요 없을 것이다.

대립 이해(Opposed Interest)

이는 사람들이 협상을 시작할 때 본능적으로 생각하는 이기적 주장을 말한다. 월급을 많이 인상하려는 주방장의 입장과 인상을 안 해주려는 사장의 입장이 이에 해당한다. 한쪽의 이익은 상대방에 손해를 가져오기에 '대립 이해'라고 부른다.

공통 이해(Shared Interest)

이것은 '공유된 이해'라고 부르기도 한다. 주방장과 사장, 혹은 직장의 상사와 직원처럼 지속되는 관계 속에 있는 사람들은 당면한 사항에 대하여 이해가 대립되는 부분이 있지만, 그렇다고 모든 이해가 대립되는 것은 아니다.

말다툼을 하는 부부라도 서로가 건강하기를 바라는 것처럼, 사람들은 특정 이슈에는 다툼이 있지만 다른 이슈에 대하여는 같은 욕구를 가지고 있는 것이 사실이다.

주방장과 사장의 경우에도 서로가 좋은 인연으로 지내고 싶은 것은 동일한 마음이다. 앞으로 식당이 잘되어 주방장 월급도 올라가고 사장의 경영도 성공하기를 바라는 것은 서로가 동일하다. 서로가 동일하게 원하기에 '공통 이해'라고 부른다.

별도 이해(Different Interest)

이는 상대방에게는 아무 영향을 주지 않는 자신만의 욕구이다. 예컨대 은행 대출까지 받아 식당을 시작한 사장에게는 원리금 상환으로 향후 4년이 고비이다. 이 채무를 갚고 나면 6년쯤 후에 식당을 처분하고 고향으로 귀농하고 싶은 인생 후반의 계획을 가지고 있다. 사장만의 '별도 이해'인 셈이다.

주방장의 별도 이해는 무엇일까? 요리를 만드는 것이 자신의 적성에 맞고 고객들도 호평을 하니 보람도 느껴진다. 앞으로 레시피도 더 개발하여 유명 셰프로 성장하고, 언젠가 자금 준비가 되면 자신의 식당을 경영하고 싶다. 주방장만의 별도 이해이다.

유머 하나. 한 기업인이 정치인에게 자동차를 선물하려고 했다.
정치인은 자동차는 뇌물이라 받으면 안된다며 사양했다.
기업인이 말하길 "정 마음에 걸리면 돈을 내고 사십시요."
라고 하며 십만 원이라고 했다. 그러자 정치인이 말했다.
"그럼 두 대 주쇼."

흔히 협상의 'Pie를 키우자.'라는 말을 할 때에 그 뜻을 '동업의 이익을 많이 내자.'와 같은 의미로 해석한다. 하지만 이익을 많이 생성한 후에도 이를 배분할 때에는 다시 대립하기 마련이다. 따라서 'Pie를 키우자.'라는 말의 또 다른 의미는 '대립 이해'만을 가지고 다투지 말고, '별도 이해'와 '공통 이해'를 함께 논의하자는 것이다.

이런 원리를 감안하면서 이제 식당 주방장과 사장의 협상을 다시 시도해 보자. 세 가지의 이해를 함께 테이블에 올려놓고, 서로가 배려와 용기의 대화를 하는 것이다.

이때에도 대화의 순서를 '공통 이해'와 '별도 이해'를 먼저 다루고, '대립 이해'를 나중에 논의하는 것이 효과적이다. 대립 이해를 먼저 다루면 대화 분위기가 경직되고 감정적으로 되기 쉽지만, 공통 이해와 별도 이해를 먼저 다루면 "문제를 함께 풀어 보자."라는 협조적인 분위기가 조성되기 때문이다.

주방장: 죄송하지만 월급을 50만 원 정도 올려 주시기 바랍니다. 물가도 올랐고, 식당이 잘되는 것은 제 솜씨 탓도 있겠지요.

사장: 현재는 각종 비용을 공제하면 간신히 손해를 면할 정도인데, 월급 50만 원 인상보다 다른 방안은 없을까요? 주방장님은 월급 인상 외에 또 어떤 소망이 있습니까?
(주방장의 '대립 이해' 제기에 사장이 '별도 이해'를 환기)

주방장: 유명 조리사로 성장하고, 장차 제 식당을 갖는 것입니다.

사장: 나는 은행 대출을 다 갚고, 애들 대학 졸업하면 6년쯤 후에 식당 정리하고 고향으로 내려갈 계획입니다.
앞으로 식당이 잘되어 함께 돈도 벌고 성공하는 방안을 찾아보면 어떨까요? 좋은 생각 있으면 말해 보세요. (공통 이해를 강조)

주방장: 그럼 50만 원 인상 대신에 앞으로 추가로 늘어나는 순익을 6:4 정도로 나누면 어떨까요? 그러면 저도 의욕이 높아질 것 같아요.

사장: 그러면 서로가 윈/윈이 되겠네요. 주방장이 신바람이 나면 맛집으로 소문이 나고, 순익이 크게 늘어 우리 둘 다 돈을 벌게 되겠군요. 그리 되면 7년 후에 나는 귀향하고, 주방장

이 이 식당을 인수하는 방안을 목표로 해 봅시다.

주방장: 그렇게 되도록 함께 최선을 다해 식당을 키워 보시지요.

이후 식당의 음식은 더욱 맛있어지고 고객은 계속 늘어나 성공하는 식당이 되었을 것은 안 봐도 비디오다. 월급 인상이라는 대립 이해를 가지고 다투기보다, 공통 이해와 별도 이해를 함께 논의하였기 때문이다. 이처럼 협상의 Pie를 키우는 소통을 하면 윈/윈의 합의에 이를 가능성이 크게 높아진다.

지속적 관계와 윈/윈 합의의 가능성

식당 종업원이든 직장인이든 협상에서 자신의 이익을 관철하려는 것은 모든 사람의 본능이다. 그럼에도 불구하고 서로에게 윈/윈이 되는 합의가 가능하다고 주장하는 근거는 무엇일까? 여기에는 다음의 두 가지 이유가 존재한다.

첫째, 사람마다 욕구가 다르다

오렌지를 두고 다투는 두 자매의 경우에 언니는 얼굴 마사지를 위해 껍질을 원하지만, 동생은 먹기 위해 알맹이를 원하고 있다. 이 사례가 시사하는 것처럼 직장인의 경우에도 각자가 원하는 욕구가 조금씩 다르기 마련이다.

승진을 최우선으로 추구하는 직원이 있는가 하면, 특정 분야의 전문가로 성장하려는 직원도 있다. 초과근무로 좀 더 많은 돈을 받으려는 직원이 있는가 하면, 정시에 퇴근해 가정에 충실하고 싶은 직원도 있다.

이처럼 사람마다 다른 욕구는 결국 서로 주고받을 수 있는 '별도 이해'가 되어 협상의 Pie를 키울 수 있게 된다.

둘째, 양보의 상호성이 작동한다

사람들은 '신세를 졌으면 다음에 이를 갚으려는 심리'를 가지고 있다. 이를 로버트 치알디니(R. Cialdini)는 《설득의 심리학》에서 '상호성의 법칙'이라고 하였다[15].

필자가 경험한 한 가지 사례를 보자. 기타를 배우고 싶어 동호회비 20만 원을 입금하고서 연습장에 나갔는데 별로 흥이 나지 않아 2주 만에 중단하고 말았다. 회비는 떡 사먹은 것으로 생각하면서……. 그런데 수개월이 지난 후에 동호회로부터 과일 택배가 왔다. 동봉한 편지에 "회비를 내셨으니 감사로 선물을 드립니다."라고 쓰여 있었다.

직장에서나 친구관계에서처럼 지속적 관계에 있는 상대방에게 내가 어떤 양보를 하면 대부분의 경우에 보답이 돌아온다. 이런 원리를 감안하여 협상의 고수들은 때로 '대립 이해'에 대해 상대방에게 양보를 하기도 한다. 당장은 손해이지만 다음에 더 많은 보상으로 돌아오는 경우가 있기 때문이다. "제대로 된 장사꾼이 되려면 당장의 이윤을 쫓지 말고 사람을 남겨야 한다."는 거상들의 비결도 같은 원리가 아니겠는가?

이런 윈/윈의 협상 원리는 직장에서도 얼마든지 활용할 수 있다. 담당 업무의 변경이나 인사평가의 불만 등 직장인들이 수시로 경험하는 갈등상황을 연상해 보자.

부장: 이번에 승진을 기대했을 텐데 뜻을 못 이뤄 섭섭하지요?

과장: 솔직히 매우 섭섭합니다.

부장: 이번에 동료에게 양보를 했다고 생각해 주면 좋겠고, 최 과
　　　장의 다른 희망사항에 대해 내가 도와줄 부분은 없을까요?

과장: 야간 대학원을 다니는데 ……을 배려해 주시면 좋겠습니
　　　다.

　　이상의 논의가 우리에게 남기는 메시지는 무엇일까? 직장이든 사
생활이든 살아가면서 수시로 봉착하는 이해충돌 상황에서 윈/윈 합의
의 가능성은 의외로 많다는 점이다.

　　나아가 "어떻게 하면 상대방을 제압할까?"가 아니라, "어떻게 하면
나도 O.K, 상대방도 O.K 하는 방안을 찾을까?"를 모색하라는 것이다.
그리고 서로가 진지하게 배려와 용기의 소통을 하면 제3의 만족스러
운 방안을 찾을 수 있다는 말이기도 하다.

의견 대립 시의 우호적 설득기법

　　협상의 자리이든 또는 업무회의 자리이든 서로의 의견이 일치하면
"좋은 생각입니다. 그렇게 하십시다."라고 웃으며 대화를 끝낼 수 있
다. 하지만 서로의 주장이 접점을 찾지 못할 때에 나의 주장을 어떻게
표현하느냐가 갈등해결의 분수령이 된다.

"아! 다르고, 어! 다르다."라는 말이 있는 것처럼 같은 내용이라도 표현 방법에 따라 상대방에 미치는 영향이 달라진다는 것은 상식이다. 그런데 특히 단어 선택에 조심해야 할 순간은 상대방의 요청을 내가 거절해야 되는 상황이다.

Yes and 대화법

교수가 강의실에서 학생들에게 새로운 이론을 소개하는 상황을 생각해 보자. 이때에 교수가 의견을 표현하는 방법에는 다음의 두 가지가 있을 수 있다.

> 방법 A: 오늘 소개하는 이론은 그동안의 이론과 180° 다르기 때문에 기존 것은 완전히 무시하고 백지의 마음으로 학습하기 바랍니다.

> 방법 B: 그동안 우리는 X가 Y로 발전한다고 알고 있습니다. 새로운 이론은 X가 Y가 될 때가 있고, 안 될 때도 있다는 발견입니다. 그 차이를 알기 위해 기존 지식과 대비해 가며 공부해 봅시다.

방법 A는 기존 것을 '단절'시키는 방법이며, 방법 B는 기존의 것을 '연결'시키는 방법이다. 후자를 '연결의 대화법' 또는 'Yes and 대화법'이라고 하며, 상대방이 기분 나쁘지 않게 내 의견을 표현하는 설득 대화의 중요한 원리이다.

사람은 누구나 자신의 생각이나 지식에 대하여 옳다고 믿고 있으며 지키고 싶은 방어기제가 있다. 여기에 "기존 것은 완전히 잊으라."는 단절의 표현은 설득의 원리에 역행하는 것이다.

아울러 단절의 화법을 사용하면 대화의 분위기도 감정적이 되어 상대방의 수용적 협조를 얻어 내기가 어려워진다. 단절의 방법으로 말할 때에 분위기가 어떻게 되는지 다음의 대화에서 살펴보자.

직원: 개인별 담당업무를 2년마다 바꿔 주시면 좋겠습니다.
팀장: 2년마다 바꾸면 전문성이 길러지지 않습니다.
직원: 저는 남들이 기피하는 업무를 3년째 맡고 있는데요.
팀장: 적성에 맞는 업무를 하는 사람이 얼마나 되겠어요?

커뮤니케이션 학자인 와이만(G. Wiemann)은 "대화에서 상대방이 이전에 한 말을 인용하면서 자신의 말을 이어 가는 연속적인 대화법을 사용할수록, 상대방에게 말 잘하는 사람으로 인식된다."라고 하였다.

연속적 표현을 한다는 것은 상대방이 한 말의 가치를 인정해 주는 것이기에 상대방도 협조자의 태도로 바뀌게 된다. 그리고 당면한 문제를 함께 해결해 보자는 분위기로 바뀌어 긍정적인 소통이 가능해지는 것이다.

반면에 방법 A와 같이 상대방의 의견을 연결하지 않거나 무시하면 우호적인 설득은 어렵게 된다. 웃고 넘어갈 수 없는 것은 이런 방식의 대화가 오늘도 전국의 많은 직장에서 이루어지고 있다는 점이다.

따라서 관계와 소통을 공부한 우리가 앞으로 '연결형 대화'를 습관적으로 사용하면 얻게 되는 열매도 그만큼 커지게 된다.

> 사람의 정이란 나무 키우는 것과 한 가지라. 그저 성심껏
> 물 주고 보살피고 믿어 주면 어느새 잎사귀도 나고,
> 꽃도 피고, 언제 그렇게 됐는가 싶게 열매도 여는 것이다.
> −최명희, 혼불−

설득 고수의 PCS 대화법

팀장: 업무 효율을 높이는 방안을 말해 보세요.

직원: 외근 후에 매일 활동일지를 써야 하는데, 이를 없애면 좋겠습니다.

팀장: 그건 안 됩니다. 실적을 관리하지 말라는 것과 무엇이 다릅니까?

팀장의 이런 말을 들었을 때에 직원은 어떤 기분이 들겠는가? "아니, 없애지 못할 이유가 뭐지? 의견을 말해 보라고 하고서 결론은 자기 마음대로야. 다음부터 말을 하나 보자."

직원의 기분이 나빠진 이유는 팀장이 'No and' 방법으로 말을 했기 때문이다. 하지만 이처럼 상대방의 요청을 거절해야 하는 상황에서도 상대방의 기분을 언짢지 않게 말하는 방법이 있다. 그것은 연결형 소

통인 'Yes and' 대화의 원리를 직장에서 쉽게 활용할 수 있도록 공식으로 만든 'PCS 대화'이다.

PCS는 영어의 Positive(장점), Concern(염려), Suggestion(제안)의 첫 글자에서 비롯된 명칭이다. 또한 장점, 염려, 제안의 앞 글자를 따서 '장염제' 대화라고 부르기도 한다[5].

의견충돌의 상황에서 흥분하지 않고 다음과 같이 PCS의 순서로 말하면 설득의 고수에 한 발 가까워진다.

(1) 상대방의 의견에 장점이나 일리가 있는 부분을 인정하고 포용해 준다. (P)

(2) 상대방의 의견대로 될 때 예상되는 문제점이나 염려사항을 설명한다. (C)

(3) 염려사항을 피해 갈 수 있는 자신의 의견을 제안한다. (S)

상대방의 요구를 반대해야 하는 상황이기에 자칫하면 상대방의 기분을 상하게 하기 쉽다. 이때에 "말도 안 되는 생각이다."등의 단절의 말을 하는 것이 아니라 "어떤 내용인지 알겠습니다." 등의 연결의 말을 먼저 해 주는 것이 비결이다.

'Yes and' 연결형 대화의 Yes에 해당하는 부분이 Positive(장점), 즉 상대를 포용하는 말을 해 주는 것이며, 이것이 PCS 대화의 가장 중요한 부분이다. 그 다음의 염려사항(Concern)이나 제안(Suggestion)은 사람들이 이미 많이 하는 부분이기에 크게 새로울 것이 없다고 할 수 있다.

따라서 의견이 충돌하여 감정이 고조되기 직전에 딱 5초만 참자. 일단 상대방의 말을 경청하고 포용의 말을 먼저 해 주는 것이 '거절의 말을 부드럽게 표현하는' 분수령이 된다.

PCS 대화는 직장에서의 업무적 대화에서뿐만 아니라 가정에서도 100% 효과를 볼 수 있다. 중학생 자녀가 갑자기 학교에 안 다니겠다고 말하는 황당한 상황을 가정해 보자.

자녀: 학교 다니기 싫어요. 내일부터 집에서 공부할 거예요.
엄마: 네가 정신이 있니? 없니? 그게 말이 되는 소리야?
자녀: 고민 끝에 내린 결정이니 엄마가 뭐라 해도 소용없어요.

자녀의 철없는 말에 엄마는 순간 이성을 잃고 난리를 치고 있다. 자녀의 입장을 경청하고 끌어안는 포용의 말을 하는 것은 찾아볼 수가 없다.

'Yes and'의 원리를 공부한 사람이라도 이처럼 뜻밖의 말을 들으면 침착하기가 어려울 것이다. 하지만 PCS처럼 기억하기 쉬운 공식을 알고 있으면, 당황스러운 상황에도 차분하게 대응할 수 있는 능력이 생긴다.

상대방 포용(Positive)이 분수령

자녀이든 직장의 동료이든 누군가 어떤 주장을 할 때에는 반드시 나름의 이유가 있게 마련이다. 예컨대 엄마의 생각에는 자녀의 의견이 터무니없게 들리지만 자녀에게는 분명 그럴 만한 사정이 있지 않겠는가?

비록 그 이유에 내가 동의할 수는 없어도 상대방 입장에서는 고민 끝에 내린 판단이라는 것은 사실이다. 그 점을 포용하는 말을 먼저 해주면(P), 감정을 알아주었기에 상대방은 차분해지며, 내 말을 경청해 주는 모드로 바뀌게 된다.

> 자녀: 학교 다니기 싫어요. 내일부터 집에서 공부할 거예요.
> 엄마: 왜 그런 말을 하지? 엄마가 모르는 사정이 있는 모양이지?
>   (P)
> 자녀: 친구가 괴롭혀서 공부에 집중할 수 없어요.

"엄마가 모르는 사정이 있는 모양이지?" 이 얼마나 마술 같은 언어인가? 갈등해결의 슬로건인 "감정을 알아주면 갈등은 해결된다."라는 말을 상기하자. PCS 대화의 P(장점)가 바로 그 역할을 하는 것이다.

> 유머 하나. 어떤 사람이 처음 보는 목사에게 말했다.
> "죄송하지만 저는 목사님이 약장수인 줄 알았습니다." 목사가
> 웃으며 말했다. "약장수 맞아요. 신약도 팔고 구약도 팝니다."

상대방이 엉뚱한 주장을 하는 상황에서도 잠깐만 마음을 가다듬고, 상대방의 입장을 들어 보고 포용해 주는 말을 해 보자. 그러면 상대방이 감정을 가라앉히고, 나의 의견을 들을 상태로 바뀌는 것을 볼수 있다.

그런 후에 상대방 의견대로 될 때에 예상되는 문제점이나 염려사항 (Concern)을 설명하고, 이어서 염려사항을 피해 갈 수 있는 자신의 의견을 제안(Suggestion)하는 것이 순서이다.

자녀: 친구가 괴롭혀서 공부에 집중할 수 없어요.

엄마: 그런 일이 있었구나. 학교 가기 싫은 이유를 이제 알았다. (P)

하지만 집에서 공부하면 친구 사귐이 단절되고, 엄마가 불안하고 ……등 새로운 문제점들이 있단다. (C)

우선 엄마가 선생님과 상의해서 방안을 찾아보면 어떨까? (S)

학교에 안 가겠다는 중학생에게도 그럴 만한 사정이 있는데, 하물며 직장에서 상대방이 하는 주장에 어떤 사정이 있지 않겠는가? 들어 보면 때로 납득이 되지 않는 내용도 있겠지만, 이때에도 포용(P)의 말을 먼저 해 주는 것은 언제나 가능하다.

다음은 업무가 많아 인력 보충을 건의하는 직원의 말을 리더가 거절해야 하는 상황이다. 리더가 일방적인 거절이 아니라 PCS 대화로 말할 때에 나타나는 긍정적인 설득 분위기를 느껴보자.

직원: 일이 많아 정시 퇴근을 못 합니다. 단기 직원이라도 충원해 주십시오.

리더: 일이 많아 인력보충이 필요하다는 점을 공감합니다. (P)

다만 인건비 증가와 해고시의 제약사항이 따릅니다. (C)

직원: 그러면 적절한 해결책이 없다는 것입니까?

리더: 당분간 야근을 하고 프로젝트가 끝나면 절약한 인건비만큼의 보상을 해 주면 어떨까요? (S)

실제 PCS 대화를 하다 보면 제안(Suggestion)의 단계에서 마땅한 방안이 생각나지 않을 때도 있다. 이런 경우에는 질문으로 상대방에게 공을 넘겨줘도 좋다.

혹 좋은 해결방안이 있으면 말씀해 주겠습니까?
당장 묘안이 생각나지 않는데, 수일 후에 다시 상의할까요?

PCS 대화법을 모르는 상태에서 상대방과 의견이 다를 때에 사람들은 어떻게 말할까? 상대방을 포용하는 P의 말을 하지 않는다. 포용하는 말을 하면 그 요구를 들어줘야 한다거나 또는 상대방 논리에 말려들 것을 경계하기 때문이다. 결국은 상대방의 의견에 일부 공감되는 내용이 있어도 이를 모른 체하며, 자신의 논리만 강하게 주장하는 모습이 된다.

협상과 설득, 커뮤니케이션에 대한 연구와 교육으로 유명한 곳이 미국의 하버드대학교 Law School이다. 법적 분쟁을 소송으로 해결하기보다 대화로 해결하는 것이 낫다는 배경에서이다.

이곳에서 '설득의 고수는 어떻게 소통하는가?'에 대한 연구를 하였는데, "설득의 고수는 대화시간의 70%를 경청하는 데 사용하며, 특히 상대방의 감정을 공감해 준다."라는 것이 밝혀졌다[70].

얼핏 생각하면 논리로 무장되어 청산유수로 자기주장을 펼치는 사람이 설득에 성공할 것 같지만, 연구결과는 그 반대이다. 자기주장을 강하게 펼치는 사람일수록 설득효과가 떨어지는 현상이 나타나는데, 그 원인은 상대방의 반발 심리가 작동하기 때문이다.

직장에서도 리더가 직원의 말을 공감적으로 경청하지 않고, 자신의 의견을 강조하면 직원에 대한 설득 효과는 떨어진다. 심지어 리더의 의견이 논리적으로 맞는 경우에도 직원의 입장에서는 협조하고 싶지 않은 반감이 생기기도 한다.

내 말은 들어 보지도 않고 자기 말만 하네…….
그래 당신 잘났다. 혼자 잘해 보시지.

상대방의 감정을 알아주는 것(P)은 상대방의 입장에 동의하는 것이 아니라는 것을 기억하자. 더글러스 스톤(D. Stone)은 《대화의 심리학》에서 "상대방의 감정을 인정해 주는 것과 의견에 동의하는 것은 전혀 별개의 문제이다. 상대방의 말에 동의는 할 수 없어도 그 사람이 느끼는 감정은 공감해 줄 수 있기 때문이다."라고 하였다[12].

설득력 있는 소통에서 최대 실수는
당신의 견해와 감정표현에 우선 순위를 두는 것이다.
사람들이 원하는 것은 자신의 마음을 알아주는 것이다.
−데이비드 번스−

직장의 업무회의에서 발언하는 직원의 입장을 생각해 보자. 리더의 생각에 찬성하지 않는 의견이라면 상당히 긴장해서 말을 하는 순간이다. "이 말을 할까? 말까?" "부장님이 싫어할 텐데." 이런 고민을 무릅쓰고 용기를 내어 말한다고 보면 틀림이 없다.

이때에 리더가 직원을 포용하는 말을 하지 않고 면박을 주면 앞으로의 원활한 쌍방소통은 물 건너가고 만다. 다음은 직원의 마음을 섭섭하게 하는 리더들의 말이다.

그것은 동의할 수 없고……．
여러 소리 하지 말고, 내 의견대로 하세요.
그건 아니지요.

하지만 직원의 요청을 거절해야 하는 상황에서도 PCS로 말하면 직원은 협조자로 바뀐다. 비록 자신의 건의가 채택되지 않아도, 리더의 애로나 제약사항을 듣고 나면 "아! 그런 사정도 있겠구나."라고 이해하게 된다. 그리고 당면 과제를 함께 해결해 보자는 파트너의 자세로 바뀌는 것이다.

나아가 PCS 대화는 고객이나 가족 등 직장 밖의 상황에서도 동일하게 사용할 수 있다. 의견충돌로 화가 나는 순간을 만나면 심호흡을 한 번 하고서 상대방의 의견을 들어 보자. 그리고 상대방의 주장이 애매하면, "어떤 내용인지 좀 더 말씀해 주시겠어요?"라고 질문을 해도 좋다.

상황에 따라 상대방의 입장을 알기 어려운 때도 있다. 예컨대 회사 제품에 불만인 고객이 "더 이상 말하기 싫어요."라고 한다면 불만의 이유를 알 수 없다. 이때에도 마술처럼 상대방의 화를 가라앉히는 Positive의 표현이 바로 "그럴 만한 사정이 있겠지요."이다.

요즈음 많은 기업에서 고객센터를 운영 중인데, 업무의 상당 부분이 화가 나서 항의를 하는 고객을 응대하는 일이다. 이때의 요령이 "무조건 들어줘라. 다투지 말고 계속 들어줘라."이다. 이러한 고객 응대법은 PCS 대화의 P가 효과가 있다는 것을 경험적으로 알았기 때문일 것이다.

회의에서 조리 있게 말하기

대화 능력에는 '잘 경청하는 것'이 50%라면, 나머지 50%는 '조리 있게 말하는 것'이다. 앞에서 살펴본 PCS 대화도 말하는 방법에 대한 것인데, 이는 의견이 서로 달라 갈등을 느끼고 자칫 감정적이 되기 쉬운 상황에서 우호적으로 말하는 기법이다.

이제 '감정이 개입되지 않은' 업무적 회의에서 내 의견을 조리 있게 제안하는 방법에 대해 살펴보자. 감정 개입이 없는 업무적 의견이라면, 예컨대 직장 상사에게 아이디어를 제안하여 승인을 받아 내는 경우 등이다.

1:1의 대화이든 또는 확대회의처럼 다수가 참여하는 회의이든, 자신의 제안을 조리 있게 말하는 능력은 성공하는 직장인의 필수적인 역량이다. 일목요연하고 지루하지 않게 요지를 말하면 회의 참석자 모두로부터 좋은 인상을 받을 수 있게 된다.

유머 하나. 은행 직원이 "다음 분!" 하고 한 남자를 불렀다. "이름이 어떻게 되시죠?" "월월월리엄 제제제임습니다."

"긴장하지 마시고 천천히 말씀하세요." 남자가 대답했다.

"제가 아니고, 제 아버지가 출생신고 때 긴장한 거예요."

직장인들 중에는 업무회의나 1:1 대화에서 비체계적으로 말하는 사람이 의외로 많다. 바쁜 업무시간에 이런 사람의 말을 듣고 있으려면 시간이 아깝고, 요점을 알기조차 어려워 고역으로 느껴진다.

이런 경우에 말하는 사람의 표현방법에 어떤 문제점이 있을까? 이들이 말하는 방법을 분석해 보면 보통 다음과 같은 모습들이 발견된다.

➤ 시간은 부족한데 장황하게 말하는 사람
➤ 무슨 말을 하는지 요점이 모호한 사람
➤ 객관적 근거가 없이 자기 주장을 말하는 사람
➤ 가슴에 울림이 없이 무미건조하게 말하는 사람

이런 네 가지의 지적을 피하면서 조리 있게 말한다는 평가를 들을 수 있는 설득의 방법이 있다. 이는 아리스토텔레스의 수사학에서부터 오늘날의 설득이론에 이르기까지 많은 연구들에 바탕을 두고 있는데, 바로 'PREP(프렙) 화법'이라는 것이다.

PREP(프렙) 화법은 다음 영어 단어의 첫 글자에서 비롯된 명칭이다. 이 순서대로 말하면 상대방을 대화 속으로 몰입하게 하며, 설득에 성공하여 상대방의 동의를 받아 낼 가능성이 크게 높아진다.

(1) Point(요점): 요점이나 결론을 먼저 말한다.
(2) Reason(이유): 주장의 이유를 제시한다.

(3) Example(예화): 예화를 들어 주장을 보충한다.

(4) Point(요점): 요점이나 결론을 다시 강조한다.

간단한 사례를 들어 보자. 코로나19 시기에 대학생이 학교 측에 등록금 감액을 주장하는 경우에 PREP의 순서대로 요점만 말한다면 다음과 같이 된다.

> 이번 학기 등록금 50%를 환불받아야 한다고 생각합니다. (P)
> 코로나19로 수업의 80%가 사이버강의로 진행되었기 때문이며, (R)
> K 대학 등 다른 대학들도 등록금 50%를 환불해 주었습니다. (E)
> 따라서 우리도 50%의 등록금 환불은 되어야 한다고 믿습니다. (P)

위와 같이 PREP 화법으로 말하는 방법과 두서없이 말하는 사람들의 방법 사이에는 어떤 차이가 있을까? 중요한 차이는 다음의 두 가지이다. 첫째, PREP에서는 요점이나 결론(Point)을 먼저 말하며, 둘째, 예화(Example)를 들어 스토리텔링으로 말함으로써 상대방을 몰입하게 만든다는 점이다.

주장의 근거(Reason)를 제시하거나, 마무리에 결론(Point)을 다시 말하는 것은 이미 우리가 하는 방식이며 크게 새로울 것이 없다. 이하에서 PREP의 네 가지 순서로 말하는 것이 어떤 장점이 있는지 단계별로 살펴보자.

첫째, 요점이나 결론(Point)을 먼저 말한다

우리는 학생시절부터 글쓰기나 말을 할 때에 서론, 본론, 결론의 순서를 따라야 하는 것이 원칙이라고 배웠다. 하지만 이 순서는 바쁘게 돌아가는 직장의 업무 대화에서는 시간낭비가 되기 쉽다.

요점을 먼저 말하면 시간 절약도 될 뿐만 아니라 처음에 요점을 강조하는 '초두 효과(Primary Effect)'를 가져올 수 있다. 아리스토텔레스는 "말하려는 것을 도입부에서 단도직입적으로 말해야 한다. 청중은 도입부에서 가장 집중하고 다른 부분에서는 대부분 산만해지기 때문이다."라고 하였다[37].

소통에서 초두 효과가 중요하다는 것을 솔로몬 애쉬(S. Asch)는 실험으로 밝힌 바 있다. 그는 연구에서 실험 참가자들에게 다음과 같은 방법으로 두 사람을 다르게 소개해 보았다.

A: 똑똑하다, 근면하다, 충동적이다, 고집스럽다, 질투심이 많다
B: 질투심이 많다, 고집스럽다, 충동적이다, 근면하다, 똑똑하다

그리고 나서 실험 참가자들에게 두 사람에 대한 호감도를 물었다. 이에 대해 참가자의 대부분은 A에게는 호감을, B에게는 비호감을 나타냈다.

똑같은 단어를 순서만 바꿨을 뿐인데 A는 '똑똑하다' 등 긍정적인 단어가 처음에 나오며, B는 '질투심이 많다' 등 부정적인 단어가 처음에 나온 것이 영향을 미친 것이다. 이처럼 처음 단어의 영향이 큰 것을 '초두 효과'라 부른다.

PREP 화법에서 Point를 먼저 말하는 것도 바로 초두 효과를 염두에 둔 것이다. 이런 점을 고려한다면 직장의 업무적 소통에서 서론부터 말하는 것은 효과적 방법이 아니라는 것을 알 수 있다.

물론 업무적 소통에서도 서론부터 말하는 것이 필요한 예외적인 경우도 있다. 예컨대 상대방이 외부고객으로 대화주제에 대한 사전지식이 전혀 없는 경우에는 서론으로 배경정보를 설명해 줘야 할 것이다.

그 외의 경우에는 서론을 생략하는 것이 정답이다. 직장의 일이란 과거부터 쭉 이어지는 연속적인 내용이며, 구성원들도 내용을 계속 공유하여 왔다. 따라서 요점만 말해도 상대방은 무슨 말인지 대부분 이해할 수 있기 때문이다.

서론부터 길게 설명하는 사람의 말을 들으면서 따분하게 느끼지 않은 직장인은 없을 것이다. 이때에 성격이 급한 상사는 "말하고자 하는 요점이 뭐요?"라고 중간에 끊기도 한다. 하지만 요점을 먼저 말하면 참석자들로부터 조리 있게 말한다는 평가를 받을 수 있다.

유머 하나. 국회의원이 연설을 마치자 기자들이 물었다. "이슈에 대한 당신의 입장이 찬반 어느 쪽인지 애매합니다." 국회의원이 대답했다. "그렇게 들리게 하느라 연구 많이 했소."

PREP의 순서로 말하면 또 다른 장점이 있다. 다수가 참석한 회의에서는 내가 말하는 중간에 누군가가(주로 상사) 끊고 들어오는 경우가 있다. 이런 상황을 만났을 때에도 요점은 이미 말한 상태이기에 최소한 본전은 챙긴 셈이다. 반면에 서론부터 말하다가 누군가의 개입으로 자신의 말이 끊기면 손해 본 느낌이 들게 마련이다.

둘째, 주장의 이유(Reason)를 제시한다

자신이 주장하는 내용의 신뢰성을 높이려면 근거와 팩트가 있어야 한다는 것은 당연한 이치이다. 로버트 치알디니(R. Cialdini)가 《설득의 심리학》에서 '객관적 증거'가 있을수록 설득이 쉬워진다고 강조한 것도 같은 이유에서이다[15].

3/4분기의 정부 통계에 의하면…….

금년도 미국 가전전시회 동향에 비추어 볼 때…….

연초에 CEO께서 지시하신 내용을 보면…….

이와 다르게 말하는 것이 '근거가 없이' 자기주장을 하는 방법이다.

과거의 제 경험에 의하면…….

저의 느낌으로는…….

저를 믿지 못합니까?

자신의 말을 믿어 주지 않는다고 섭섭하게 생각할 것이 아니라 믿음이 가도록 이유를 제시해야 하지 않겠는가? 논리적 근거가 없이 말할수록 '조리 있게 말하는 사람'에서 멀어지게 된다.

셋째, 예화(Example)를 들어 주장을 보충한다

예화는 객관적 자료가 아니라 '주관적 스토리텔링'을 의미한다. 역사책에 나오는 사건과 인물을 단순히 암기하면 잊어버리지만, 드라마와 이야기 즉 스토리로 들으면 가슴으로 느끼고 오랫동안 기억할 수 있다.

우리의 뇌에는 '거울 뉴런(Mirror Neuron)'이란 것이 있다. 타인의 스토리를 들을 때 자신이 경험하는 것처럼 감정이입이 되어 활성화되는 세포이다. 소통에서 상대방의 머리가 아니라 가슴까지 움직이려면 스토리텔링을 해야 하는 이유가 여기에 있다.

> 인간의 인지구조는 단편적으로 나열된 정보보다
> 이야기에 담겨 있는 정보를 잘 기억한다.
> −로져 샹크−

PREP의 두 번째인 '주장의 이유' 단계에서 말한 근거는 요리에 비유하면 음식의 재료에 해당한다. 반면에 '예화'에 의한 스토리텔링은 요리를 먹으며 행복감을 느끼게 하는 것과 같다.

아리스토텔레스의 《수사학》에 나오는 예화를 한 가지 살펴보자. 부정부패로 비난을 받아 코너에 몰린 정치인 아이소포스가 시민들에게 연설을 하고 있다[37].

여우가 걷다가 돌 틈새에 끼었는데, 허우적대던 여우에게 벼룩이 들러붙어 괴롭혔습니다. 이를 본 고슴도치가 벼룩을 없애 주겠다고 했지만, 여우는 거절하면서 이유를 말했습니다. "벼룩들은 이미 내 피를 많이 빨아먹어서 앞으로는 조금씩 빨아먹겠지만, 이 벼룩들을 쫓아 버리면 굶주린 다른 벼룩들이 와서 남은 피를 다 빨아먹겠지."

이런 이야기를 들려준 후에 아이소포스는 분노한 그리스 시민들에게 계속해서 말을 이어 갔다.

사모스 사람들이여! 여러분도 이제는 저에게 피해를 볼 일이 없습니다. 저는 이미 부자이기 때문입니다. 하지만 만일 저를 죽인다면, 다른 지도자가 와서 여러분의 남은 재산도 빼앗아 갈 것입니다.

그럴듯하지 않은가? 아이소포스는 결국 살아남았다. 만약 스토리텔링을 하지 않고 사실 나열식으로 논리를 주장하였다면, 군중들은 이야기에 빠져들지 않으며 "집어치워. 죽여라."라고 외쳤을 것이다.

오늘날 신문기자가 기사를 쓸 때에도 반드시 따르는 기법이 있다. 팩트와 현장의 스토리를 연결하는 방식이다. 예컨대 금리인상으로 자영업자의 어려움을 보도하는 경우라면 금리변동 등 근거와 팩트를 먼저 제시한다. 그리고 여기에 현장의 실제 스토리를 연결하는 방식으로 기사를 작성한다.

대전에서 7년차 식당을 운영하는 박○○ 씨는 작년에 비해 금년의 이자부담이 월 70만 원이 늘었으며, 더 이상 감당이 어렵다고 하소연한다.

신문 독자이든 직장인이든 설득을 할 때에 통계, 법령 등의 근거와 팩트만 나열하면 듣는 사람이 내용에 빠져들지 않는다. 머리로는 맞는 내용이지만 가슴에 울림이 없기에 하품이 나오기 직전이다.

이점을 발견하고 아리스토텔레스는 신통하게도 2400여 년 전에 《수사학》에서 "훌륭한 연설을 하려면 상대방의 파토스(Pathos, 감정)를 터치해야 한다."라고 강조하였다.

넷째, 마지막에 요점(Point)을 다시 강조한다

사람의 두뇌는 입력되는 정보를 모두 기억하지 않고 임팩트가 큰 것을 주로 기억하는데, 그 임팩트는 정보취득의 시간에 의해서도 좌우된다.

단기기억 때문에 중간의 정보는 잊어버리고 주로 처음 정보와 최신의 정보를 많이 기억한다. 이 때문에 주장을 펼칠 때에는 요점을 먼저 말하고(초두 효과), 주장을 마무리할 때에 요점을 다시 압축해서 말하는 것이 필요하다.

마무리의 요점을 제시할 때에는 처음과 내용은 동일해야 하지만 용어와 표현은 조금 다르게 해도 무방하다. 그러면 처음과 동일한 요점을 환기시키면서 듣는 사람에게 단조롭지 않게 전달하는 장점이 나타난다.

이상에서 살펴본 PREP 화법의 네 가지 단계별 원리를 반영하여, 직장에서 상무가 사장에게 업무건의를 하는 대화를 살펴보자.

> 상무: 품질관리시스템을 AI 기반으로 구축하면 좋겠습니다.
> (Point)
>
> 사장: 갑자기 무슨 소리요?
>
> 상무: 지난 3년간 품질문제로 발생한 비용이 30억 원 정도 되는데, AI 기반에 3억 원을 투입하면 ……효과가 예상됩니다.
> (Reason)
>
> 사장: (시계를 보며 지루한 듯) 주변의 사례들은 있어요?
>
> 상무: 지난주 K대학의 경영대학장 ○○○ 교수를 만났습니다. 그는 국내외 50여 기업들을 현장 방문하면서 AI 기반의 효과를 조사하였는데, 평균 65% 비용 절감이 되었다며 저에게도 강력 추천했습니다. (Example)
>
> 사장: (자세를 세우며) 그래요?
>
> 상무: L사, K사 팀장에게 알아보니 그들도 전환 중이었습니다. (Example) 사장님, 우리도 AI로 전환하면 성공하리라 믿습니다. (Point)
>
> 사장: 알았습니다. 세부 추진계획을 세워 보세요.

아마도 사장은 이렇게 보고한 상무를 조리 있게 말하는 간부로 인식할 것이다. 근거가 있을 뿐만 아니라 스토리텔링을 하여 설득에 빠져들게 하였기 때문이다.

반면에 우리 주변의 직장인들은 어떤 모습일까? 대부분 PREP으로 말하지 않는다. 요점만 말해도 알 만한 사항을 지루하게 말하는 사람이 대부분이다. 예화(Example)를 들지 않고 데이터와 자기 생각을 건조하게 말하는 경우가 많다. 이러한 말을 듣고 있으려면 자꾸 시계를 보게 되며, 여럿이 참여한 회의라면 "이런 회의를 왜 하지?"라는 불평이 나오기 십상이다.

직원들에게도 알려 주자

이제 리더들은 자신이 PREP으로 말하는 것을 넘어서 직원들에게도 이 방식의 장점을 가르쳐 주고, 그렇게 말해 주기를 요청하는 것이 필요하다. 그것 또한 직원을 성장시키는 리더의 역할이 아니겠는가?

혹 직원들에게 PREP의 네 단계 모두를 반영하라고 하면 힘들어 할 수도 있다. 그때는 '결론(P)'을 먼저 말하고, 다음에 '이유(R)' 설명하는 PR까지만 가르쳐 줘도 적절하다. 그것만으로도 서로의 시간을 절약하게 만들고, 효과적 소통으로 조직의 성과증진에도 기여하게 될 것이다.

6장

MZ 직원을 내 편으로
만드는 정서적 소통

앞에서 우리는 '상사에 인정받고 우호적 소통하기', '부하 직원의 코칭과 동기부여', '업무적 소통과 설득의 기술'에 대하여 살펴보았다. 세 가지 모두 직장의 업무와 관련된 상황에서 어떻게 소통할 것인가에 관한 내용들이다.

이제 6장에서는 2000년생 신입 직원이나 까칠한 성격의 MZ 직원까지 내 편으로 만들고, 이를 바탕으로 툴툴거리지 않고 협조적으로 일하게 만드는 정서적 소통기법을 살펴보고자 한다.

참고로 직장에서 리더가 직원들과 나누는 대화는 '업무적 소통'과 '정서적 소통'의 두 가지로 구분할 수 있다. 누구나 알듯이 업무적 소통은 리더가 업무를 상의하거나 토론을 하고, 직원의 보고서를 검토할 때 이루어지는 대화 등을 지칭한다.

반면에 정서적 소통은 업무와 관련성이 없는 대화이다. 직원이 회사나 상사에 대해 가지고 있는 불만이나 고충, 건의사항 등의 숨겨진 감정을 오픈할 수 있도록 하는 대화이다. 이런 대화가 이루어지기 위해서는 업무적 소통에서는 하지 않았던 '추가 질문'과 '감정 반사' 등의 소통 스킬을 리더가 발휘해야 한다. 따라서 정서적 소통은 서로 간에 유대감과 친밀감을 형성하게 되는 대화이며 업무적 소통보다 실행하기가 더 어려운 측면이 있다.

필자가 교육장에서 만나는 리더들에게 "당신은 직원들과 소통을 잘하고 있습니까?"라고 물어보면, 대부분 "그렇다."라고 대답한다. 주로 업무적 소통의 측면에서 대답을 한 것이다.

하지만 상하관계에 있는 직장에서 상사의 지시를 거부하거나 질문에 대답하지 않는 직원은 없다. 따라서 리더의 위치에 있게 되면 기본적 수준의 업무적 소통은 저절로 이루어진다고 할 수 있다.

정서적 소통이 리더의 소통 수준

얼마 전에 삼성경제연구소에서 직장인 935명을 대상으로 조사를 했을 때, 응답자의 65.3%가 "직장에서 소통이 잘되지 않는다."라고 응답하였다. 또한 '업무적 소통', '창의적 소통' 등의 분야별 구분에서 '정서적 소통'이 53점에 그쳐, 세 가지 중에서 가장 점수가 낮았다[32].

아울러 이 조사의 또 다른 발견은 "정서적 소통이 잘되어야 업무적 소통도 활발하게 이루어진다."라는 점이다. 조사에서 정서적 소통이 원만하게 이루어지는 곳에서는 업무적 소통과 창의적 소통도 동시에 잘되고 있었다. 정서적 소통으로 리더와 직원 간에 친밀감이 형성되어 있으면 회의에서도 와글와글 소통이 이루어지기 때문이다.

이런 원리에서 "당신은 직원들과 소통을 잘하고 있습니까?"의 질문에 대한 정확한 대답은 정서적 소통 수준을 염두에 두고 대답해야 한다고 할 수 있다.

친밀한 인간관계는 업무성과를 높인다

동화《콩쥐팥쥐》를 생각해 보자. 계모가 빨래와 청소 등 힘든 일을 시키자 콩쥐는 서럽게 울지만, 비슷한 상황에서도 팥쥐는 울지 않는다. 팥쥐에게는 친엄마이기에 힘든 일을 시켜도 "나를 잘 가르치기 위해서"라고 긍정적으로 받아들이기 때문이다.

사람들은 누구나 친밀한 관계에 있는 상대방으로부터는 지시를 받거나 심지어 꾸지람을 들어도 반발하지 않는다. 하지만 계모의 지시를 받은 콩쥐처럼 관계가 좋지 않은 사람의 말이나 꾸지람에는 기분이 상하는 것이 사람의 마음이다. 직장에서 리더가 직원들과 친밀한 관계를 형성해야 하는 이유가 여기에 있다.

우호적 인간관계가 근무 분위기에 미치는 영향은 리더와 직원 간의 상하관계에만 그치지 않는다. 동료들 간의 수평적 관계에서도 마찬가지이다. 구성원들이 서로 친밀한 관계일수록 출근 길이 가벼워지리라는 것은 짐작하기 어렵지 않은 귀결이다.

아마존에서 100주 연속 베스트셀러가 되었던《위대한 나의발견 강점혁명》에서 커트 코프만(C. Coffman)은 "직장에 친밀한 친구가 있을 경우 그 사람의 회사에 대한 근무의욕이 54%나 증가한다."라고 하였다[61].

하지만 오늘날의 직장 분위기는 대부분 거꾸로 가고 있다. '가슴 없는 직장'이라는 말이 있는 것처럼 몇 년을 함께 근무해도 서로를 잘 모르는 메마른 직장 분위기가 심화되고 있는 것이다. SNS 등으로 관계의 네트워크가 확대되는 것 같지만 사람들의 정서적 관계는 더욱 파편화되어 가고 있는 것이 현실이다.

그런데 조직에서의 메마른 인간관계는 직장인들의 '즐거운 생활'을 빼앗아 가는 것에만 그치지 않는다. 직원들 간의 소통과 상호작용이 줄어들고 갈등은 증대하여 점차 냉랭한 근무 분위기가 되고 만다. 직원들 간에 밀어주고 끌어 주는 자발적 협력은 줄어들고, 이것은 결국 조직의 성과를 떨어뜨리는 원인이 되고 만다.

반대로 직원들 간에 인간적 유대감이 있을수록 갈등은 줄어들고 조직이 활성화된다는 것은 자연스런 현상이다. 그리고 이런 유대감을 높이는 대표적인 수단이 바로 정서적 소통인 것이다.

정서적 소통을 하는 경우에도 입사 동기생이나 동료의 경우보다 상사가 그 역할을 해 줄 때에 그 효과는 더욱 커진다. 직원들의 근무의욕을 좌우하는 데 가장 큰 영향력을 미치는 사람이 직속 상사이기 때문이다.

정서적 소통은 사생활의 행복에도 핵심요소

최근에 공무원 연수원의 교육 담당자가 필자에게 다음과 같은 설명을 덧붙이면서 강의 요청을 해 왔다.

정년퇴직이 가까워 리더십 공부에는 관심이 없는 사람들입니다.
퇴직 후에도 인간관계가 단절되지 않고 새로운 사람을 사귀어,
새 직장을 찾거나 활동 영역을 만들어 가고,
가정에서도 가족들과 도란도란 소통할 수 있는 방법에 대한 강의
를 듣고 싶습니다.

바로 '친구를 만드는 정서적 소통'의 기법을 강의해 달라는 요청이
다. 그런데 이런 영역의 소통능력이 정년퇴직을 하는 사람에게만 필요
하다고 생각할 사람은 없을 것이다. 가족이나 친구가 없는 사람은 세
상에 없기에 '정서적 소통'의 기법은 결국 모든 사람에게 필요한 능력
이라고 해도 과장된 말이 아니다.

우리는 코로나19를 겪으면서 친구나 직장 동료들과 함께 밥 먹고
대화하며, 친밀한 관계를 유지하는 것이 얼마나 소중한 것인지를 절실
하게 경험하였다. 'High Tech, High Touch'란 말이 있는 것처럼, AI 기
술의 발달과 비대면 일 처리가 많아져도 사람들의 인간적 접촉에 대한
욕구는 절대 줄어들지 않는다.

오늘날 페이스북에 수백 명의 친구와 팔로워를 가진 직장의 MZ 직
원들도 속마음을 나누는 진정한 친구는 별로 없는 경우가 많다. 이런
배경에서 미래학자들은 '인공지능 시대에 더욱 중요해지는 것은 소통
과 관계관리 역량'이라고 이구동성으로 강조하는 것이다[18].

AI 시대에 부각되는 인간관계의 영향력

소통과 인간관계가 우리의 삶에 미치는 영향을 논의할 때, 남자와 여자의 소통특성을 비교하는 연구들이 있다. 여자가 남자보다 평균 6년~8년을 더 오래 사는데, 그 원인을 전문가들이 들여다보니 여기에는 우생학적인 요인만이 아니라 사람들과 소통하고 교류하는 특성이 변수가 된다는 것이 밝혀졌다. 여자의 장수에는 친구들과 어울리고 끊임없이 대화하는 '어울림의 능력'이 큰 몫을 한다는 점이다.

그렇다면 남자도 친구들과 잘 어울리고 소통의 능력이 발달하면 좀 더 장수할 수 있을까? 이와 관련된 흥미로운 연구가 있다. 이탈리아의 작은 섬 사르디니아 마을은 특이하게 남자들이 여자들과 비슷하게 장수하는데, 100세가 넘는 남자가 이탈리아 본토의 6배나 되는 곳이다.

그 원인을 찾기 위해 WSJ 저널리스트 수잔 핑커(S. Pinker)는 이곳을 방문해 심층조사를 해 보았다. 현장에 도착하기 전에 그는 그곳이 '산 좋고 물 좋아 경제적으로도 풍족하고 살기 좋은 환경'일 것으로 예상했지만 현지를 방문해 보니 그 반대였다. 집들은 빽빽하고 골목은 뒤엉켜 있어서, 한마디로 환경이 좋다거나 식재료가 풍족한 것과는 거리가 멀었다.

그런데 자세히 관찰해 보니 한 가지 특이한 점이 발견되었다. 사람들이 대가족을 이루고 살며 평생에 걸쳐서 친구들, 이웃들, 식료품 가게 등으로 가까운 관계 속에 살고 있었다. 늘 사람들에 둘러싸여 있으며 걷다가 가게에 들러 대화하는 등, 마을 사람들 모두가 함께 어울리는 것이 특징이었다.

이런 모든 요소를 검토한 수잔 핑커는 이 마을에서 남자들이 여자들 못지않게 장수하는 원인을 '사람들과 어울리며 소통하는 것'에 있다고 결론지었다. 그리고 보고서에서 이를 "마을 효과(Village Effect)"라고 이름 붙였다.

비슷한 연구가 우리나라에도 있었다. 서울대학교 노화연구소를 이끌었던 박상철 교수가 전국을 돌며 장수 노인들의 특성을 탐색하였다. 여기에서 발견한 현상은 여자(할머니)들과 남자(할아버지)들은 사람들과 어울리는 관계 활동에 있어서 뚜렷한 차이가 있다는 점이다[25].

여자들은 마을 회관에 모여서 음식도 같이 해 먹고 온종일 대화하면서 보내지만 남자들은 거의 혼자 지내고 있었다. 남자들은 80세 전후가 되면 마을에 동년배도 별로 없을 뿐만 아니라, 나이 차이가 있는 다른 남자들과의 대화도 크게 줄어들었다. 간혹 후배가 말이라도 걸어오면 "짜식! 나이도 몇 안 되는데 나와 같이 놀려고 하네……."라고 하며 못마땅하게 생각하곤 하였다. 결국 더 이상 친밀한 관계로 발전하지 못하며 어울리는 상대방을 만들지 못하는 것이다.

그런데 우리나라에도 소수이긴 하지만 전국에 장수하는 남자들이 있다. 그리고 이들의 관계 맺기와 소통의 특성이 다르다는 것이 박상철 교수에게 발견되었다. 이들은 위아래의 위계를 별로 생각하지 않으며, 10살 정도의 아래 사람들에게도 먼저 다가가 함께 어울리며 친구처럼 소통하고 있다는 점이다.

선배: (10살 아래 후배 집을 들어가며) 동생, 추운데 잘 지내는가?

후배: 형님, 오셨습니까? 방으로 올라오세요.

선배: 소가 새끼 낳을 때가 된 듯한데, 예정일이 언제지?

후배: 형님은 그런 것까지 관심을 가져 주시네요. 고맙습니다.

80대 남자의 선배 모습이 한국판 마을 효과가 아니겠는가? 전국을 돌며 이런 현상을 확인한 박상철 교수는 한국의 남자들에게 권고하였다. "장수하려면 서열 따지지 말고, 10살 아래 후배들에게도 친구 맺자고 먼저 다가가라."

이상의 설명을 정리해 보자. 친밀감을 형성하는 정서적 소통은 직장에서뿐만 아니라 가정이나 친구 등 사생활의 인간관계에도 그대로 활용이 된다. 직장에서는 툴툴거리는 직원을 협조적인 내 편으로 만들 수 있으며, 직장 밖에서는 속마음을 나누는 친구를 쉽게 만들 수 있게 된다. 이런 배경에서 정서적 소통이 그 사람의 진정한 소통 수준이라고 말할 수 있는 것이다.

이제 정서적 소통의 능력을 키우는데 필요한 핵심적인 기법을 알아보기로 하자. 설명의 순서는 (1) 정서적 소통의 핵심원리 체득하기, (2) 까칠한 MZ 직원을 내 편으로 만들기, (3) 숨겨진 감정을 듣는 경청의 기법 등으로 이어진다.

정서적 소통의 핵심원리 체득하기

우리 주변에는 "저 사람하고는 소통이 안 돼."라고 생각나는 사람이 있다. 그런 사람은 소통의 네 가지 방법 즉 '말하기, 듣기, 읽기, 쓰기' 중에서 무엇을 못하는 사람일까? 그것은 바로 듣기를 못하는 사람이다. 틈난 나면 자기 말을 하고 상대방의 말은 경청하지 않는 사람에 대하여 우리는 소통이 안 되는 사람이라고 불평한다.

《논어》의 '위정편(爲政篇)'에서 공자는 '예순 살'을 '이순(耳順)'이라고 하였다. 그제서야 남의 말을 들을 때 귀가 거슬리지 않는다는 뜻이다. 60세가 되어서야 들을 수 있게 되었다는 것은 '그만큼 경청이 어렵다.'라는 것을 시사하는 말이 아니겠는가?

직장을 은퇴하고 동네 당구장으로 출근하는 필자의 선배가 있다. 그 선배에게 근래에 안부전화를 하니 목소리를 높이며 다음과 같은 말을 하였다.

> 필자: 당구장에서 새로운 사람들을 만나고 친구들도 생겼습니까?
> 선배: 중년에 새로 친구를 사귀려면 뭣이 있어야 하겠는가? 건강과 시간, 밥 살 정도의 돈, 그리고 또 한 가지…….
> 필자: 그게 무엇입니까?
> 선배: 대화! 그런데 당구장에서 만나는 사람들이 그게 안 돼. 교장 선생, 회사 임원 출신 등 다양한데, 배운 사람들임에도 불구하고 하나같이 자기 얘기만 해. 틈만 나면 과거에 어쨌다는

등 자랑이지……. 대화가 재미없는데 어찌 친구가 되겠어? 당구장 나가기가 싫어.

사적인 관계이든 직장생활이든 인간관계에서 그 사람의 성숙도를 뚜렷이 보여 주는 것이 경청의 태도이다. 그것은 자기 말을 하기에 바쁜 것이 아니라, 상대방에 관심을 갖고 질문과 공감적 경청을 하는 것이 아니던가?

> 북적대는 방에서 누군가와 대화할 때에 나는 그 방에
> 우리 둘만 있는 것처럼 그를 대한다. 다른 것은 모두 무시하고
> 그 사람만 쳐다본다. 고릴라가 들어와도 신경 쓰지 않을 것이다.
> -메리 케이 애시-

경청을 잘하지 못하는 사람은 귀에 탈이 났기 때문이 아니다. 상대방에게 말할 기회를 주지 않고 자기가 대화의 주인공이 되는 것이 원인인데, 이것은 직장에서도 상위 리더가 될수록 더 빠지기 쉬운 함정이다.

이런 리더는 회의나 1:1 대화에서도 직원이 말을 시작하자마자 몇 분도 지나지 않아 "무슨 말인지 알았고……." "그건 아니지."라고 하며 중단시키고, 자신의 말을 하기 시작한다. 이런 배경에서 니콜스(R. Nichols)는 《강한 회사는 회의 시간이 짧다》에서 "듣기 능력은 읽기나 쓰기보다 세 배 정도 어렵고 더 중요하다."라고 하였다[9].

듣기를 못하는 사람의 두 가지 습관

스티븐 코비(S. Covey)는 《성공하는 사람들의 7가지 습관》에서 경청을 못하는 사람의 대화 습관을 다음과 같이 두 가지로 요약하였다[35].

➤ 주제를 자기 것으로 바꾼다.
➤ 자서전적 의견을 말한다.

'주제를 자기 것으로 바꾼다.'라는 것은 상대방이 어떤 의견을 말할 때에 이를 차분하게 경청하지 않고, 끊고 들어가 자기 생각을 말하는 것을 의미한다.

자서전이란 자기가 쓴 '자기 이야기'이다. 상대방의 이야기 도중에 "내 생각에는 말이야……."라고 하면서, 자기의 경험이나 논리를 풀어놓기 시작하는 것을 '자서전적 의견을 말한다.'라고 하였다.

흔히 경청의 반대말은 '질문'이라고 생각하지만, 경청의 반대말은 '자기 말하기'이다. 당구장에서 필자의 선배와 만나는 사람들이 틈만 나면 자기 이야기를 하는 것도 여기에 해당한다.

"세상에는 두 종류의 사람이 있다. 말하고 있는 사람과 말하려고 기다리는 사람." 상대방이 어떤 말을 시작하면 채 5분도 듣지 않고 끊고 들어와 대화 주제를 자기 것으로 바꾸고, 자서전적 의견을 말하는 것이 대부분 사람들의 모습인 것이다.

다음은 40대 친구 2명이 오랜만에 만나서 커피 숍에서 대화하는 내용이다.

친구 A: 아내와 장모님을 태국 여행 보내 드리고 요즘 혼자 집에
있어.

친구 B: 그래? 우리 부부도 작년에 태국 갔다 왔는데……. 나는
내년에 딸이 고3 졸업하면 유럽 여행을 갈 생각이야.

친구 A: 여행은 그렇다 치고, 요즘 직장에서 팀장이 되고 나니 참
힘드네.

친구 B: 자영업자 앞에서 그게 할 소리야? 때 되면 월급은 꼬박꼬
박 나오지? 내가 요즘 은행 이자를 얼마나 내는지 알아?
……. (길게 이어진다).

왜 듣지 않고 끼어들까

대부분의 사람들은 소통에서 경청이 우선이란 것을 머리로는 알고
있다. 하지만 제대로 실천하지 못하는데, 그 배경에는 '자신을 나타내
고 싶은 본능'이 자리잡고 있기 때문이다.

위에서 예로 든 친구 B의 대화도 마찬가지이다. 상대방의 말 속으
로 들어가 감정을 알아주는 것과는 한참 거리가 멀며, 건성으로 듣고
있다가 기회가 있을 때마다 자신의 주제로 말을 바꾸고 있다.

안타까운 사실은 많은 사람들이 이렇게 대화하면서 오늘도 살아가
고 있다는 점이다. 조직리더십코칭원의 소통 교육에 참여한 직장인들
을 조사해 보니 약 90%의 사람들이 이렇게 대화하고 있었다. 상대방
의 말 속에 깃든 감정은 알아주지 않고, 듣다가 틈만 나면 번개같이 자
기 이야기를 시작하는 것이 습관화되어 있다.

사람들은 흔히 고향 친구, 학교 동창회 등 다양한 모임을 가지고 있다. 분기에 한번 정도 만나서 밥도 먹고 수다도 떨지만 서로를 깊이 있게 알지 못한다. 진정한 친구가 되려면 잡담 수준의 대화가 아니라 상대방의 가슴 속 스토리를 알아야 되지 않겠는가? 하지만 동창회 등에서 친구들이 나누는 대화는 위 사례에서 보는 것처럼 잡담 수준에 머물고 있다.

"진정한 친구 3명만 있어도 당신의 인간관계는 성공한 것이다."라는 말이 있다. 이 말에 "그까짓 3명도 없는 사람이 있나?"라고 반문하기 쉽지만, 현실은 그렇지 못하다. 수백 명의 SNS 네트워크가 있어도 진정한 친구는 별로 없는 사람이 많다.

하지만 정서적 소통의 기법을 알고 나면 상황은 완전히 달라진다. 누구든 사람을 만나면 상대방에 대한 호기심을 가지고, 그 사람 이야기에 귀 기울이면 친구를 쉽게 만들 수 있기 때문이다.

미국에서 운영중인 세계적인 상담 코너 Dear Abby에 얼마 전에 이런 사연이 소개되었다.

직장 때문에 이사를 가야 하는데 딸 때문에 걱정입니다. 고2 학생으로 내성적인 성격이라 친구가 많지 않은데, 이사를 가면 또 새 친구를 사귀기 힘들어 고민이랍니다. 어떻게 하면 내성적인 딸이 전학 후에도 새 친구를 사귀며 외톨이가 되지 않고, 새 환경에 잘 적응할 수 있을까요?

엄마가 보낸 이 고민에 대해 Dear Abby의 상담 전문가는 다음과 같은 내용으로 회신을 하였다.

> 내성적인 성격이라도 친구를 만드는 방법은 쉽습니다. 먼저 주변 친구들의 관심사가 무엇인지 관찰하게 하세요. 그리고 상대방의 관심사에 대해 질문을 하면 대화가 시작되지요. 이때 상대방의 말을 들어주고 잘 공감해 주면 친구가 됩니다.

Dear Abby의 이 답변이 바로 '친구를 만드는 정서적 소통'의 핵심 원리이다. 대화에서 내가 아니라 상대방이 주인공이 되게 하는 것이다. 이를 위해서 내가 할 역할을 정리하면 다음의 세 가지이며, 이것만 신경을 쓰면 친구 만들기에 충분하다.

➤ 상대방에 호기심을 가지고 질문으로 대화에 초대하자.
➤ 주제를 내 것으로 바꾸지 말고 상대방이 주인공이 되게 하자.
➤ 상대방의 말에 추임새를 넣어 주며 반응하고 공감해 주자.

이상에서 이해한 바와 같이 정서적 소통의 원리는 특별히 새로운 내용이 아닌 것처럼 생각될 수 있다. 하지만 지식으로는 알고 있는 내용이라도 실제의 대화에서 실천하는 사람은 의외로 적다.

대부분의 사람들, 특히 리더의 위치에 있는 사람들일수록 틈만 나면 상대방의 이야기를 끊고서 자기 말을 하는 함정에 빠지기가 쉽다. 이런 배경에서 성공하는 사람들의 7가지 습관 중에 하나가 바로 경청 또는 정서적 소통의 능력이라고 하는 것이다[35].

이제 우리는 정서적 소통의 기법을 잘 활용하면 직장에서 비 협조적인 직원을 만나도 그를 내 편으로 만들고, 나를 도와주는 긍정의 직원으로 변화시킬 수 있다.

까칠한 MZ 직원을 내 편으로 만들기

우리는 처음 만나는 사람에게 자신을 소개할 때에 어느 회사에 소속되어 있는지를 말한다. "저는 ○○회사에 근무하는 ○○○입니다." 동호회, 독서모임 등 많은 소속 단체가 있지만 우선적으로 인용하는 단체는 직장이다. 가장 많은 시간을 보낼 뿐만 아니라 삶의 거의 모든 영역에 영향을 미치는 출발점이 직장이기 때문이다.

이런 의미를 갖는 직장에서 과거에는 구성원들이 집들이, 돌잔치 등을 오가며 서로의 가정생활까지 알 정도로 친밀감이 있었다. 하지만 오늘날의 MZ 직원들은 "직장 동료는 일로서 만난 사람일 뿐, 더 이상의 관계는 맺고 싶지 않다."라고 말한다.

직장에서 잘 어울리지 않으며 사생활이 중요하다는 MZ 직원들이 퇴근하면 무엇을 할까? 음식을 배달시키면 사진부터 찍고 SNS에 올린다. 그리고 온라인 친구들이 "좋아요."를 얼마나 많이 눌러 주는지를 쳐다보면서 시간을 보낸다. 직장에서 회식에도 잘 참석하지 않지만 속마음은 외롭고 허전한 것이다.

소속되고 인정받고 싶은 MZ 직원의 마음

인간은 로봇이 아니기에 사람 간의 관계 욕구는 없어질 수 없다. 요즈음 직장의 리더들은 직원들의 사생활이나 인간적 고충에 대하여 "묻지도 말고 따지지도 마라." "오직 업무 이야기만 하라."고 생각하는 경향이 있다. 하지만 그것은 정답이 아니다.

직원의 입장에서 보면 직속 상사로부터 인정받으며, 좋은 관계로 근무하는 것만큼 중요한 것이 무엇이 있겠는가? "행복은 관계에 있다." 라는 말은 직장이라고 해서 달라지지 않는다. 웃음이 없는 조직, 직원들 간에 냉랭하며 침묵하는 조직은 시너지를 만들지 못한다.

그런데 자신을 잘 오픈하지 않는 MZ 직원들에게 리더가 어떻게 하면 좀 더 가까워지는 정서적 소통을 할 수 있을까? 자칫하면 다음과 같이 썰렁한 대화가 될 수 있다.

팀장: (월요일 아침, 미팅 시작 전에) 김 대리, 주말에 뭐 했어요?
대리: 평범하게 개인 시간을 보냈습니다. 회의나 시작하시지요.
팀장: 나는 그냥 아침 인사차 가볍게 물어본 것인데.

리더가 어떤 직원의 집안 장례식에 참여해서 조문객들과 30분간 나눈 대화가 10년 동안 함께 근무하면서 알았던 내용보다 더 많은 경우가 있다. "햐! 최 대리에게 그런 애로사항이 있었다니……. 진즉 알았다면 내가 좀 격려해 주고 도와줄 수 있었을 텐데."

사람은 누구나 '자신만의 스토리'가 있으며, 주변 사람들에게 격려받고 싶은 고충이 있게 마련이다. 이런 배경에서 직원의 개인적 고충과 관심사를 얼마나 알고 있느냐가 리더의 정서적 소통의 수준이라고 해도 과언이 아니다. 《인간관계론》의 선구자 데일 카네기(D. Carnegie) 도 "관계 형성의 고수는 상대방의 관심사를 알아주는 사람이다."라고 하였다[13].

그런데 MZ 세대는 '사생활 중시'와 '대면력(對面力) 부족'의 특성 때문에 직장에서 속마음을 나누는 친밀한 상대방이 별로 없는 경우가 많다. 참고로 대면력은 불만이나 고충 등을 얼굴 보며 솔직하게 오픈하는 대화 능력을 의미한다.

스마트폰의 문자 소통으로 성장하여 엄지족이라 불리기도 했던 MZ 세대는 직장에서도 정서적 소통을 피하는 것처럼 보인다. 하지만 이런 MZ 직원에게까지도 정서적으로 다가가야 할 사람은 리더가 아니겠는가?

사마천은 《사기》에서 "선비는 자신을 알아주는 사람을 위해 목숨을 바치고, 여인은 자신을 기쁘게 해 주는 이를 위해 화장을 한다(士爲知己者用, 女爲悅己者容)."라고 하였다[28].

'자신을 알아주는 사람'을 오늘의 직장에 적용하면 어떤 뜻이 될까? 인정과 칭찬하는 것이 첫째이고 인간적 고충과 관심사를 알아주는 것이 그다음이다. 리더가 일만 챙기지 않고 정서적 소통을 위해 노력할 때 직원들은 고맙게 생각하고 따르게 된다.

과장: 부장님, 요즘 퇴근이 계속 늦으니 가정에도 애로가 있습니다.

부장: 박 과장이 근래에 일이 많아 늦게까지 고생이 많습니다. 가
　　　정에 애로가 있다 하니 어떤 내용인지 말해 줄 수 있을까요?

과장: 고3 자녀가 있는 중에 또 아버지까지 병원에 입원 중입니
　　　다. (눈물을 글썽이며) 아내 혼자 뒷바라지를 하느라…….

부장: 그런 애로사항이 있는 줄 미처 몰랐네요. 우선 퇴근이라도
　　　정시에 할 수 있도록 방안을 찾아보겠습니다.

　　리더가 직원의 고충을 들었을 때 그것을 빨리 해소해 줄 수 있으면
제일 좋을 것이다. 그러나 조직의 현실 때문에 해결책을 찾기가 어려
운 상황도 많이 있다. 하지만 이때에도 리더가 직원의 고충을 경청해
주고, 마음을 알아주는 것만으로도 상당한 효과가 나타난다.

　　하버드 대학의 연구에서 "고충과 불만은 리더가 진정성을 가지고
경청해 주는 것만으로도 80%가 해소된다."라는 사실이 밝혀졌다[71].
이점은 1장에서 살펴본 "소통은 상호작용적 정의를 증대시켜 준다."라
는 말과도 맥락이 통하는 원리이다.

정서적 소통은 1:1로 해야 한다

　　리더들은 흔히 직원들과 가까워지기 위해 단체 회식을 하거나 2차
로 자리를 옮겨서 맥주잔을 기울이면서 말한다. "여러분, 저와 함께 근
무하면서 섭섭한 일이나 불만이 있으면 오늘 허심탄회하게 말해 주세
요." 하지만 이런 자리에서 나오는 직원들의 불만이나 건의사항은 경
미한 내용들이 대부분이다.

부장님, 휴게실에 간식을 좀 비치해 주세요.

팀 회의를 월요일 오전보다 오후에 하면 안 되나요?

회의자료 준비하느라 주말도 편히 못 쉽니다.

만약 어떤 직원이 승진 탈락으로 인한 불만이 있거나, 담당업무를 바꾸고 싶은 등의 중요한 고충이 있다면 이를 동료들이 있는 회식 자리에서 말을 하겠는가? 바보가 아니라면 말하지 않는다. 이처럼 여럿이 있는 자리에서 진짜 고민을 말하지 못하는 것을 '문턱 효과(Threshold Effect)'라고 부른다.

이 문턱을 극복하고 진짜 고충이나 불만을 듣기 위해서는 반드시 1:1 대화를 해야 한다. 특히 개인적 이야기를 잘하지 않는 MZ 직원에게는 더욱 그렇다.

리더가 직원과 1:1로 대화를 할 때에는 시간과 장소가 자연스러울수록 좋다. 점심시간에 우연을 가장하여 "어! 김 대리, 아직 식사 안 갔네요. 나와 같이 갈까요?"라고 초대하면 된다. 그리고 점심식사 후에 커피를 마시거나 산책하면서 대화하면 효과가 나타난다.

이 자리에서 두 사람의 관계가 아직 서먹한 사이라면 좀 가벼운 주제, 예컨대 취미생활이나 출퇴근 애로 등 소소한 관심사를 나누는 것이 좋다. 첫술에 배부르지 않는 것처럼 마음속 깊은 곳의 고충을 오픈하려면 숙성 기간이 필요하기 때문이다. 보통 3~6개월 정도의 시간을 가지고 리더가 노력하면, 까칠한 성격의 직원이라도 조금씩 마음을 열고 호응해 오기 시작한다.

P사에 항상 툴툴거리는 최 대리가 있었는데, 팀장은 그의 태도 변화를 위해 우선 가까워져야 되겠다고 판단했다. 이를 위해 활용한 방법은 그 직원의 취미를 파악하고 스몰 토크(Small Talk)로 물꼬를 트는 것이었다.

먼저 다른 직원으로부터 최 대리의 취미가 고양이를 키우는 것이라는 정보를 얻었다. 이후 팀장은 1:1 대화의 기회에 그의 취미에 관심을 가지고 이야기를 나눴으며, 이후에도 고양이 이름을 기억하고 가끔씩 안부를 물어보곤 하였다. 그러자 최 대리는 점차 팀장에게 툴툴거리지도 않고 협조적으로 바뀌었다.

정서적 소통에 조언은 금물

앞에서 우리는 소통을 못하는 사람의 특성을 두 가지로 이해했다. '주제를 자기 것으로 바꾸는 것'과 '자서전적 의견을 말하는 것'이다. 리더의 이런 습관은 업무적 소통에서도 문제가 되지만 정서적 소통에서는 더욱 좋지 않은 결과를 가져온다.

정서적 소통에서는 대화 주제가 객관적 정답이 없는 주관적 내용인 경우가 많다. 따라서 직원의 고민 사항에 대하여 리더가 어떤 조언을 해도 그것이 직원에게는 정답이 아닐 가능성이 높다.

직원: 오늘 식사와 커피까지 함께하니 고민 하나 말씀드리겠습니다. 현재 업무가 저의 적성이나 경력 개발에도 안 맞아 고민이 됩니다.

부장: (잠시 듣다가) 그런데 말이야, 김 대리! 직장에서 적성에 맞

게 일하는 사람이 얼마나 되겠어? 내 경우에도 과거에 현금 세는 일부터, ……도 했고 ……도 하면서 여기까지 왔지. 김 대리도 기다리면 좋을 때가 올 거야.

직원이 망설이다가 고민을 말하기 시작했는데 리더가 "내 생각에는 말이야…….".라고 하며 조언을 시작한다면, 정서적 소통은 실패하는 것이다.

다만 간혹 상대방이 리더에게 의견이나 조언을 요청해 올 때가 있다. 이때에는 짧게 자신의 의견을 말해 주고 나서 다시 상대방에게 마이크를 넘겨주면 된다.

직원: 오늘 제 이야기를 들어주시니 고민 하나 말씀드리겠습니다. 장차 업무변경을 하여 빠른 승진을 추구할 것인지, 아니면 한 우물을 파 전문가로 나갈 것인지를 고민 중입니다. 부장님이 제 처지라면 어떤 선택을 하시겠습니까?

부장: 내 의견을 간단히 말하면 전문가 트랙이 좋다고 생각해요. 요즘은 특정분야의 전문성이 경쟁력이라고 생각하기 때문이지. 내 의견이 참고 정도가 되었으면 좋겠고, 아까 하던 김 대리의 이야기를 더 듣고 싶어요.

1:1의 대화이든 여럿이 함께하는 대화이든 정서적 소통의 공간에서는 대화의 주인공은 상대방이 되게 하자. 이것이 소통과 관계관리의 고수들이 하는 방법이다. 하지만 우리 주변에는 업무와 무관한 장소에

서도 습관적으로 대화를 주도하는 리더들이 너무나 많다.

그중의 대표적인 사례가 회식에서의 리더의 말이다. 근래에 많은 직장에서 저녁 회식이 없어지고 있는데, 그 원인은 직원들이 싫어하기 때문이다. 그렇다면 맛있는 식사에도 불구하고 직원들이 회식을 싫어하는 이유는 무엇일까?

조직리더십코칭원에서 직장인들에게 그 이유를 조사해 보았다. "술 마시기 싫어서", "저녁에 개인 시간을 갖기 위해서" 등의 여러 대답이 있었으나 가장 빈도가 높은 것은 "꼰대 리더의 재미없는 이야기가 듣기 싫어서"였다.

정서적 소통에는 직원이 주인공

리더가 대화를 주도해야 하는 때는 업무적 소통의 경우이다. 직원의 고충이나 인간적 관심사를 알아 가는 정서적 소통에서는 대화의 주인공이 직원이란 것을 잊지 않아야 한다.

정서적 소통에서 대화가 끊기지 않고, 직원이 거미줄처럼 이야기를 이어가게 하는 데에는 리더는 다음의 역할만 하면 충분하다.

> 직원이 말을 시작할 수 있는 편안한 분위기를 만들고,
> 직원이 말을 시작하면 경청하고 추임새를 넣어 주며,
> 감정 반사와 추가 질문을 하는 것에 집중해야 한다.

이 세 가지 역할만 해 주면 직원이 계속하여 이야기를 이어간다. 리더는 불쏘시개 역할만 하고 직원의 말에 빠져들어 즐기기만 하면 된다.

이런 방식의 대화가 몇 달에 걸쳐 두 세차례 이어지면 두 사람의 사

이는 훨씬 가까워지고 유대감이 증대된다. 뿐만 아니라 직원의 말을 들어보면 리더가 몰랐던 내용에 대한 배움도 있고, 그 직원의 비전 등 마음속 니즈도 알게 되어 앞으로 적절하게 동기부여 할 수 있는 방안을 찾을 수도 있다.

하지만 리더가 직원의 말을 가로채서 자신이 주인공이 되면 무엇을 얻을 수 있을까? 잘난 체함으로써 자신의 스트레스는 줄어들지 모른다. 그러나 직원의 스트레스는 많아지며, 리더가 직원을 격려하려는 긍정의 효과는 완전히 없어지고 만다. 그 직원은 다시는 리더와 사적인 이야기를 하지 않겠다고 결심할 것이다. 직원의 이런 심정을 잘 나타낸 다음의 글을 읽어 보자.

그냥 들어주기 바랄 때, 당신은 충고하기 시작합니다.
내 부탁을 잊어버리고는 ~중략~ 그냥 들어주기 바랄 때, 당신은 내 문제의 해결사가 되어야 한다고 느낍니다. 그런 당신은 내게 낯설게만 보일 뿐입니다.

리더와 직원은 어쩌다 같은 직장에서 상하관계로 근무하지만 업무적 대화 외에는 서로를 잘 모르는 경우가 많다. 가슴속에 어떤 스토리를 갖고 사는지, 어떤 장점과 고충이 있는지 알지 못하고 지내는 것이다.

관계형성을 잘하고 소통을 잘하는 사람은 누군가를 만날 때 "내 앞에 있는 이 사람은 어떤 사람일까?"라는 호기심으로 상대방을 대한다. 같은 직장에서 리더와 직원이라는 관계의 만남은 서로에게 소중한 인연이다. 따라서 직원을 좀 더 깊이 있게 알고자 하는 리더의 노력은 가치 있는 행동이 아닐 수 없다.

인천에 소재한 K사는 노사관계에 어려움을 겪고 있었는데, 노사안정을 위해 CEO가 팀장들에게 지시를 하였다. "월 1회 이상 직원들과 허심탄회한 대화를 하여 직장에 대한 불만을 예방하라." 이 회사의 팀장들이 교육장에서 필자에게 다음과 같은 고충을 토로하였다.

술은 밤새도록 마셔도 견디겠는데 속 깊은 이야기는 30분도 어렵네요.
요즘 직원들은 사적인 대화를 싫어하니 공장 얘기 말고 할 말이 없어요.
직원들과 편하게 소통하고 싶은데, 끊기지 않게 대화하기가 참 어렵네요.

직원들과 '대화를 이어가기 어렵다.'라는 것은 리더가 계속 말을 주도해야 한다는 생각이 바닥에 깔려 있기 때문이다. 이런 걱정과 어려움을 극복하는 방법이 공감적 경청과 정서적 소통의 기법인 것이다.

친밀감 형성과 리더의 약점 노출

강사가 자기소개를 하였다. "저는 고학으로 명문대학을 다니다가 국비 유학생으로 선발되어 박사학위를 받고…… 돌아온 사람을 '이웃'

으로 둔 아무개라고 합니다." 이어지는 강의에 참가자들의 호응은 성공적이었다.

"리더가 직원의 환심을 사는 좋은 방법 중 하나는 자신의 약점을 인정하는 일이다. 그럼으로써 당신에게는 전문성을 나눌 수 있는 대화의 문이 열리며, 비로소 당신은 직원의 치어리더가 될 수 있다."《칭찬은 고래도 춤추게 한다》의 저자 켄 블랜차드(K. Blanchard)가 한 말이다 [62].

직원이 리더에게 인간적 고충을 말할 정도로 편안한 관계가 되려면 리더가 먼저 자신의 인간적 면모를 직원에게 오픈해야 한다. 이를 위한 좋은 방법이 자신의 장점을 '자랑하기보다 약점을 노출'하는 것이다.

> 부장: (점심식사 후 커피 타임) 김 대리, 둘이서 식사를 하니 좋네요. 김 대리는 나에게 궁금한 사항이 없나요?
> 직원: 글쎄요. 늘 열심히 사시는 부장님 아닙니까?
> 부장: 나는 고3 자녀가 있어서 요즘 집에서도 내가 수험생 같아요. 주말에는 등산도 못 가고, 아이 학원 운전기사 노릇을 합니다. 김 대리는 주말에 취미생활을 잘하고 있습니까?
> 직원: 저는 방송대학에 다니는데 주말에 밀린 숙제를 하느라 바쁩니다.
> 부장: 방송대학을 다니고 있군요. 그럼 내 후배인데…….

김 대리가 방송대학을 다니는 이야기를 오픈하는 것은 부장이 먼저 자신의 인간적 면모를 오픈했기 때문이다. 정규대학이 아니라 방송대학을 다닌 것을 약점으로 생각해 왔지만 이를 오픈함으로써 정서적 소통이 시작되고 있는 것이다.

데일 카네기(D. Carnegie)는 "상대방의 호감을 얻기 위해서는 약점을 노출하라."고 하였다[13]. 자랑이 아니라 약점을 말할 때에 상대방은 나를 솔직한 사람으로 느끼고 친밀감을 갖게 되기 때문이다. 직장에서도 리더가 적절한 약점을 노출하면 직원에게 자신감을 불어넣어 성장할 수 있는 계기를 만들어 준다.

팀장이 업무 실수를 한 직원에게 "박 대리, 나도 직원 시절에 실수를 한 경우가 많았어." 이런 말을 들은 직원은 팀장을 어떻게 받아들일까? 무능하게 생각하기 보다 솔직한 사람으로 느끼며, 팀장과 편하게 소통하려는 마음이 생긴다.

필자의 친구 중에 만나면 자기 자랑을 하는 사람이 있다. 오랜만에 만나거나 통화라도 하면 묻지도 않은 자기 이야기를 자랑하기 바쁘다. 친구 잘되는 것은 축하할 일이지만 그 친구의 유별난 자기 자랑에 식상한 나와 다른 친구들은 그를 별로 좋아하지 않는다.

K사 김 상무는 반대의 타입이다. "고등학교 3학년생 아들이 있는데 성적이 반에서 30명 중 27등입니다."라고 말하며, 창피스러울 듯한 이야기를 소탈하게 말한다. 그런 김 상무는 만날 때마다 인간적으로 친근감이 느껴지고 자주 만나고 싶어진다.

사람의 심리는 참 묘하다. 자랑하거나 장점 위주의 말을 들으면 비교의식과 열등감이 생기고 심리적 거리감을 느끼게 만든다. 반대로 약점을 오픈하면 경계심이 없어지며 편안함을 느끼게 한다.

하지만 직장의 많은 리더들은 거꾸로 하고 있다. 직원들과 대화할 때에 약점이나 인간적 소탈함이 아니라 주로 자랑의 말을 많이 한다. "동기들보다 빨리 승진했다." "이전 부서에서 높은 성과를 달성했다." 등이다. 이러한 자랑은 직원들과 심리적 벽을 높게 쌓는 결과를 가져온다.

리더들은 흔히 생각한다. "직원들에게 약한 모습을 보이면 권위가 약해질 것이다." 하지만 자랑이나 강점을 말하는 리더와 대화한 직원들은 인간적 유대감을 느끼지 못한다. "그분과 이야기를 하면 제가 작아지는 느낌이 듭니다." 결국 정서적 친밀감이 생기지 않으며, 속마음을 오픈하지 않는 냉랭한 관계로 지낼 뿐이다.

여고 동창생 모임에서 남편 자랑, 애들 자랑, 집 자랑을 하는 사람보다 남편하고 다툰 이야기를 화제로 삼으면 친구들이 좋아하는 것도 같은 이치이다. 이런 배경에서 자신의 약점을 소탈하게 말하는 것은 인간관계 고수들의 의도적 전략이기도 하다.

하지만 여기에도 요령이 있다. 치명적 약점을 오픈해서는 안 된다는 점이다. 직원들과 대화하면서 "배우자와 이혼할 것 같다." "회사 그만둬야 되겠다."등의 말을 하는 것은 적절한 수준을 넘는다. 자칫 그 말을 소문이라도 내면 부작용이 따르지 않겠는가?

적절한 수준의 약점은 '소문이 나도 웃고 넘길 수 있는 수준'이다. 예컨대 "부부싸움을 해서 말도 안 하고 지낸다." "사춘기 자녀가 공부는 안 하고 게임만 해서 골치 아프다." 등의 내용이다.

상대방의 약점 노출에 나도 호응하자

만약 상대방이 자신의 약점을 나에게 노출하면 나는 어떻게 해야 할까? 상대방이 약점을 노출하는 것은 나에 대하여 호의적 감정이 있다는 신호이다. "당신과 있으면 편안하고 인간적 친밀감을 느낀다." "서로 속마음을 나누고 친하게 지내자."라는 의미이다.

따라서 서로 친밀한 관계가 되려면 상대방의 약점 노출에 나도 호응을 해줘야 한다. 그렇지 않으면 탁구 경기에서 넘어온 공을 넘겨주지 않은 것과 다름이 없다.

아울러 듣게 된 상대방의 약점을 제3자에게 소문 내는 것은 절대 금물이다. 이는 신뢰관계를 만들자는 상대방의 호의에 배신을 하는 것이기 때문이다. 약점을 오픈한 사람은 "내 말을 다른 사람에게 옮기지는 않을까?"라는 의구심을 가지고 지켜보고 있기도 하다.

실수를 했으면 적극 사과하자

사람들에게 신뢰감과 솔직함을 보여 주는데 약점 노출 못지않게 중요한 것이 '실수에 대한 사과'이다. 직장에서도 리더가 실수를 했을 때 솔직하게 사과를 하면 직원들과 정서적인 친밀감을 형성하는 데에 큰 도움이 된다.

"리더는 똑똑하고 실수하지 않아야 한다."라는 것은 착각이며, 이를 '존 웨인 증후군(John Wayne Syndrome)'이라고 한다. 서부 영화에서 배우 존 웨인이 쓰러지지 않고 악당을 무찌르는 것에 비유해서 생긴 말이지만, 영화가 아닌 현실에서 실수하지 않는 리더는 없다.

지위고하를 막론하고 사람들은 실수를 하기 마련이다. 그런데 실수를 하는 순간 이를 겸허하게 인정하고 사과를 한다는 것은 쉽지가 않다. 사과하기 보다 오히려 이를 은폐하고 자신을 정당화하려는 것이 자연스러운 심리이기도 하다.

그러나 아이러니컬하게도 실수를 한 사람이 자신을 변호할수록 신뢰가 떨어지고 비난은 더욱 거세진다. 반면에 실수를 인정하고 사과를 하면 사람들은 언제 그랬냐는 듯이 이해와 호감으로 바뀌는 경우가 많다.

> 나는 직원들과 대화할 때 내가 저지른 실수에 대해 얘기하는 것으로 시작한다. 이는 직원들에게도 할 수 있다는 자신감을 불러일으키기 위해서다.
> -행크 폴슨-

심리학자 캐시 애론슨(K. Aronson)은 실험을 통하여 "실수나 허점이 매력을 더 증진시킨다."라는 현상을 발견하고, 이를 '실수 효과(Pratfall Effect)'라고 이름 붙였다[60].

어느 부인이 대학교수에게 "저의 아들이 선생님 밑에 있는 A 양과 혼담이 있는데, A 양은 어떤 사람입니까?"라고 물었다. 결혼이라고 하여 교수는 A 양을 극구 칭찬해 주었는데, 뒷날 혼담이 깨지고 말았다. 교수의 지나친 칭찬 때문이었다.

누구나 장점과 단점이 있게 마련인데 장점만을 말하니까 믿기지 않았던 것이다. 만약 "A 양은 약간 덤벙대기는 하지만 온순하고 착실하며 책임감도 강하다."라고 약점까지 말하면서 장점을 강조했다면 결혼이 성사되었을 가능성이 높다.

그렇다고 실수를 많이 해도 무방하다는 말은 아니다. 가급적 실수를 줄이고 약점도 적으면 좋을 것이다. 그러나 누구나 실수를 하면서 살아갈 수밖에 없기에, 중요한 것은 실수를 했을 때에 사과를 잘하는 데에 있다는 점이다.

직장에서도 상위의 리더가 될수록 실수를 인정하는 것은 어렵지만, 이를 인정하고 사과할 줄 아는 사람이 진짜 강한 리더이다.

상무: 박 부장, 시간되면 휴게실에서 차 한잔 나눌까요?
부장: (휴게실) 뭐 하실 말씀이라도…….
상무: 오전의 회의에서 박 부장의 의견을 충분히 듣지 않고, 내 생각만을 지시한 것 같아요.
부장: 아! 예…….
상무: 내가 마음이 급해 일방적 지시를 했는데, 미안합니다.

패트릭 렌시오니(P. Lencioni)는 《일의 천재들》에서 "리더가 할 수 있는 가장 강력한 말은 '내가 틀렸다'이다."라고 하였다[64]. 이 시대에 필요한 리더의 덕목은 똑똑하고 실수하지 않는 완벽함에 있는 것이 아니라, 실수했을 때에 직원들에게 솔직하게 사과하는 데에 있다는 점을 기억하자.

진실한 사과는 우리를 춤추게 한다. 인간관계에서
상대방의 감정을 녹이는 데 가장 큰 힘이 있는데도 가장
적게 사용되는 단어가 '미안합니다. 제가 실수했습니다.'이다.
-켄 블랜차드-

숨겨진 감정을 듣는 경청의 기법

이제 정서적 소통을 성공적으로 진행하는 데 필요한 구체적인 방법을 살펴볼 순서이다. 평소에 정서적 소통을 잘하고 있거나 특히 공감적 경청을 잘하는 사람은 빠르게 훑어봐도 어렵지 않게 파악할 수 있는 내용이다.

《인간관계론》으로 유명한 데일 카네기(D. Carnegie)는 경청의 효과와 관련한 자신의 일화를 책에서 소개하고 있다. 어느 날 유명한 식물학자와 대화할 기회가 있었는데, 식물학에 대하여 문외한인 그는 학자의 이야기가 신기하기만 하였다. 몇 시간 동안이나 그 학자의 말에 심취해서 재미있게 들었고, 그리고 헤어졌다. 그것이 전부였다.

그런데 이상한 것은 그 학자가 다른 사람들에게 "카네기는 보기 드물게 식물에 대한 조예가 깊고 대화가 되는 사람이다."라고 말하며, 침이 마르도록 칭찬했다는 것이다. 이 소문을 들은 카네기가 다음과 같이 해명하였다[13].

내가 식물에 대해 조예가 깊은 사람이라는 것은 옳지 않다. 사실 나는 식물에 관해서는 무지한 상태여서 전혀 의견을 말할 수 없었다. 내가 한 것은 재미 있게 열심히 듣고 질문을 한 것뿐인데, 아마 그것이 상대방에게 친밀감으로 전해졌을 것이다.

전설에 의하면 하나님이 처음 인간을 만들 때에 입도 하나, 귀도 하나, 눈도 하나씩 만들었다고 한다. 그랬더니 자기 앞만 쳐다보고, 옆을 보지도 않고 떠들어 대서 견딜 수가 없었다. 그래서 하나님은 다시 다른 사람의 이야기를 들을 수 있도록 귀를 하나 더 만들고, 좌우 양쪽을 볼 수 있도록 눈도 하나 더 만들었다고 한다. 지어낸 이야기이겠지만 우리에게 옆도 보고, 다른 사람의 말을 잘 경청해야 한다는 것을 강조하는 의미가 아니겠는가?

《성공하는 사람들의 7가지 습관》에서 스티븐 코비(S. Covey)는 경청의 수준을 다음의 다섯 가지로 구분하고 있다[35].

- ➤ 다른 사람의 말을 무시하는 수준
- ➤ 듣는 척만 하는 수준
- ➤ 관심 있는 사항만 선택적으로 듣는 수준
- ➤ 집중해서 듣는 수준
- ➤ 상대방의 감정까지 알아주는 공감적 수준

듣는 것을 영어 표현에는 두 가지로 구분한다. '히어링(Hearing)'과 '리스닝(Listening)'이다. 단순히 이야기를 소리로 듣는 것이 '히어링'이며, 상대방이 하는 말의 속뜻을 이해하는 것이 '리스닝'이다.

퇴근하는 남편에게 아내가 "길동이 때문에 못살겠어요. 하루 종일 말도 안 듣고, 에어컨도 없는데 날씨는 무덥고…….'라고 불만을 터뜨리면 어떻게 대답해야 할까? 감성지능이 높은 남편이라면, "여보, 오늘 당신 정말 힘들었겠어요. 내가 어깨 주물러 줄게요.''라는 한마디로 상황을 호전시킬 수 있다.

에어컨 없는 것을 오늘 탓하는 것은 형식적인 이유일 뿐이다. 진짜 속마음은 "내 고생을 좀 알아 달라."는 것이기 때문이다. 여기에다 남편이 "아니, 길동이 말 안 듣는 것이 하루 이틀도 아닌데, 별것도 아닌 것을 가지고 짜증을 내고 그래요?"라고 한다면 정서적 소통을 못하는 사람이다. 상대방이 말하는 속뜻을 제대로 파악하지 못하면 '말을 듣지 못하는 사람'이 되는 것이다.

유머 하나. 아들의 전화를 받으며 아버지가
"엄마 바꿔 주마." 하자, 아들이 급히 말했다.
"엄마 바꾸지 마세요. 아버지하고 얘기하고 싶어요."
아버지가 "왜? 돈 필요하냐?" 묻자,
아들은 빠르게 아버지의 가족을 위한 고생 등을 말했다.
"그래서 아버지에게 감사의 말을 하고 싶어요.
아버지, 사랑해요!" 잠시 조용하던 아버지가 이윽고 말했다.
"너, 술 먹었냐?"

SACEM(사켐)의 경청기법

대화에서 잡담 수준이 되지 않고 상대방의 가슴 속 진심을 들을 수 있는 방법이 SACEM(사켐)의 경청기법이다. 정서적 소통을 잘하는데 필요한 행동을 기억하기 쉽게 압축한 내용인데, 이는 아래의 다섯 가지 요소로 구성이 되어 있다[6].

SACEM(사켐)이라는 명칭은 각각의 행동을 나타내는 단어의 첫 글자에서 비롯되었다. 이하에서 각 단계의 내용과 요점을 간단히 살펴보자.

(1) SOFEN(소픈의 경청 자세를 취하라)

(2) Attention(듣는 중에 딴생각을 하지 마라)

(3) Content(내용을 제대로 파악하라)

(4) Emotion(감정을 파악하라)

(5) Mirroring(감정을 반사하라)

듣는 사람의 경청 능력이 높으면 말하는 사람도
신바람이 나고, 더 많은 기억을 되살려서
스스로의 인식 확장을 가져올 수 있다
-사이토 다카시-

첫째, SOFEN(소픈)의 경청 자세를 취하라

우리는 중요한 사람을 만날 때면 옷차림부터 가다듬고, 대화를 하는 동안 손은 어떻게 해야 할지 등 자세에까지 신경을 쓴다. 자세에서부터 상대방에게 좋은 인상을 주기 위함이다. 대화 중에도 상대방의 눈을 쳐다보고, 미소를 지으며 고개를 끄덕여 줘야 한다는 것을 알고 있다.

이처럼 상대방을 배려하고 존중하는 경청의 자세를 나타낸 것이 SOFEN(소픈)이다. 이는 다음과 같은 다섯 가지의 영어 단어에서 따온 이름인데, 각각의 내용을 간략히 살펴보자.

➤ Smile(미소를 머금고)

➤ Open Mind(열린 마음으로)

➤ Forward(앞으로 몸을 기울이며)

> Eye Contact(눈을 쳐다보고)

> Nod(고개를 끄덕이기)

　팔짱을 끼거나 의자를 뒤로 젖히고 발을 꼬는 자세는 곤란하다. 직장에서도 컴퓨터 작업 중에 어떤 사람이 대화를 위해 다가오면 잠시 작업을 중단하고, 자세를 고쳐 잡아야 상대방에게 존중하는 느낌을 전해줄 수 있다.

　이러한 SOFEN의 내용 다섯 가지를 힘들여서 기억하지 않아도 된다. 기억해야 할 것은 '상대방 존중의 자세를 갖춰야 한다.'라는 마음가짐이다. 그러면 대화 장소에 따라 의자 배치를 비롯해서 어떻게 하는 것이 상대방 존중의 자세인지를 판단할 수 있기 때문이다.

　소폰은 소프트(Soft)를 연상시킨다. 직장에서도 리더는 부드럽고 존중의 자세로 직원의 말을 경청하자. 이런 마음가짐은 직원에게 느낌으로 전달되기 마련이다.

둘째, Attention(듣는 중에 딴생각을 하지 마라)

　말하는 속도보다 듣는 속도가 빠르기 때문에 듣는 중에 사람들은 여유시간이 생기며 딴생각을 하기 쉽다. 따라서 경청을 잘하려면 이 여유시간에 딴생각을 하지 않는 것이 기술이다.

　조지 와인버그(G. Weinberg)는 《셰익스피어가 가르쳐 주는 지혜》에서 "다른 사람과 함께 있을 때에 전적으로 함께 있다는 느낌을 전달하라. 절반은 함께 있고 나머지는 다른 생각을 하고 있다는 인상을 주어서는 안 된다."라고 하였다[55].

유명인 중에 공감적 경청을 잘해서 성공한 대표적인 사람이 미국의 전 대통령 빌 클린턴이다. 그와 대화 경험이 있는 사람들은 이구동성으로 다음과 같은 말을 하였다.

클린턴과 대화하고 있으면 마치 세상에 우리 둘밖에 없는 듯하였다. 당신이 비록 공화당을 지지하는 사람이라도 클린턴과 10분만 대화하면 민주당 지지자로 바뀔 것이다.

직장에서도 대화 중에 리더가 어떤 마음으로 자신의 말을 듣고 있는지 직원들은 느낌으로 안다. 건성으로 듣는지, 딴생각을 하면서 듣는지 바로 알 수 있다. '말이 통하는 리더'라는 소리를 듣기 위해서는 직원의 말을 클린턴처럼 들어야 하지 않겠는가?

사람이 온다는 건, 실은 어마어마한 일이다.
과거와 현재와 미래, 한 사람의 일생이 오기 때문이다.
-정현종, 방문객-

셋째, Content(내용을 제대로 파악하라)

경청을 하는데 1차적 관심은 상대방이 말하는 내용을 제대로 파악하는 것이다. 이것을 위해서는 딴생각을 하지 않고 집중해서 듣는 것만으로는 부족하다. 추상적인 말에 대하여는 추가질문을 하여 의미를 명료하게 해야 하며, 들은 내용이 정확한지를 확인하는 것도 필요하다.

"그것은 ……라는 의미입니까?" "제가 이해하기로는…….""요약하

자면……." 등과 같이 환언해서 상대방에게 다시 물어보면 효과 만점
이다.

아울러 추가 질문을 하는 것도 매우 유용한 방법이다. "그때 무슨
일이 있었습니까?" "예를 하나 들어주겠습니까?" "……에 대하여 좀 더
말해 주겠습니까?" 이와 같이 추가 질문을 하면 상대방이 미처 말하지
못한 내용을 더 말하게 도와주며, 수줍음을 타는 사람에게는 계속 말
하도록 격려해 주는 효과도 있다.

◇ 두서없이 말하면 Jump-Up 질문을 하자

내성적인 학생이 선생님 앞에서 말을 더듬거리듯이 우리 주변에는
말을 체계적으로 하지 못하는 사람들이 있다. 감정이 북받치거나 자아
도취가 되어서 흥분하고 장황하게 말하는 사람도 있다. 이때에 경청자
는 어떻게 해야 할까?

우선 '경청은 시간적 개념이 아니다.'라는 것을 기억하자. 경청의
본질은 상대방이 하는 '말의 내용과 감정을 충실히 파악하는 것'이다.
끝까지 참으며 들어야 하는 물리적인 시간을 의미하지 않기에, 비록
시간을 단축하여도 상대방의 메시지를 제대로 들을 수만 있다면 경청
을 제대로 하는 것이다[6].

따라서 직장에서의 대화이든 친구 간의 대화이든, 내가 뻔히 아는
내용을 상대방이 장황하게 말할 때에는 Jump-Up 질문으로 시간을 단
축할 수 있다. 개구리가 펄쩍 뛰듯이 상대방의 메시지의 다음 내용을
짐작하고 물어보는 방법이다.

부장: 박 대리의 의견은 ……하자는 말인가요?

직원: 예, 맞습니다. 제 속마음을 알아주시네요.

Jump-Up 질문에 상대방이 "예, 맞습니다."라고 대답한다면 끝까지 들은 것과 동일한 효과를 가져온다. Jump-Up 질문은 상대방의 말을 가로채서 내 말을 하는 것과는 완전히 다르다. 말을 끊었지만 다시 상대방이 말을 이어가게 한다는 점에서 큰 차이가 있다. 또한 나의 짐작이 틀린 경우에는 상대방의 말을 계속 들어야 한다는 것은 당연지사이다.

부장: 말하고 싶은 내용이 ……인 것 같은데 맞습니까?

직원: 아닙니다. 제 말은 그런 뜻이 아닙니다.

부장: 그렇군요. 좀 더 말해 주기 바랍니다.

직장의 리더들은 평소에 직원들이 하는 업무의 내용을 대강 알고 있다. 따라서 직원이 일부만 말해도 주장의 취지를 바로 알 수 있다. 더구나 간부가 될수록 여러 가지 스케줄로 시간적 여유가 없다. 이럴 때에 Jump-Up 질문을 하는 것은 직원의 말을 차단하는 것이 아니라 오히려 도와주는 '배려'의 경청을 하는 것이다.

넷째, Emotion(감정을 파악하라)

소통에서 상대방이 말하는 내용을 파악하는 것이 기본이지만, 더 중요한 것은 가슴속의 감정을 파악하는 것이다. 커뮤니케이션 학자 메라비안(A. Mehrabian)은 "사람들의 소통에서 입으로 하는 말이 차지하는 비중은 7%에 불과하다."라고 하였다. 연인들이 눈만 봐도 소통이 되듯이 비언어적 몸짓 등이 소통 수단의 55%를 차지하며 어조, 억양, 음성 등도 38%를 차지한다[50].

요약하면 입으로 표현되는 것은 메시지 전달의 7%에 불과하며 93% 는 표현되지 않은 숨겨진 감정이라는 점이다. 결국 표현되지 않은 감정을 얼마나 파악하느냐의 여부가 성공적 경청의 관건이라고 할 수 있다.

직장인의 경우를 생각해 보자. 흔히 고충이나 불만을 가진 직원은 그것을 솔직히 말하기가 어렵기 때문에 듣는 사람은 상대방의 말에서 비언어적 단서를 파악해야 한다. "이 사람의 내부에서 지금 진행되는 것은 무엇인가?"라는 의문을 가지고, 이에 대한 답변을 찾기 위해 집중해서 듣지 않으면 안된다.

경청에서 상대방의 의도 파악에 실패하기 쉬운 때는 입으로 하는 말의 내용과 가슴속에 '숨겨진 감정'이 다른 경우이다. 이 숨겨진 감정을 파악하여 리더가 여기에 반응해 줄 수 있을 때에 고품질의 대화가 가능해지는 것이다.

다음은 외부 영업을 마치고 피곤한 모습으로 사무실에 들어오는 직원이 팀장에게 하는 말이다.

직원: 팀장님, 힘들어서 회사 못 다니겠습니다.
팀장: 힘들지 않은 일이 어디 있어?
　　　남의 돈 벌어먹기가 그리 쉬운 줄 알아?
직원: ……. (침묵)

위 대화에서 직원이 침묵해 버리는 것은 팀장이 자신의 속마음을 몰라주기 때문이다. 아마도 그는 어깨를 늘어뜨리고 있다가 6시가 되면 말없이 퇴근해 버릴 것이다.

유머 하나. 영어 공부를 시작한 직장인이 친구에게 말했다. "난 말이야, 영어가 말하기는 잘 되는데 듣기가 잘 안 돼." 했다. 그러자 친구가 이렇게 물었다. "그럼 한국말은 잘 듣냐?"

다섯째, Mirroring(감정을 반사하라)

"사랑하는 것만으로는 충분하지 않다. 상대방이 사랑받는다고 느끼게 해 주어야 한다." 소통에서도 마찬가지이다. 경청을 제대로 하는지 또는 건성으로 듣는지를 정확하게 판단하는 사람은 누구일까? 듣는 사람이 아니라 말을 하는 사람이다.

내가 경청을 제대로 하고 있다는 것을 말하는 사람이 느끼게 하기 위해서는 눈만 쳐다보고 가만히 듣고만 있는 것으로는 부족하다. 감정을 알아준다는 반응 즉 추임새를 넣어 줘야 하며, 이를 줄여서 '감정 반사'라고 부른다.

결국 '경청을 잘한다는 것은 감정 반사를 잘한다.'라는 의미이며, 정서적 소통에서 '감정 반사가 없으면 경청을 하지 않고 있다.'라고 해도 과언이 아니다.

직장의 대화에서 리더가 할 수 있는 간단한 감정 반사의 예를 생각해 보자.

직원: 팀장님, 직장생활이 참 힘드네요.

팀장: 오늘 외근에서 어떤 일이 있었나요?

직원: 고객이 요구사항도 많고 어찌나 까다롭던지 힘들었습니다.

팀장: 그런 고객을 만나면 참 힘들지…….

　　　이 대리, 오늘 참 수고 많았어요.

"그런 고객을 만나면 참 힘들지……. 이 대리, 오늘 참 수고 많았어요."가 감정 반사의 간단한 예이다. "그 심정을 이해했다."라는 것을 말로 표현해 주고 있다. 팀장에게서 이런 말을 들은 직원은 스트레스가 해소되고 다시 에너지를 회복하여 다시 열심히 일할 것이다.

감정 반사는 상황에 따라 다양한 방법으로 할 수 있는데, 그중에서 가장 간단한 방법은 상대방의 말을 반복하는 것이다. "고객의 요구사항이 무척 많았구만."하고 직원의 말을 반복하는 것도 상대방의 마음을 알아주는 효과가 잘 나타난다.

엄지 척이나 Hi Five 등 제스처도 감정 반사의 또 다른 방법이다. 심지어 "이 대리, 내일 점심 살게."도 좋다. 말, 제스처, 작은 선물 등 다양한 방법으로 상황에 맞게 감정 반사를 할 수 있다.

이상으로 우리는 정서적 소통의 구체적 기법에 대하여 살펴보았다. SACEM(사켐)의 경청기법을 비롯하여 주제를 내 것으로 바꾸지 말고 상대방이 대화의 주인공이 되게 하는 것 등이다.

그러면 이쯤에서 앞에서 소개하였던 50대 친구 2명의 대화를 다시 돌아보자.

친구 A: 아내와 장모님을 태국 여행 보내 드리고 요즘 혼자 집에
  있어.

친구 B: 그래? 우리 부부도 작년에 태국 갔다 왔는데.

친구 A: 여행은 그렇다 치고, 요즘 직장에서 팀장이 되고 나니 참
  힘드네.

친구 B: 자영업자 앞에서 그게 할 소리야? 때 되면 월급은 꼬박꼬
  박 나오지?

친구 A의 말에 친구 B는 감정 반사나 추가 질문을 하지 않고, 주제
를 자기 것으로 바꿔서 자서전적인 얘기를 하고 있다. 이런 방식의 대
화로는 상대방의 마음속 감정을 알아주고 격려가 되는 고품질의 대화
로 이어지는 것은 불가능하다.

잡담이나 수다로 끝날 뿐이며, 이런 대화로는 동창회에서 20년 동
안 만나서 밥 먹고 커피 마셔도 서로를 깊이 알지 못한다. 진정한 친구
3명을 갖기가 어려운 것도 이러한 소통의 방식 때문인 것이다.

이제 친구 B가 정서적 소통을 제대로 하는 대화를 구경해 보자.

친구 A: 아내와 장모님을 태국 여행 보내 드리고 요즘 혼자 집에
  있어.

친구 B: 불경기에 사위 노릇 제대로 했네. 아내와 장모님이 좋아
  하시지?

친구 A: 고맙다고 하시네. 살기 바쁘지만 가끔은 필요한 사위 노
  릇 같아.

친구 B: 자~ 알 했다. 요즘 직장은 좀 어때? 힘든 일 많지?

친구 A: 작년에 팀장이 되었는데 직원 때보다 더 힘들어. 위 아래로 샌드위치가 되어 스트레스로 밤에 잠도 잘 못 들어.

친구 B: 팀장이 된 것을 몰랐네. 늦었지만 축하한다. 팀장이 되는 것도 경쟁일 텐데, 일단 능력을 인정받은 것 같아 축하한다. 그런데 직원 때보다 더 힘들다는 것은 어떤 사정 때문이야?

친구 A: 실적이 나쁘면 책임을 져야 해. 임원이 안 되면 55세를 못 넘기고 퇴직을 해야 하는 분위기야. 애들은 지금 어린데 언제까지 버틸지.

친구 B: 그런 고충이 있었구만……. 마음고생이 많다. 그런 가운데에 아내와 장모님을 여행 보내 드린 거구나.

-중략-

이후에 이어지는 대화가 어떻게 흘러가고, 두 사람의 감정 교류가 얼마나 풍성해지는가를 짐작하기는 어렵지 않다. 이 대화를 통하여 친구 B는 앞에 앉아 있는 친구 A의 가슴속 스토리를 깊이 있게 알게 될 것이다. 그리고 친구 A는 자신의 이야기에 귀 기울여 준 친구 B를 '나를 진심으로 알아주는 사람'으로 생각하며 좋은 친구라고 느낄 것이다.

아울러 이런 방식으로 진행되는 대화는 시간이 언제 지나갔는지 모를 정도로 빨리 지나간다. 말하는 사람과 경청자 모두 대화 속에 몰입하였기 때문이다. 그리고 이러한 대화로 2시간이 지났다면 두 사람의 친밀도는 동창회에서 잡담 수준의 대화로 20년을 보낸 사람보다 더

가까워진다.

경청 실습자들의 소감

필자가 진행하는 소통교육에서는 참석자를 1:1로 짝을 지어 실습을 하게 한다. 한 명이 20분 동안 자신의 이야기를 할 때에 파트너는 경청자의 역할, 즉 감정 반사와 추가 질문만 해야 한다.

이 실습에서 대화의 흐름을 주도하는 주인공은 누구일까? 흔히 대화의 주인공은 '말하는 사람'이라고 생각하지만 진정한 주도자는 '경청자'이다. 경청자가 하기에 따라 대화의 모닥불은 뜨거워질 수도 있고 식어 버리기도 하기 때문이다.

참고로 추가 질문에는 '심화 질문'과 '확산 질문'의 두 가지가 있다. 심화 질문은 상대방의 주제에 더 깊이 들어가는 질문이며, 확산 질문은 대화 주제를 넓히는 질문을 말한다.

예컨대 "팀장 역할이 힘들다."라는 상대방의 말에 "어떤 역할들 때문인지 궁금하다."라는 것은 심화 질문이다. 반면에 그 내용이 어느 정도 다뤄진 후에 "경력개발을 위해서는 어떻게 하는가?"라고 묻는 것이 확산 질문에 해당한다.

위 실습을 위해 학습자들을 1:1로 마주 앉게 하면 술렁이기 시작한다. "20분 동안이나 무슨 이야기를 하지?" 이때 필자가 "직장이나 가정에서의 기쁜 일이나 힘들었던 내용을 편하게 말하면 됩니다."라고 안내한다.

그리고 실습이 진행되는데, 시간이 지나면서 어떤 현상이 벌어질까? 처음에는 서먹하던 대화가 점차 목소리가 커지고 하이 파이브를 하거나 박장대소를 하기도 한다. 간혹 눈물을 글썽이는 사람도 있는데, 이는 직장이나 가정의 힘들었던 내용을 말할 때에 경청자가 감정 반사를 했기 때문이다.

그리고 20분이 되어 실습 종료를 알리면 "벌써 시간이 다 되었어요?" "얘기가 한참 무르익었는데…….'라는 반응을 보인다. 이때 학습의 마무리로 실습에서 무엇을 배웠는지를 물으면 다음과 같은 소감들이 쏟아진다.

경청자들의 소감

중간에 끊고 들어가 내 말을 하려는 습관을 간신히 참았어요.
평소에 경청한다고 생각했는데, 감정 반사 없이 건성으로 들었네요.
감정을 파악하고 추가 질문을 하려면 대화에 집중해야 되겠군요.

말한 사람들의 소감

내 말에 이처럼 귀 기울여 주는 대화는 처음인 것 같습니다.
처음에는 말하고 싶지 않은 내용도 술술 말했는데, 신기합니다.
내 말을 잘 들어주니 고맙고, 상대방에 친밀감이 느껴집니다.

이상으로 살펴본 '숨겨진 감정을 듣는 경청의 기법'은 특별히 어려운 이론이나 비법이 아닌 듯 보인다. 하지만 "행복하게 성공하는 사람은 대화 방법이 다르다."라고 할 때, 이들이 위와 같이 소통한다는 점은 확실하다.

아울러 우리 주변의 많은 사람들이 위와 반대로 소통한다는 현실을 감안할 때에 우리가 이런 방법으로 친구를 대하고, 직장과 가정에서 소통한다면 돌아오는 열매는 그만큼 크지 않겠는가?

낙엽 지는 거리를 홀로 걷기엔 쓸쓸하지만
둘이 걸으면 너무 아름답다.
낙엽 지는 거리를 홀로 걷기엔 눈물이 나지만
둘이 걸으면 웃음소리가 들린다.
-용혜원-

경청으로 얻게 되는 유익

스티븐 코비(S. Covey)는 사람들과의 만남에서 자기 자랑이 아니라, 상대방에 관심을 갖고 경청하기 위해서는 '자기 승리' 또는 '자기 안정감'이 있어야 한다고 하였다. 이런 측면에서 틈만 나면 자기 말하기에 바쁜 사람은 내공이 약하거나, 관계 맺기의 하수라고 해도 과언이 아니다.

사람이 온다는 건 실은 어마어마한 일이다. 내 앞에 있는 사람은 어떤 삶을 살까? 이런 호기심을 가지고 상대방의 가슴 속으로 들어가면 소설만큼이나 재미도 있다. 나아가 이렇게 공감적 경청을 하면 나에게 돌아오는 유익이 한두 가지가 아니다.

◇ 상대방과 관계가 좋아진다.

좋은 친구는 내 말을 들어주는 사람이다. 상대방의 가슴속 스토리에 귀 기울여 주면 상대방은 틀림없이 나에게 호감을 갖게 된다.

◇ 정보 획득과 학습이 이루어진다

"한 주에 같은 사람과 두 번 이상 식사를 하지 마라."는 말이 있다. 다양한 사람들과 만나서 이야기를 들어보면 정보 획득과 학습이 이루어지기 때문이다.

◇ 나에게 간접 격려가 된다

세상에 한두 가지 고민 없이 사는 사람은 거의 없다. 하지만 다른 사람의 고민은 내 눈에 보이지 않기 때문에 자신만 힘든 것처럼 생각하며 살고 있는 것이 우리들의 모습이다.

그런데 소통에서 상대방의 삶의 내면을 경청해 보면, 내용은 다르지만 나 못지않은 어려움이 있다는 것을 알 수 있다. 자영업자의 고생 이야기를 듣게 되면 직장에서 겪는 자신의 스트레스는 견딜 만하게 생각되지 않겠는가?

이처럼 경청으로 얻게 되는 유익이 많음에 비하여 자기 말이 많은 사람은 어떤 유익이 있을까? 아무런 유익이 없다. 굳이 찾는다면 자신의 스트레스 해소 정도일 것이다. 이런 원리에서 "지혜롭고 성숙한 사람은 듣기를 즐거워하고, 덜 떨어진 사람은 자기 말하기를 좋아한다."라는 문구가 생겼다.

말하는 사람은 배움이 없다.
-달라이 라마-

7장

남자와 여자
소통의 다름과 직장의 협업

　관계관리 역량이 낮은 사람일수록 상대방의 다른 성격과 기질에 대한 이해도가 낮은 경향이 뚜렷하다. 직장의 리더들 중에서도 "나는 모든 직원들을 차별하지 않고 똑같이 대한다."라고 자랑하는 사람이 있는데, 사실은 자랑할 일이 아니다. 소통과 관계관리를 잘하려면 상대방에 적합하게, 각자를 다르게 대해 주어야 한다는 것은 주지의 내용이 아니던가?

　사람의 다름을 이해하는 데 2장에서 살펴본 READ 성격유형 분석이 큰 도움을 주지만 이것으로는 아직 부족하다. 남자와 여자가 서로 다른 것은 READ 성격유형의 다름과는 확연하게 구별되는 별도의 영역이기 때문이다.

　물론 남녀 모두 READ의 네 가지 성격유형으로 구분이 되지만, 그 이상의 DNA적인 상이함이 존재한다는 점이다. 이제 소통과 관계관리 역량을 높이기 위해 필요한 마지막 주제인 남자와 여자의 다름에 대해 살펴볼 순서가 되었다.

6장에서 살펴보았던 '정서적 소통'이 직장은 물론 직장 밖의 인간관계에서도 그대로 유용하다는 것을 이해하였다. 마찬가지로 이곳 7장에서 다루는 '남자와 여자의 소통'에 관한 내용도 직장에서의 성공적 협업은 물론 사생활의 관계증진에도 두루 도움이 되는 내용이다.

이하에서 먼저 남자와 여자의 완전히 다른 소통의 특성을 살펴보기로 하자. 그리고 이런 지식을 바탕으로 직장과 가정에서 남자와 여자가 소통하는 데 어떤 점을 감안해야 하는지를 사례와 함께 학습하도록 하자.

남자와 여자의 소통특성 간파하기

가정에서 남자와 여자의 다름을 아는 것이 중요하다는 것은 누구나 공감할 것이다. 그러나 이것은 직장에서도 예외가 아니다. 출근하면 수시로 소통하고 남녀가 함께 과제를 수행해야 하기 때문이다.

존 그레이(J. Gray)는 "남자와 여자는 서로 다른 별에서 온 존재처럼 상이하다."라고 말하며 자신의 책 제목도 《화성에서 온 남자 금성에서 온 여자》라고 하였다[58]. 남자와 여자는 "같은 종(種)이란 것을 제외하고는 모든 게 다르다."라고 말하는 전문가도 있다.

유머 하나. 신문을 보던 남편이 아내에게 말했다.
"여자가 남자보다 2배나 말을 많이 한다네!
남자는 하루 1만 5천 단어를 말하는데,
여자는 3만 단어를 말한다는 거야!" 이에 아내가 말했다.
"남자는 여자가 두 번씩 말하게 하니 두 배지!"
3초 후 남편이 물었다. "뭐라고?"

남자와 여자의 다름은 선천적 영향

1981년에 노벨상을 받은 신경화학자 로저 스페리(R. Sperry)는 남녀의 다름에 관하여 중요한 발견을 하였다. '사람의 뇌에 있는 대뇌피질의 두 반구는 별도의 지적 기능을 담당하는데, 소녀의 좌뇌가 소년의 그것보다 훨씬 더 빨리 발달한다.'라는 것이다.

좌뇌는 언어 능력과 직결되어 있기에 결국 소녀는 소년보다 더 빨리 말을 하고 글을 읽을 줄 알게 된다. 언어장애를 걱정하며 부모와 함께 치료사를 찾아오는 환자의 대부분은 남자 어린이라는 것도 이런 배경에서 비롯되고 있다[38].

엄마가 딸에게 여행 갔다 온 소감을 물어보면 딸은 상세하게 설명해 준다. 친구들과 무슨 이야기를 나눴으며 기분은 어땠고, 입고 간 옷이 어땠는지 등에 대한 이야기가 거미줄 나오듯이 이어진다. 그러나 아들에게 같은 질문을 던지면 "예, 좋았어요."라는 대답이 전부이다.

머리 커트를 했을 때 남자와 여자의 대화를 들어 보자.

여자 A: 와! 너 머리 했구나. 잘 나왔네. 예쁘다!

여자 B: 좀 길어 보이지 않니? 좀 더 짧게 할 걸 그랬나?

여자 A: 전혀! 세련되어 보여. 나도 너처럼 머리 할까?

여자들 사이에는 이런 대화가 한참이나 계속된다. 그런데 남자들은 같은 상황에서 어떤 대화를 할까?

남자 A: 머리 깎았니?

남자 B: 그래. 깎았다.

여자의 일상적 '수다'를 남자의 그것과 비교해 보자. 남자들은 전화를 정보와 사실을 주고받기 위한 수단이라 생각하지만, 여자들은 전화를 유대 강화의 수단으로도 생각한다. 그렇기에 여자는 친구와 일주일 동안 함께 휴가를 보내고 집에 도착한 후에도 다시 전화를 걸어 두시간 통화하는 것에 신바람이 난다.

뇌과학이 발달하기 전인 1900년대 후반까지만 해도 사람들은 남녀 간에 다름이 많은 것은 '교육과 사회의 영향'인 것으로 생각하였다. 태어날 때에는 별로 다르지 않은 백지와 같은 상태였는데 이후에 부모, 학교, 사회의 교육과 문화가 남자와 여자의 다름을 만들어 낸다는 생각이었다.

그러나 뇌과학의 최신 연구에 의하면 인간의 뇌는 수태 후 6~8주 내에 자궁 속에서 컴퓨터처럼 이미 구조화된다는 것이다. 그리하여 아기가 태어날 때에는 이미 남자와 여자의 성별 특성을 완성한 이후이다. 그리고 이 컴퓨터 운영체제와 회로는 부모와 교사, 사회환경의 영향으로도 크게 바뀌지 않는다는 것이 밝혀졌다[58].

아직 사회성이 길러지기 전부터 여자 아이는 관계(사람)를 좋아하고 남자 아이는 사물(물건)을 좋아한다. 세 살 여자아이에게 곰인형을 주어 보라. 그러면 여자 아이는 그것을 친구로 삼아 껴안고 놀 것이다. 하지만 남자 아이는 그 인형이 어떻게 작동하는지 알고 싶어서 내부를 뜯어볼 것이다.

만약 부모, 학교, 사회의 영향으로 남녀의 특성이 길러진다면 환경이 달라짐에 따라 남녀의 특성도 변화가 있어야 하지 않겠는가? 하지만 브라질의 밀림 속에 살거나 한국의 제주도에 살아도 여자와 남자의 다름에는 변화가 없다는 것이 확실하다.

남자와 여자는 같을 것이란 착각

남자와 여자는 감성체계와 소통방식이 완전히 다르다는 것에 대해 논란의 여지는 전혀 없다. 이렇게 완전히 다른 존재임에도 불구하고, 남자와 여자가 가정과 직장의 같은 공간에서 지내다 보니 서로가 확연히 다르다는 것을 망각하기 쉽다.

아울러 요즘의 세상은 사회문화적으로 남녀가 동등하다는 주장이 당연시된다. 또 그것에 수긍하는 태도를 보여야 균형감이 있는 사람이라고 생각되는 시대이다. 만약 어떤 유명인이 "남자와 여자는 다르다."라고 외치면 전국의 네티즌들로부터 비난을 받을 것이다. 인류 역사상 우리는 처음으로 남녀가 동일하다고 가르치는 시대에 살고 있는 셈이다.

하지만 남녀관계에서 발생하는 대부분의 스트레스는 남자와 여자가 동일하다고 생각하는 데에서 출발한다. 예컨대 남자는 여자들도 자신처럼 생각하고 행동하리라고 기대하고, 마찬가지로 여자는 남자들도 자신과 동일하게 생각하고 소통할 것이라고 간주하는 것이다. 하지만 남자와 여자의 감성체계와 소통방식이 같을 것이라는 생각은 굉장한 착각이 아닐 수 없다[38].

누가 더 우월하거나 열등하다는 말이 아니라 단지 다르다는 것이다. '남자와 여자는 완전히 다르다.'라는 사실을 간과하는 순간부터 서로의 관계는 갈등과 스트레스로 넘쳐나게 된다.

여기서 오해하지 않아야 할 내용이 있다. "남녀의 다름은 능력이 아니라 소통과 관계의 방법에 있다."라는 점이다. 따라서 직장에서도 업무능력에 차이가 있는 것은 아니라는 점을 유의할 필요가 있다.

이와 관련하여 재닛 하이드(J. Hyde)는 남녀의 다름에 관한 124개의 논문들을 종합분석(Meta-Analysis)하였다. 여기에서 남녀 간에 인지능력, 직무수행능력, 판단능력 등에서는 연구들의 78%에서 유의미한 차이가 없었다.

유머 하나. 우리나라 최초의 여성 당수인 박순천 여사가 해방 후 혼란기에 국회의원에 출마했다. 남성 경쟁자가 "암탉이 울면 나라가 망합니다."라고 하자 박순천이 말했다. "어려울 때에 새벽을 알려 줄 수탉은 없고 병아리들만 있으니 암탉이 나온 겁니다."

남자가 못 따르는 여자의 소통능력

필자가 얼마전에 모처럼 아내와 외출을 했다가 돌아오는 길에 작은 말다툼이 벌어졌다.

아내: 당신은 왜 점잖지 못하게 젊은 여자를 훔쳐보는 거요?
필자: 내가 언제 여자를 훔쳐봤다고 그래요? 나원 참…….
아내: 보더라도 상대방이 눈치를 채지 못하게 봐야지.
필자: 그럼 당신은 잘생긴 남자가 지나가도 쳐다보지 않는 거요?
아내: 나도 보지만 눈치채지 않게 보지. 다른 여자들도 그럴걸.

많은 남자들이 다른 여자에게 곁눈질을 한다는 비난을 받지만 사실 여자들은 그런 비난을 받지 않는다. 행실이 착해서가 아니라 남자들에게 들키지 않게 훔쳐보기 때문이다. 여자들에게 물어보면 그녀들도 잘생긴 남자가 지나가면 쳐다본다는 것이다. 그러나 여자는 남자보다 넓은 주변 시야를 가졌기에 남자에게 곁눈질을 해도 잘 들키지 않는다.

연구에 의하면 주변을 볼 수 있는 망막의 원추형 세포가 남자보다 여자에게 훨씬 더 많다. 여자의 주변 시야는 거의 180도 수준이며 코를 중심으로 상하좌우 45도로 퍼지는 '광폭 시야'를 가지고 있다. 그러나 남자는 '터널 시야'를 가지고 있기에 망원경처럼 멀리 볼 수는 있지만, 아내가 눈치채지 못하게 젊은 여자를 훔쳐보기는 어렵다.

재미있는 자료가 있다. 1997년 영국에서 한해 동안 길을 건너다가 교통사고를 당한 어린이들을 집계해 보니, 죽거나 다친 어린이가 남자는 2,460명이었는데 여자는 1,492명이었다. 여자 아이들의 주변 시야가 넓은 것이 하나의 원인일 것이라고 전문가들은 추정하고 있다.

남자와 여자의 정보처리는 휴식 중에도 뚜렷하게 다르다. 미국 펜실베니아 대학의 신경심리학 교수인 루벤 거는 두뇌 스캐닝을 통하여 휴식 중의 남녀 두뇌 활동을 분석하였다. 여기에서 남자는 휴식 중에 두뇌의 전기 활동이 30%만 활동하는데, 여자의 두뇌는 휴식 중에도 90%나 작동하였다[38].

여자는 자녀들의 생일, 기념일, 친구, 감정 등을 환히 알고 있지만 남자는 자신의 결혼 기념일만 기억해도 평균 이상이다. 아내가 자신의 생일이 다가오면 남편에게 리마인드 해 줘야 하는 이유가 여기에 있다.

여자: 여보! 내일이 무슨 날인지 알지요?
남자: 내일? 당신 생일이요?
여자: 노르웨이 있는 아들 생일이잖아요. 아침에 문자라도 보내요.
남자: 내일 아침에 다시 좀 알려 줘요. 깜박하기 쉬우니…….

흔히 남자가 자녀의 생일을 기억하지 못하거나 감정상태를 감지하지 못하는 것을 두고 '정신을 직장에 두기 때문'이라고 말한다. 반면에 엄마가 그런 것들을 잘 기억하는 것은 가족을 중시하는 역할 때문이라고 하지만, 그것은 사실이 아니다.

요즘의 젊은 부부 중에는 남자가 육아를 하고, 오히려 여자가 전문직으로 직장에 집중하는 경우도 많다. 이런 경우에도 남자는 자녀의 감정상태를 읽거나 가족의 기념일을 기억하는 데에는 여자와 비교가 되지 않을 정도로 부진하다.

감정을 간파하는 여자의 능력

2만 년 전의 원시 수렵시대로 돌아가 보자. 남자들은 동굴 밖으로 나가 가족을 먹여 살리기 위해 목숨을 걸고 사냥을 했다. 이때의 남자는 먹이 추적자이자 맹수로부터 가족을 지키는 보호자로서의 역할이 삶의 전부였다.

여자의 역할도 분명했다. 아기를 낳고 젖을 먹이며, 남자가 사냥을 위해 동굴을 비웠을 때에 뱀이나 곤충으로부터 아기를 지키는 데에 온갖 신경이 집중되어 있었다. 위험의 징후를 간파하기 위해 360도 주변상황에 신경을 써야 했으며, 아기의 사소한 표정 변화까지 감지해 내야 했다[38].

이러한 남녀 간 역할의 다름은 수만 수천 년 이어져 오면서 호르몬과 두뇌 회로에 각인되어 있다고 과학자들은 말한다. 그리고 이 남녀 간의 역할 차이는 2차 세계대전 이후가 되어서야 비로소 큰 변화를 겪기 시작하였다. 얼마나 최근의 일인가?

미국의 경우 전쟁으로 노동력이 부족해지자 여자들이 전시물자 생산공장에 출근하기 시작하였고, 이때부터 본격적으로 여자들의 직장생활이 시작되었다고 해도 과언이 아니다. 우리나라의 경우에도 공장, 사무실, 학교 등에서 여자들의 노동 참여는 1960년대 이후에 비로소 확산되었다.

이처럼 유구한 세월 동안 이어져 온 남녀 간의 상이한 역할이 수십 년이라는 너무나 짧은 기간에 없어져 버린 셈이다. 그리고 이제는 "직장이나 가정에서 남자와 여자는 다름이 없으며 동등하게 대해야 한다."라는 말이 당연시되고 있다.

원시시대에는 남자와 여자의 다른 소통방식이 아무런 문제가 되지 않았다. 그러나 오늘날은 직장에서 남녀가 함께 일하기 때문에 남자와 여자의 다른 소통의 특성은 많은 오해와 갈등을 초래하곤 한다[57].

남자는 정보공유, 여자는 감정공유

아내: 오늘 마트에 갔을 때 새 구두가 불편해서 발가락이 부었어요.

남편: 쇼핑 때는 편한 신을 신어야지요. 다음에는 절대 새 구두를 신지 말아요.

아내: (왜 내 마음을 모를까 생각하며) 또 주차장에 와 보니 차를 어디에 주차했는지 생각이 안 나는 거예요. 이런 일도 다 있네……

남편: (끼어들며) 그런 곳에서는 주차 위치를 사진을 찍어 둬야지요.

여자가 말을 하는 목적은 그저 기분을 표출하자는 것이다. 그러나 남자는 여자의 그런 감정을 해소하기 위해 해결책을 줘야 한다고 생각한다. 남자는 여자의 감정 언어를 듣지 않고 정답을 제시하는데 습관이 되어 있는 것이다.

남자들이 대화하는 이유는 사실(팩트)과 정보를 전달하는 것이 주된 목적이다. 최소한의 단어만 사용해 자신의 의견을 말하려고 애를 쓴다. 수치와 요점의 강조가 말 잘하는 남자의 특징이라고 할 수 있다.

반면에 여자들은 요점만이 아니라 감정도 함께 전달한다. 여자들의 또 다른 관심사는 인간관계이기에 정서와 감정을 나누는 것을 중요시한다. 함께 느낌을 나누고 대화하는 데에서 행복과 만족을 얻는 측면이 많은 것이다[58].

> 아내: 오늘 회의에 지각을 해서 부장님에게 한 소리 들었어요. 힘든 하루였네요.
> 남편: 10분만 일찍 서두르라고 해도 안 듣더니 당신 탓이지, 뭐. 부장님에게 서운하게 생각할 일은 아니지…….

여자는 스트레스를 받거나 마음이 울적한 경우에 단지 자신의 마음을 알리고, 위로, 공감, 지지를 받기 위해 말을 한다. 결코 해결책을 가르쳐 달라는 것이 아니다. 특별한 다른 목적이 없기에 '참고로 말하면…….' 정도로 가볍게 말하는 것이다. 같은 여자라면 이런 말에 호응하며 적절한 추임새를 넣어 준다.

> 여자 A: 오늘 직장에서 상사와 의견 충돌이 있어서 힘든 하루였

어…….

여자 B: 와! 진짜? 그런 일이 있었으면 힘들었겠네!

여자 B의 말은 '난 네 마음을 알아.' '너를 지지할 거야.'라는 정서가 깔려 있다. 상대방으로부터 이런 공감의 메시지를 받으면 말한 여자는 긴장이 풀어지며 상대방에게 친밀감을 느끼기 마련이다.

그런데 남자들은 이것을 모른다. 동일한 상황에서 남자의 말은 아마도 다음과 같이 표현될 가능성이 많다.

여자: 오늘 상사와 의견 충돌이 있어서 참 힘든 하루였어…….
남자: 직장생활이 다 그런 거지. 들어보니 당신 잘못도 있구만. 별 것 아니니 신경 쓰지 말고 식사나 합시다.

기분을 알아 달라는 여자의 말에 쓸데없는 해결책을 제시하는 남자들은 지금도 방방곡곡에 너무 많아 탈이다.

쓸데없는 걱정 좀 하지 마.
그게 뭐 그리 중요하다고…….
당신이 과민반응이야.

유머 하나, 카터 전 미국 대통령 부부는 금슬 좋기로 유명하다. 어느 강연에서 그 이유를 질문받자 카터 대통령이 대답했다. "저희 부부의 금슬을 만든 것은 애정이 30이고 용서가 70입니다."

그러자 뒤에 앉아 있던 로절린 여사가 일어났다.

"애정이 10이고 용서가 90으로 수정하겠습니다."

남자와 여자, 상대방에 바라는 다른 반응

사실 남자와 여자는 서로에게 잘해주고 싶어 한다. 그러나 상대방에 적합한 방식이 아니라 자신이 좋아하는 방식으로 대하려는 데에 문제가 있다. 예컨대 여자는 남자를 챙겨주기 위하여 이것저것 많이 물어보지만, 이런 방식은 남자를 짜증나게 하기 쉽다.

마찬가지로 남자는 속상해하고 있는 여자에게 감정을 떨쳐 버리라고 충고하는 것이 잘하는 것이라고 생각한다. "걱정하지 말아요. 별것도 아닌 것을 가지고 그래요." 남자의 이런 반응은 여자에게 자기 편이 아니라는 생각을 하게 만든다.

아래에서 보는 바와 같이 남자와 여자는 상대방으로부터 받고 싶은 심리적 반응이 다르다. 이것을 아는 것이 직장과 가정의 성공적인 소통에 많은 도움이 될 수 있다.

첫째, 남자는 인정을, 여자는 관심받기를 원한다

남자가 듣고 싶은 대표적인 말은 "당신에게 믿음이 간다."이다. "당신은 유능한 사람이다." 여자로부터 이런 말을 들으면 남자는 불구덩이라도 들어갈 기분이 된다,

아내: 자매들하고 여행을 가면 참 재미있어요.

남편: 나와 여행 가면 재미가 없다는 말이요?

아내: 당신하고 여행가면 마음이 편해서 좋아요.

남편: 나를 믿는다는 말인데~~~ 듣기 좋은 말이네요.

반면에 여자가 받고 싶어하는 욕구는 "관심"이다. 남자가 여자의 감정에 공감해 주고, 생일이나 결혼 기념일 등에 관심을 보이면 여자는 의외로 좋아한다. 관심 받고 싶은 여자의 심리적 욕구가 충족되기 때문이다.

둘째, 남자는 동의를, 여자는 이해받기를 원한다

남자들은 자기 여자의 멋진 남자가 되거나 백마 탄 기사가 되고 싶은 욕구가 마음속에 있다. 그런 남자를 만드는데 약효가 큰 여자의 방법은 남자의 말과 계획에 찬성과 지지를 보내는 것이다.

그렇다면 여자는 남자로부터 어떤 리액션을 받고 싶을까? 마음을 알아주는 '공감'의 말이다. 여자의 감정에 이의를 제기하거나 시시비비를 따지지 않는 것이다. 남자들에게 다행인 것은 여자의 감정에 공감해 주는 것은 어느 때나 가능하다는 점이다.

유머 하나. 제비족이 경찰서에 잡혀 왔는데 의외로 인물이 별로라 경찰이 물었다. "도대체 뭘로 여자들을 유혹한 거요?" "여자들의 말을 들어주고 적절히 동의해 줬지요. 재미없으면 속으로 애국가를 부르며 참지요. 4절까지 부를 때도 있습니다."

직장과 가정-남녀 간 소통의 접점 찾기

남자와 여자가 함께 살아가면서 어느 쪽의 대화 방식을 따르는 것이 더 효과적일까? 결론부터 말하면 가정에서는 남자가 여자의 소통방식을 좀 더 반영하고, 직장에서는 여자가 남자의 소통방식을 좀 더 감안할수록 남녀 간의 소통은 더 원활해진다.

먼저 가정의 경우를 살펴보자. 가정은 과제나 목표를 달성해야 하는 일터가 아니다. 휴식과 사랑, 화목의 공간이기에 사실(팩트) 중심의 소통보다는 상대방을 이해하고 격려하는 감정공유의 대화가 더 소중하다.

"행복한 부부는 소통의 방법이 다르다."라는 말과 관련하여 이들이 '어떻게 소통하는가?'의 내용을 들여다보면 결론은 간단하다. "남자가 여자의 감정을 포용해 주는 말을 얼마나 하는가?"에 의해 좌우된다는 점이다.

이는 서울가정법원의 이혼 사례 분석에서도 힌트를 얻을 수 있다. 우선 이혼을 신청하는 사람의 70~80%가 여성이었다는 점이 주목을 끈다. 그리고 그 사유를 보면 배우자의 외도나 폭력 등이 아니라 남자의 아내에 대한 대화단절이나 '정 떨어지는 말' 때문이라는 사례가 많았다.

이와 반대로 행복하게 사는 부부의 경우에는 남편이 아내의 감정언어에 잘 대응해 주는 것이 비결이었다.

여자: 오늘 참 힘든 하루였어요.

남자: 그래요? 요즘 일이 많아 고생이 많아요.
　　　 좀 쉴 날이 빨리 와야 할 텐데.

이 간단한 공감의 반응으로 여자는 이해받았다고 느끼게 된다. "당신이 하루를 어떻게 보냈는지는 나에게 중요해요. 당신은 나에게 소중한 사람이니까."라는 감정공유가 이루어지기 때문이다.

하지만 남자들은 무심하게도 이런 대화에 취약하다. "오늘 참 힘든 하루였어요."라는 여자의 말에 "직장이 다 그런 거지." "좀 쉬면 좋아질 거야." 등으로 말한다.

> 유머 하나. 27년간 감옥에 갇혔었던 남아공 대통령 넬슨 만델라는 혹독한 고문과 40도가 넘는 사막의 노동도 견뎌 냈다. 지옥 같은 생활도 극복하였지만, 출소 후 부인과 살기 시작한 후 6개월 만에 이혼하였다.

반면에 직장에서는 상황이 좀 달라진다. 원시시대의 남자들이 먹잇감을 쫓아다녔던 사냥터가 오늘날에는 회사와 직장으로 바뀌었다고 할 수 있다. 아울러 직장인이 된 여자는 둥지 밖으로 나와서 남자와 함께 일터에서 사냥을 하고 있는 셈이다. 목표를 달성하고 과제를 해결해야 하는 일터에서는 사실이나 정보전달이 우선인 남자들의 소통 방식이 효과적인 경우가 많다.

이런 필자의 생각이 혹 틀린 것은 아닐까? 사람은 개인마다 다르기에 "남자는 이렇고, 여자는 저렇다."라는 식의 일반화는 무리가 따른다. 나아가 직장에서 팩트 중심으로 말하는 여성 직장인들이 있는 것도 엄연한 사실이다.

그럼에도 불구하고 여기에서 남녀 간의 다름을 논의하는 데에는 이유가 있다. 개인별로 예외가 있지만 전체적으로 볼 때에 직장의 소통 방식에서 남녀 간에 차이가 있다는 것이 전문가들의 일반적 견해이기 때문이다[57].

이점에 대하여는 우리나라 직장의 리더들도 대부분 동의하고 있다. ㈜조직리더십코칭원에서 5년에 걸쳐 약 700여 명의 과장~부장급 리더들을 대상으로 이에 관한 설문조사를 한 적이 있다. 여기에서 대부분의 응답자들은 남자 직원들과 여자 직원들의 소통방식에는 상당한 차이가 있다고 대답하였다.

나아가 응답자의 약 70%는 "능력이 같다면 부서원으로 여자 직원보다 남자 직원과 일하는 것이 소통에 더 편하다."라는 의견을 피력하였다. 그리고 그 이유에 대하여 '감정을 우회적으로 표출'하는 여자의 소통방식 때문이라는 대답이 많았다.

여자 팀장: 나도 여자이지만 남자 팀원들과의 소통은 간단해서 좋다. 숨겨진 감정이 따로 없으며 오픈된 의견에만 신경 쓰면 되기 때문이다.

남자 팀장: 여자 팀원들은 부서 내에서 작은 친소그룹을 형성하고 자기들끼리 비공식 소통을 하는 경우가 많다. 여기

에 험담의 대상이라도 되면 대처하기가 무척 난감해진다.

직장에서 여자가 남자와 소통하기

"여자는 직장에서도 감정공유를 중요하게 생각한다."라는 주장에 대하여 동의하지 않는 사람도 있을 수 있다. 특히 요즘의 20대~30대의 여성 직원들 중에서는 직장에서 정보전달형 소통에 가까운 사람들도 많이 있기 때문이다.

이런 측면에서 '직장에서 여자가 소통하는 방법'에 대한 권고는 모든 여자에게 해당되는 것은 아니다. 만약 자신이 그런 경우라면 "나의 직장 내 소통방식은 무난하구나."라고 자기점검의 차원에서 아래 내용을 살펴보면 좋을 것이다.

업무적 소통에서 감정언어를 자제해야 한다
남자 팀장이 여자 팀원의 업무 실수에 대하여 지적하는 다음의 대화를 살펴보자.

남자: 김 대리, 어제까지 마쳐야 할 계획서를 아직도 못 끝내면 어떡해요?

여자: 직원들이 저를 무시하고 자료 협조도 안 해 주는데, 저 혼자

어쩌란 말입니까?

남자: 그게 말이 되는 얘기입니까? 어떡하던 협조를 얻어 내야지
요.

여자: 팀장님은 제 말은 들어 보지도 않으시고, 정말 너무 하십니다.

이후 팀장은 서둘러 대화를 중단하고 일어섰다. 하지만 김 대리는
팀장에게 느꼈던 섭섭한 감정을 휴게실에서 다른 여직원들에게 하소
연하듯 털어놓았다.

김 대리의 말을 들은 동료 여직원들은 어떻게 행동했을까? '나는 네
마음을 알아.'의 느낌으로 들어주었으며, '팀장이 너무 한 것 아니야?'
라는 뒷담화가 널리 확산되고 말았다. 어떤 이야기가 돌고 있는지 팀
장만 모르고 있을 뿐이다.

여자의 소통에는 자신의 마음을 알아주기를 바라는 마음에서 직
장에서도 감정언어가 사용되는 경향이 있다. "직원들이 저를 무시하
고"(팀장 생각: 그렇지 않은데), "제 사정은 제대로 들어보지도 않으시
고"(팀장 생각: 듣고 있는데) 등이다.

이런 표현에도 상대방이 여자라면, "아! 진짜?" "와, 힘들었겠네."라
고 공감해 주겠지만 남자들은 그렇지 않다. 여자가 감정언어를 말하면
남자들은 공감해 주기는커녕 불만이나 푸념으로 받아들일 가능성이
많다.

그렇다면 감정공유를 하고 싶은 여자의 소통 욕구는 직장에서 어
떻게 충족해야 할까? 결론부터 말하면 직장에서는 그런 욕구를 덮어

뒤야 한다. 상사에 대한 불만, 섭섭함 등 부정적 감정을 다른 여자에게 말하여 위로 받으려는 욕구는 득보다 실이 많다는 것을 기억하자.

사회생활을 잘하는 사람들의 노하우에 "직장 내에서 회사나 상사에 대한 험담을 하지 마라."는 것이 있다. 직원들은 비밀처럼 뒷담화를 즐기지만, 이런 행동은 시간이 흐르면서 소문이 나고 자신에 대한 부정적 이미지만 커질 뿐이다.

직장에서는 이런 감정을 억누르고 참았다가 나중에 직장 밖의 친구와, 아니면 운동과 취미 생활로 풀어야 한다. 글로 적는 것도 한 가지 방법이다. 글쓰기가 스트레스를 줄이는 데 효과적이라는 것은 널리 아는 내용이다.

> 부정적이거나 상대방을 험담하는 말 한마디를 만회하기
> 위해서는 긍정적이고 지지하는 말 아홉 마디가 필요하다.
> –아브라함 매슬로우–

의견이 다르면 직접 말해야 한다

직장인들은 부서 회의나 또는 1:1 대화에서 상대방의 의견에 동의하지 못할 때가 자주 있다. 이런 때에 리더들이 공통적으로 싫어하는 직원의 행동은 '면전에서 말 못하고, 뒤에 가서 딴소리하는 것'이다.

우리가 알고 있듯이 갈등해소의 바람직한 방법은 상대방과 직접 만나서 서로의 생각을 솔직하게 교환하는 것이다. 다만 당장 말하는 것이 자칫 감정적으로 흐를 염려가 있다면 적절한 냉각기간을 가진 후에 말하는 것은 나쁘지 않다.

가장 소극적이고 바람직하지 않은 갈등 대처의 방법은 무엇일까? 당사자에게, 특히 상대방이 상사인 경우에 면전에서는 아무런 말을 하지 않다가 나중에 주변 사람들에게 불만을 말하는 방법이다.

서부 영화의 1:1 대결에서 보듯이 남자들은 갈등이 있을 때에 상대방과 맞짱을 뜨는 것을 멋있는 행동이라고 생각한다. 이런 측면에서 직장에서도 어떤 사람에게 불만이 있다면, 상대방과 1:1로 만나서 이야기하는 것을 바람직하게 생각한다. 그럴 용기가 없다면 차라리 혼자 마음속으로 삭이며 조용히 있을 뿐이며, 다른 남자들에게 자신의 기분을 알리지는 않는다. 그런 행동은 약한 남자의 모습이라고 간주하기 때문이다.

하지만 1:1 대결의 문화가 아닌 여자들은 어떤 사람과 언짢은 일이 있을 때에도 직접 대면하는 것을 어려워한다. 그렇다고 불편한 자신의 마음을 혼자 비밀로 유지하지도 않는다. 감정공유가 특성인 여자는 자신의 마음을 알아주기를 바라는 마음에서 주변 여자들에게 두루 이야기하는 경향이 있다[38].

"여자 팀원들은 부서 내에서 작은 친소 그룹을 형성하고, 자기들끼리 비공식 소통을 하는 경우가 많다."라고 말하는 팀장의 경험담도 이와 관련이 있다.

다음은 직장의 몇 개 부서가 회의실을 함께 쓰는 상황에서, 다른 부서가 청소를 안 하는 현상 때문에 부서 간에 갈등이 생긴 사례이다.

여자 A: 기획팀 직원들은 회의실을 쓰고 나서 청소를 안 한다니까요.

여자 B: 맞아요. 쟤네들 때문에 우리만 청소부가 되는 느낌이에요.

남자 A: 누군가 기획팀에 직접 말을 해야 하지 않을까요? 혹 기획팀 관계자와 대화하신 분 있을까요? (대답 없음)

그럼 제가 기획팀에 가서 개선방안을 상의해 보겠습니다.

반복되는 말이지만 갈등의 바람직한 해결방안은 '당사자와 직접 얼굴을 보며 대화를 하는 것'이다. 이런 측면에서 갈등이 있을 때에 직접대면을 부담스러워하는 여자의 소통방식은 종종 부작용이 따를 수가 있다는 점을 고려할 필요가 있다.

직장에서는 직접화법이 효과적이다

여자들은 대화를 할 때에 결론을 명확하게 말하기보다 암시하거나 돌려서 말하는 간접화법을 사용하는 경향이 있다. 간접화법은 "내 말이 무슨 뜻인지 알지요?" "……하는 거 있지?" 등의 표현을 말한다.

이러한 간접화법은 여자들 사이에서는 별 문제가 되지 않는다. 오히려 상대방이 대화에 참여하도록 기회를 주는 효과도 있어 유대감을 증대시켜주는 효과도 있다[58].

요즘 우리 팀 분위기가 좀 그렇지?

전에는 좋았는데 요즘은 별로야.

딱 뭐라고 말하기는 그렇지만, 아무튼 좀 그래…….

업무적 소통 공간인 직장에서 이러한 간접화법은 남자들에게는 답답하게 들린다. 남자들은 말의 의미를 문자 그대로 받아들이기 때문이다. 여자의 이러한 표현에 남자들은 속으로 외친다. "제발 본론을 좀 말하라구!"

물론 여자들 중에서도 직접화법을 효과적으로 쓰는 사람도 있다. 특히 회사에서 임원이 되는 등 성공하는 여자들은 감정언어를 자제하고 요점만을 전달하는 것으로 조사되었다.

부장님께 저의 상황을 말씀드리면 ……합니다.
직원들이 자료를 넘겨줘야 하는데, 협조가 안 되고 있습니다.
자료 협조가 되도록 부장님이 관련부서에 촉구해 주시기를 부탁드립니다.

간접화법에서 등장하는 표현들은 또 어떤 것이 있을까? "~~~ 할 수 있겠어요?" "~~~ 라고 생각하지 않나요?" "~~~ 방법으로 할 수 있지 않을까요?" 등이다.

권력을 누그러뜨리는 듯한 이런 표현은 여자들에게는 무방하지만 남자들과 소통할 때에는 단점이 많다는 것을 기억하자. 자신의 생각을 확신하지 못하는 것으로 들릴 뿐만 아니라, 남자에게는 '어떻게 해 달라는 것인지' 혼란을 주기도 한다.

실제로 직장에서 두 가지의 표현이 뚜렷하게 다른 결과를 가져온다는 연구 결과도 있다. 자녀 픽업을 위해 오후 6시에 퇴근해야 했던 여자 직원이 남자 직원에게 "오후 4시까지 자료를 넘겨줄 수 있겠어요?"라고 말했다. 그러자 그들은 "예."하고 대답은 쉽게 했지만 자료 협조는 매우 부족했다. 반면에 "오후 4시까지 자료를 넘겨주기 바랍니다."라고 했더니 98%가 요청을 들어주었다[55].

이런 점을 감안할 때에 직장에서 아래와 같은 간접화법을 보다 직접적 표현으로 바꾸면, 요청의 취지가 훨씬 더 명료하게 전달된다.

그런 방법은 그만둬야 한다고 생각하지 않나요?
→ 그런 방법은 그만두기 바랍니다.

시작 전에 최 과장에게 물어보는 것이 좋지 않을까요?
→ 시작 전에 최 과장에게 물어보기 바랍니다.

퇴근 전에 그걸 모두 끝내는 게 좋지 않겠어요?
→ 퇴근 전에 그걸 모두 끝내 주기 바랍니다.

반어적인 질문을 자제하자

여자들은 상대방에 항의를 할 때에 '반어적인 질문'을 하는 경우가 있다. 보고 기일을 잊은 사람에게 "어떻게 그걸 잊을 수가 있지요?"라고 하거나, 말실수를 하는 사람에게 "어떻게 그런 말을 할 수 있지요?"라고 언성을 높이곤 한다.

반어적인 질문을 할 때 여자가 원하는 것은 단지 자신의 화난 감정을 알아 달라는 것이다. 따라서 남자는 잘못이 없다는 것을 증명하고 싶을지라도 조금만 참고 경청으로 그녀의 감정을 알아주면 문제는 해결된다.

하지만 남자에게 그런 기대를 하면서 반어적인 질문을 하는 것은 너무 큰 기대이다. 여자가 반어적인 질문을 할 때 남자들에게 들리는 함축적인 메시지는 '창피한 줄 알아!'이기 때문이다.

그렇기에 여자로부터 반어적인 질문을 들으면 남자들은 인신공격을 당했다고 받아들인다. 따라서 직장에서는 반어적 질문보다 아래와 같이 직접화법으로 말하는 것이 효과적이다.

언제까지 뒤로 미룰 거예요?
→ 모레까지 이 일을 끝내 주기 바랍니다.

당신 입장만 중요한가요?
→ 내 입장도 생각해 주기 바랍니다.

이 일을 어떻게 처리할 셈인가요?
→ 내가 원하는 건 ……방법입니다.

남자는 부탁을 받아야 움직인다

직장에서 남자에게 도움을 받고 싶으면 직접적으로 요청해야 한다. 그렇지 않으면 남자들은 잘 도와주지 않는다. 심보가 고약해서가 아니라, 요청이 없는데 도우려 나서는 것은 상대방의 영역을 침범하는 것으로 남자들은 간주하기 때문이다[57].

여행을 하면서 길을 잃었을 때에 여자가 이해하기 어려운 남자의 행동이 있다. 차에서 내려 사람들에게 길을 묻지 않고 혼자서 길을 찾느라 빙빙 도는 모습이다. 남자는 어지간하면 다른 사람의 도움을 요청하지 않고 혼자서 해결하려는 심리를 가지고 있기 때문이다.

문제는 여자와 남자의 다름에서 비롯된다. 여자는 본능적으로 타인의 형편을 감지하고, 상대방이 도움을 필요로 하는 상황에서는 자발적으로 도움을 준다. 특히 자신이 관심을 갖는 사람일 경우에는 상대방의 부탁을 기다리지 않고 먼저 나서서 도와주는 쪽에 가깝다.

이러한 여자들은 남자들도 자신과 같을 것이라고 기대한다. 직장에서도 어려움이 있으면 도움을 요청하지 않아도 남자 직원이 자발적으로 도움을 줄 것으로 기대하는 것이다. 그리고 그런 기대에 따르지 못하는 남자들을 보면서 섭섭하게 생각하곤 한다.

하지만 남자가 도움을 주지 않는 것은 그저 상대방의 해결능력을 존중하는 차원에 가깝다. 따라서 여자가 직접적으로 요청하지 않으면 남자는 그녀가 스스로 처리하고 싶어하거나, 이미 필요한 것을 얻었을 것이라고 판단한다[38].

그렇다면 직장에서 여자의 액션 포인트는 무엇일까? 남자 직원에게 도움을 요청할 일이 있으면 직접적으로 부탁하면 된다. 부탁을 받으면 남자는 백마 탄 기사라도 된 양 의외로 흔쾌히 도와주기 때문이다.

> 김 과장님, 정수기에 물이 동났네요. 힘 한번 써 주겠어요?
> 대양씨, 제가 작성한 CEO 보고서를 한번 체크해 주겠어요?
> 최 대리님, 1층 우편함에 가실 때 우리 팀 것도 부탁해요.

그리고 남자가 돕겠다고 나설 때는 사양하지 말고 돕도록 내버려 둬라. 도와주고 고맙다는 말을 들을 때마다 남자는 으쓱해하는 기분이 들며, 그런 요청을 한 사람에게 유대감을 더 느끼기 때문이다[58].

남자에게 동기부여가 되는 본능적 심리는 '능력', '인정'이 아니던가? 따라서 정수기 물 보충 같은 간단한 행동을 하는 경우에도 여자의 인정과 칭찬은 큰 효과를 발휘한다. "과장님, 정수기 물 보충 감사해요." 라고 하면 그는 앞으로도 정수기 물을 계속 보충해 줄 가능성이 높다.

직장에서 남자가 여자와 소통하기

앞에서 논의한 요점을 간단히 정리해 보자. 가정에서는 여자의 소통방식이 존중되어야 하며, 직장에서는 남자의 소통방식이 효과적이라는 점이다. 하지만 사람의 소통방식은 평생의 습관으로 젖어 왔기에 상황에 따라 이랬다 저랬다 바꿔서 실행하기가 쉽지 않다는 점을 무시할 수 없다.

따라서 현실적인 해결책은 서로가 상대방의 소통특성을 이해하고 도와주자는 것이다. 예컨대 여자가 직장에서 남자들과 소통하는 데 어려움이 없도록 남자들이 좀 도와줄 필요가 있다.

질문으로 여자를 도와주자

"친구는 내 말을 들어주는 사람이다."라는 슬로건은 여자에게 딱 맞는 말이다. 말이 끝나기도 전에 해결책을 제시하는 남자들의 방식은 여자와 소통할 때에는 대표적인 실책이 된다.

그런데 만약 바쁜 시간에 여자가 말을 길게 하면 어떻게 해야 할까? 말을 끊어서도 안 된다고 하며, 그렇다고 계속 듣고 있기도 어렵다면 어떤 방안을 동원할 수 있을까? 해답은 'Jump-Up 질문을 하는 것'이다.

그러면 여자에게 무시당하는 느낌이 들지 않게 하면서, 우호적 분위기에서 시간단축과 함께 메시지의 내용을 간단히 알 수 있다.

……라는 뜻인 것 같은데, 제가 잘 이해했나요?
동료들의 협조가 부족해서 어려움이 있다는 말이죠?
결론적으로 ……라는 말인가요?

질문하는 것은 말을 차단하는 것과 다르다. 여자에게 요점을 잘 말하게 도와주는 배려의 행동이기도 하다.

요청하기 전에 먼저 도와주자

여자가 말없이 일을 하면서 힘들어할 때에 남자가 먼저 나서자는 것이다. 눈치 없는 남자라면 가끔씩 그녀에게 '무엇이 필요한지' 물어 보는 것도 현실적 대안이다.

어떻게 도와주면 좋을까요?
서류 정리를 좀 도와드릴까요?
내가 ……해 드려도 될까요?

점심 식사시간이나 퇴근시간이 가까워 오면 아직 해야 할 일이 남았는지 물어보는 것도 좋다. 여자들은 할 일이 남았다는 것을 누군가가 알아주는 것만으로도 안도감을 느끼기 때문이다.

여자에게 점수 따기 쉬운 행동들

직장에서 남자가 여자에게 점수 딸 수 있는 방안에는 지금까지 논의한 것들 외에도 여러가지 방법들이 있을 수 있다. 그 중에서 가성비가 높은 몇 가지를 생각해 보면 다음과 같다.

➤ 여자가 불평을 할 때에 그녀의 감정을 공감해 주자. "일이 너무 많아요."라고 말하면 "오늘은 참 힘든 하루였지요?"라고 감정 반사를 해 주자. "직장이란 게 다 그런 거죠."라고 말하면 곤란하다.

➤ 그녀가 스트레스를 받았거나 고민하는 것처럼 보이면 무슨 일인지 물어보자. "무슨 일 있었어요?"라고 물어보면 그녀가 마음을 오픈할 것이다.

➤ 명령이나 다그치는 듯한 질문을 하지 말자. "그 프로젝트 끝냈어요?" 보다는 "그 프로젝트는 어떻게 돼 가요?"라고 묻는 것이 여자에게 훨씬 더 적합한 표현이다.

➤ 그녀를 소개할 때는 이름과 직함을 말해 주자. 여자는 남자에 비해 호칭에 더 민감하다. 일터에서 남자들과 경쟁해야 하는 여자

의 입장에서는 자신을 어떻게 불러 주는가에 대해 예민할 수밖에 없다[57].

간혹 남자 직원에게는 최 과장, 김 대리 등 직급을 불러 주는 상사가 여자 직원에게는 친근하게 부른답시고 "영희 씨"로 이름을 부르는 사람이 있다. 매우 좋지 않은 방법이다.

한번은 교수, 기업인 등이 만나는 포럼에서 유치한 말싸움이 있었다. 한 여성 기업인이 여자 교수를 '언니'라고 부른 것이 원인이었다. "아니, 지금 누구더러 언니라는 거예요?" 남자들에게는 교수님이라고 부르면서 자신을 언니라고 부르는 것에 대해 분개한 것이다.

교수이든 대리이든 공식석상에서는 직함을 불러 주는 것이 제일 안전하다. 호칭이 틀릴 때 섭섭한 것은 남녀가 같겠지만, 특히 여성은 '상대방이 나를 어떻게 보는가?'에 더 민감하다는 것을 기억하자.

미국 조지타운대학의 언어학자 데보라 태넌(D. Tannen)은 호칭이 지위와 존중을 표현하는 데 가장 우선적인 수단이라고 했다. 호칭을 생략하고 그냥 "서류 좀 넘겨주겠어요?"라고 하기 보다 "박 대리, 서류 좀 넘겨주겠어요?"라고 말하는 것이 유대감을 더 강화시켜 준다.

➤ 사석에서는 여자의 외모를 칭찬해도 좋지만, 능력과 실적으로 소개되는 공식적인 자리에서는 외모를 언급하지 말자. 남자와 동일하게 능력과 실적으로만 그녀를 소개해야 한다.

➤ 가족이나 사생활에 대해 물어보자. "주말 여행은 어땠어요?" 그녀의 책상에 가족사진이 있으면 가족에 대해, 특히 그녀의 자녀들에게 관심을 보여 주자.

➤ 여자가 말할 때는 시계를 보지 않도록 주의하자. 여자는 결론부터가 아니라 과정을 자세히 말하는 특성이 있다. 아직 결론에 이르지도 않았는데 시계를 보는 것은 여자에게 많은 섭섭함을 준다.

➤ 대화를 끝내고 싶으면 "미안한데, 약속 때문에 지금 일어나야 합니다. 이 얘기는 나중에 마저 하면 어떨까요?"라고 말하면 무난하다.

➤ 이동 중이거나 회의가 길어질 때에는 정기적으로 쉬는 시간을 갖도록 하자. 여자에게 화장실에 가고 싶은지를 묻는 것은 촌스러운 모습이다.

감사의 말씀

끝까지 읽으신 독자님, 수고 많으셨습니다. 책의 내용이 직장과 가정에서 행복하게 성공하는 데에 도움이 되시기 바랍니다.

아울러 독자님께 한가지 제안을 드립니다. 독자님은 저에게 소중한 분이기에 앞으로도 유용한 칼럼 자료를 메일로 보내 드리고 싶습니다(*격주 2 Page 분량). 원하시면 표지의 저자 메일로 말씀해 주시기 바랍니다.

끝으로 이 책에 대한 '리뷰'를 인터넷 서점의 Site에 한 줄 남겨 주시면 무척 고맙겠습니다. 주신 의견을 참고하여 계속 연구하겠습니다. 감사합니다. 늘 건강하세요.

참고 문헌

1. 강지연,《90년생과 대화법》, 메이트북스, 2020.

2. 게르하트 외,《인적자원관리》, 시대가치, 2024.

3. 기시미 이치로,《미움받을 용기》, 인플루엔셜, 2022.

4. 김성회,《센 세대, 낀 세대, MZ세대》, 쌤앤파커스, 2020.

5. 김영기,《리더는 어떻게 말하는가》, 김영사, 2014.

6. 김영기,《코칭대화의 심화역량》, 북마크, 2014.

7. 김영기,《MZ세대와 꼰대 리더》, 좋은땅, 2023.

8. 김영기, READ 성격유형 분석, 특허420190399207, 2019.

9. 니콜스,《강한 회사는 회의시간이 짧다》, 21세기북스, 2004.

10. 다니얼 골먼,《감성지능》, 웅진지식하우스, 2008.

11. 다니엘 골먼 외,《마음 챙김》, 21세기북스, 2018.

12. 더글러스 스톤 외,《대화의 심리학》, 21세기북스, 2003.

13. 데일 카네기,《인간관계론》, 상상스퀘어, 2023.

14. 디스커버리채널,《미스터리 진실 혹은 거짓》, 다우리엔터테인먼트, 2007.

15. 로버트 치알디니,《설득의 심리학》, 21세기북스, 2023.

16. 류호택,《상사와 소통은 성공의 열쇠》, 지식공감, 2017.

17. 리처드 코치,《80/20 법칙》, 21세기북스, 2023.

18. 린다 그래튼,《일의 미래》, 생각연구소, 2012.

19. 마사히코 쇼지,《질문력》, 웅진지식하우스, 2008.

20. 마커스 버킹엄,《일에 관한 9가지 거짓말》, 쌤앤파커스. 2019.

21. 마커스 버킹엄,《강점이 미래다》, 21세기북스, 2011.

22. 마크 프렌스키,《디지털 네이티브》, 사회평론, 2019.

23. 마틴 셀리그만,《긍정심리학》, 물푸레, 2020.

24. 박병규,《GE의 역사를 새로 쓰는 제프리 이멜트》, 일송북, 2008.

25. 박상철,《당신의 100세》, 코이라닷컴, 2019.

26. 박효민외, 공정성 이론의 다차원성, 사회와 이론, 27, 219-260. 2015.

27. 백기복,《리더십의 이해》, 창민사, 2023.

28. 사마천,《사기 열전》, 현대지성, 2020.

29. 사이먼 사이넥,《스타트 위드 와이》, 세계사, 2021.

30. 사이먼 사이넥,《나는 왜 이 일을 하는가 2》, 마일스톤, 2018.

31. 사이토 다카시,《질문의 힘》, 루비박스, 2017.

32. 삼성경제연구소,《소통 진단결과와 소통 활성화를 위한 제언》, CEO Info.,
    2023.

33. 셰리 터클,《대화를 잃어버린 사람들》, 민음사, 2018.

34. 송은천,《MZ, 네 맘 다 알아》, 좋은땅, 2019.

35. 스티븐 코비,《성공하는 사람들의 7가지 습관》, 김영사, 2023.

36. 심혜경,《MZ에 집중하라》, 북스고, 2019.

37. 아리스토텔레스,《수사학》, 현대지성, 2020.

38. 앨런 피즈 외,《말을 듣지 않는 남자 지도를 읽지 못하는 여자》, 김영사,
    2011.

39. 와타나베 준이치,《나는 둔감하게 살기로 했다》, 다산초당. 2022.

40. 에드워드 할로웰,《창조적 단절》, 살림Biz, 2008.

41. 에이브러햄 매슬로,《매슬로의 동기이론》, 유엑스리뷰, 2018.

42. 윤병호,《90년생, 오너십》, 북씽크, 2019.

43. 윤영철,《90년생과 일하는 방법》, 보랏빛소, 2019.

44. 이은형, 《MZ과 함께 일하는 법》, 앳워크, 2019.

45. 이지훈, 《혼창통》, 쌤앤파커스, 2010.

46. 임홍택, 《90년생이 온다》, 웨일북, 2019.

47. 임홍택, 《2000년생이 온다》, 11%, 2023.

48. 잭 웰치, 《잭 웰치의 마지막 강의》, 알프레드, 2015.

49. 전수진 외, 《지극히 개인주의적 소확행》, 치읓, 2019.

50. 정인숙. 《커뮤니케이션 핵심이론》, 커뮤니케이션북스, 2023.

51. 정지현, 《요즘 애들은 츤데레를 원한다》, 두앤북, 2019.

52. 제프 콜빈, 《인간은 과소평가 되었다》, 한스미디어, 2016.

53. 제프리 페퍼, 《권력을 경영하는 7가지 원칙》, 비즈니스북스, 2023.

54. 조셉 그레니, 《결정적 순간의 대화》, 김영사, 2023.

55. 조지 와인버그, 《셰익스피어가 가르쳐 주는 지혜》, 한언, 1999.

56. 조직리더십코칭원, www.jorico.co.kr.

57. 존 그레이, 《일터로 간 화성남자 금성여자》, 들녘, 2002.

58. 존 그레이, 《화성에서 온 남자 금성에서 온 여자》, 동녘라이프, 2021.

59. 최경춘, 《90년생과 어떻게 일할 것인가》, 위즈덤하우스, 2019.

60. 캐시 애론슨, 《황금사과》, 명진출판사, 2006.

61. 커트 코프만 외, 《위대한 나의 발견 강점혁명》, 청림출판, 2021.

62. 켄 블랜차드, 《칭찬은 고래도 춤추게 한다》, 21세기북스, 2021.

63. 켄 블랜차드, 《하이파이브》, 21세기북스, 2016.

64. 패트릭 렌시오니, 《일의 천재들》, 한국경제신문, 2023.

65. 하워드 라이파 외, 《대가의 조언》, 전략시티, 2014.

66. 허두영, 《세대 공존의 기술》, 넥서스BIZ, 2019.

67. 혼마 마사토, 《질책의 힘》, 에이지21, 2004.

68. Allen Amason. 1996. Academy of Management Journal, 39(1), 123-148.

69. Blake, Mouton, 《Managerial Grid》, Gulf Press. 1964.

70. EBS, 《설득의 비밀》, EBS 교육방송, 2009.

71. Fisher & Ury, 《Getting to Yes》, Penguin Books, 2021.

72 Geert Hofstede, 《경영문화의 국제비교》, 한국생산성본부, 1990.

73. Johnson & Johnson, 《Joining Together》, Allyn and Bacon, 2021.

74. Kirschenbaum, Self-regulation and sport psychology, Journal of Sport Psychology, 1984.

75. Marcus Buckingham, 〈HBR's 10 Must Reads on Performance Management〉, HBR, 2023.

76. Whetten & Cameron, 《Developing Management Skills》, Pearson, 2023.*

술~술 풀리는
소통의 신세계

ⓒ 김영기, 2025

초판 1쇄 발행 2025년 1월 3일
　　2쇄 발행 2025년 2월 24일

지은이　　김영기
펴낸이　　이기봉
편집　　　좋은땅 편집팀
펴낸곳　　도서출판 좋은땅
주소　　　서울특별시 마포구 양화로12길 26 지월드빌딩 (서교동 395-7)
전화　　　02)374-8616~7
팩스　　　02)374-8614
이메일　　gworldbook@naver.com
홈페이지　www.g-world.co.kr

ISBN　979-11-388-3625-8 (03190)